*Introdução
à sociologia
da música*

FUNDAÇÃO EDITORA DA UNESP

Presidente do Conselho Curador
Mário Sérgio Vasconcelos

Diretor-Presidente
Jézio Hernani Bomfim Gutierre

Superintendente Administrativo e Financeiro
William de Souza Agostinho

Conselho Editorial Acadêmico
Danilo Rothberg
Luis Fernando Ayerbe
Marcelo Takeshi Yamashita
Maria Cristina Pereira Lima
Milton Terumitsu Sogabe
Newton La Scala Júnior
Pedro Angelo Pagni
Renata Junqueira de Souza
Sandra Aparecida Ferreira
Valéria dos Santos Guimarães

Editores-Adjuntos
Anderson Nobara
Leandro Rodrigues

THEODOR W. ADORNO

Introdução à sociologia da música
Doze preleções teóricas

Tradução
Fernando R. de Moraes Barros

© Suhrkamp Verlag Frankfurt am Main 1973
© 2009 da tradução brasileira
Título original: *Einleitung in die Musiksoziologie:
Zwölf theoretische Vorlesungen*

Direitos de publicação reservados à:
Fundação Editora da UNESP (FEU)
Praça da Sé, 108
01001-900 – São Paulo – SP
Tel.: (0xx11) 3242-7171
Fax: (0xx11) 3242-7172
www.editoraunesp.com.br
www.livrariaunesp.com.br
atendimento.editora@unesp.br

Dados Internacionais de Catalogação na Publicação (CIP)
Vagner Rodolfo CRB-8/9410

A241i
Adorno, Theodor W.
    Introdução à sociologia da música: doze preleções teóricas / Theodor W. Adorno; traduzido por Fernando R. de Moraes Barros. – 2.ed. – São Paulo: Editora Unesp, 2017.

    Tradução de: *Einleitung in die Musiksoziologie: Zwölf Theoretische Vorlesungen*
    ISBN: 978-85-393-0708-1

    1. Cultura. 2. Filosofia. 3. Música. 4. Estética. 5. Sociologia da música. I. Barros, Fernando R. de Moraes. II. Título.

2017-565   CDD 306.4842
                                 CDU 316.74:78

Editora afiliada:

170   *//Aos colaboradores do Instituto de Pesquisa Social de Frankfurt*

Sumário

Introdução à Coleção . *9*

Apresentação à edição brasileira – Adorno e o paradoxo da música radical . *13*

À nova edição de 1968 . *45*

Prólogo . *47*

Tipos de comportamento musical . *55*

Música ligeira . *85*

Função . *113*

Classes e estratos . *137*

Ópera . *163*

Música de câmera . *187*

Regente e orquestra – Aspectos sociopsicológicos . *217*

Vida musical . *239*

Theodor W. Adorno

Opinião pública, crítica . *271*

Nação . *297*

Modernidade . *335*

Mediação . *361*

Epílogo – Sociologia da Música . *399*

Índice onomástico . *415*

Introdução à Coleção

Figura maior no panorama filosófico do século XX, Theodor W. Adorno foi responsável por uma experiência intelectual gerada pela confrontação incessante da filosofia com o "campo da empíria", em especial a Teoria Social, a Crítica Literária, a Estética Musical e a Psicologia. Nessa desconsideração soberana pelas fronteiras intelectuais, estava em jogo a constituição de um conceito renovado de reflexão filosófica que visava a livrá-la da condição de discurso que se restringe à tematização insular de seus próprios textos. Sempre fiel a um programa que traçou para si mesmo já em 1931, quando assumira a cadeira de professor de Filosofia da Universidade de Frankfurt, Adorno construirá uma obra capaz de realizar a constatação de que: "plenitude material e concreção dos problemas é algo que a Filosofia só pode alcançar a partir do estado contemporâneo das ciências particulares. Por sua vez, a Filosofia não poderia elevar-se acima das ciências particulares para tomar delas os resultados como algo pronto e meditar sobre eles a uma distância mais segura. Os problemas filosóficos encontram-se contínua e, em certo sentido, indissoluvelmente presentes nas questões mais determinadas das ciências particulares".[1] Essa característica interdisciplinar do pensamento adorniano permitiu que seus leitores desenvolvessem pesquisas em campos distintos de saberes, colaborando com isso para a transformação da Teoria Crítica em base maior para a reflexão sobre a contemporaneidade e seus desafios. Uma transformação que influenciou de maneira decisiva a constituição de tradições de pesquisa no Brasil, a partir sobretudo da década de 1960.

No entanto, o conjunto limitado de traduções das obras de Adorno, assim como a inexistência de uma padronização capaz de fornecer aparatos críticos indispensáveis para textos dessa complexidade, fez que várias facetas e momentos do pensamento adorniano ficassem distantes do público leitor brasileiro. Foi o desejo de suprir tal lacuna que nos levou a organizar esta Coleção.

A Coleção editará os trabalhos mais importantes de Theodor Adorno ainda não publicados em português, assim como algumas novas traduções que se mostraram necessárias tendo em vista padrões atuais de edição de textos acadêmicos. Todos os seus volumes serão submetidos aos mesmos critérios editoriais. Registrarão sempre a página original da edição canônica das *Gesammelte Schriften* e dos *Nachlaß*, indicada por duas barras verticais inclinadas (//) no texto. Serão sempre acompanhados por uma Introdução, escrita por especialistas brasileiros ou estrangeiros. Tal Introdução tem por função contextualizar a importância da obra em questão no interior da experiência intelectual adorniana, atualizar os debates dos quais esta fazia parte, assim

---

1 T. W. Adorno. "Die Aktualität der Philosophie". In: *Gesammelte Schriften I*. Frankfurt a. M.: Suhrkamp, 1973, p.333-4.

Introdução à sociologia da música

como expor os desdobramentos e as influências da referida obra no cenário intelectual do século XX. Ao final, o leitor encontrará sempre um índice onomástico. Em todos os volumes serão inseridas apenas notas de contextualização, evitando-se ao máximo a introdução de notas de comentário e explicação. Trata-se de uma convenção que se impõe devido à recusa em interferir no texto adorniano e em projetar chaves de interpretação.

Há quatro coletâneas exclusivas desta Coleção. Duas seguem a orientação temática das *Gesammelte Schriften*: *Escritos sobre música* e *Escritos sobre sociologia*. Nesses dois casos, os critérios de escolha dos textos foram: importância no interior da obra adorniana ou ineditismo de abordagem (assuntos relevantes, porém pouco abordados em outros textos).

As duas outras coletâneas, *Indústria cultural* e *Escritos de psicologia social e psicanálise* justificam-se em virtude de algumas especificidades da recepção brasileira da obra de Theodor Adorno. Sabemos que um dos públicos mais importantes de leitores universitários de Adorno encontra-se em faculdades de Comunicação e pós-graduações de Estudos de Mídia. Por isso, a edição de uma coletânea com alguns textos fundamentais sobre indústria cultural e cultura de massa visa, sobretudo, a alimentar o debate que ali se desenvolve. Isso também vale para outro importante público-leitor de Adorno no Brasil: os pesquisadores de Psicologia Social e Psicanálise.

Se a dialética pode ser pensada como a capacidade de insuflar vida no pensamento coagulado, então uma abordagem dialética do legado de Adorno não pode abrir mão dessa perspectiva crítica, como já sugeria o Prefácio de 1969 à segunda edição da *Dialética do esclarecimento*, obra escrita em parceria com Max Horkheimer: "não nos agarramos a tudo o que está dito no livro. Isso seria incompatível com uma teoria que atribui à verdade um núcleo temporal, em vez de opô-la ao movimento histórico como algo de imutável". Pensar o atual teor de verdade do pensamento de Adorno significa, portanto, a dupla tarefa de repensá-lo em face dos dilemas do mundo contemporâneo e refletir sobre o quanto esses dilemas podem ser iluminados sob o prisma de suas obras.

Comissão Editorial

Jorge de Almeida
Ricardo Barbosa
Rodrigo Duarte
Vladimir Safatle

Apresentação à edição brasileira
Adorno e o paradoxo da música radical

Flo Menezes
Universidade Estadual Paulista (Unesp)

O aspecto desumano da utopia

Indagado se concordaria com as categorias em que se dividiram os ouvintes segundo Theodor W. Adorno, um dos maiores ícones da Música Nova – o compositor italiano Luciano Berio (1925-2003) –, respondeu de modo taxativo, ainda que precavido: "Não, embora seja difícil rejeitar completamente qualquer coisa escrita por Adorno".[1] Subjaz à crítica beriana a visão que deduz do pensamento adorniano um *parti pris* de cunho moral que, no fundo, se traduz mais como fruto do Adorno *compositor* do que do pensador que, em última instância, suplantou em importância sua atividade no campo da composição. Assim é que prossegue Berio, referindo-se ainda ao filósofo da Escola de Frankfurt:

---

[1] Berio, 1996, p.16.

Preocupa-se com categorias tão gerais que parecem escapar a toda dinâmica de transformação, esquecendo que um dos aspectos mais enganadores e interessantes da música de consumo, do *mass media* e, no fundo, do capitalismo, é sua fluidez e sua incessante capacidade de transformação, de adaptação e de assimilação.[2]

Ilusão deduzirmos, daí, qualquer atitude em prol do capitalismo por parte do mestre italiano, mesmo quando adverte sobre a inviabilidade de uma crítica musical propriamente *marxista*. Na mesma ocasião, fez questão de salientar sua filiação comunista, no intuito de defender a prioridade daquilo que designa trabalho *concreto* do compositor diante do fracionamento do trabalho musical nas sociedades de consumo:

> Esse fenômeno da não coincidência entre ideologia e comportamento, entre condicionamento histórico e de classe, entre trabalho abstrato e concreto, entre trabalho intelectual e manual não é certamente um fenômeno novo na música [...]. Adorno foi o primeiro que individualizou e analisou essa defasagem, essa alienação no corpo social da música. Mas, devendo exemplificá-la na realidade das obras musicais, Adorno, em seu ímpeto moralista, escolheu um alvo equivocado: Igor Stravinsky. De minha parte, espero que o meu próprio trabalho seja uma possível resposta às várias fraturas do trabalho musical; fraturas que me fascinam em vez de preocupar-me porque me obrigam a explorar uma terra de ninguém criativamente desabitada (em música) que talvez se torne útil aos outros e contribua para a superação das antinomias elementares de tipo moralista, onde de um lado estão os bons e do outro, os maus. E para isto

---

2 Ibid., p.16-7.

Introdução à sociologia da música

ajuda-me o fato de que nutro um grande amor pelo trabalho concreto, pelo trabalho manual e pelos comportamentos produtivos. Voto no Partido Comunista para defender a prioridade desse trabalho sobre outros que deveriam ser apenas seu complemento e auxílio teórico. Como dizia Lenin, a verdade é sempre concreta.[3]

Mas estaria mesmo descartada de uma crítica eminentemente *marxista* da cultura, do saber e, mais especificamente, da música esse deslize constante, dúbio e nem sempre coincidente entre ideologia e *poiesis*, sobre o qual nos chama a atenção Berio? A atribuição ao marxismo da ausência de consciência de tal dicotomia não seria mais fruto da deturpação stalinista, ideológica e comprometida com interesses de classe, que sofreu o próprio marxismo no decurso da contrarrevolução e teve por consequência última não a internacionalização da revolução comunista, mas o retorno dos países socialistas às leis de mercado? Estaria o pensamento adorniano alijado da consciência de tal defasagem constante ou, ao menos, potencial entre ideologia e fato artístico?

A origem de tal confusão, propícia tanto a julgamentos sectários quanto a manipulações ideológicas e coercitivas de toda ordem no século passado, deita raízes na asserção, ela mesma inconteste, de Karl Marx logo no início de *Das Kapital* [O capital], em uma daquelas formulações que, pela sua objetividade e aparente rudez, não somente almejara, ao definir a *mercadoria* nas sociedades capitalistas, um grau de cientificismo até então inaudito na Economia Política, como também acabara por caracterizar, em boa medida, o pensamento alemão:

---

3 Ibid., p.16.

A mercadoria é em primeira instância um objeto externo, uma coisa que, por suas propriedades, sacia necessidades humanas de qualquer espécie. A natureza de tais necessidades – se estas provêm por exemplo do estômago ou da fantasia – não altera este fato em nada.[4]

Mais que rude, a constatação chega a ser cruel: no capitalismo, apenas não se paga para respirar, para respirarmos... mal! E a própria música inexoravelmente submeter-se-á, aí, à sua condição de mercadoria: quanto mais elaborada, menos procurada. Também disto tinha plena consciência Berio: "A música não escapa às leis de mercado".[5] E nisto baseia-se, em suma, toda a Sociologia da Música desenvolvida, com todas as nuances dialéticas, pela atenta e aguda crítica adorniana.

Reconhecer que tudo se verte em mercadoria, entretanto, não equivale a dizer que as necessidades que procuram seus produtos tenham pé de igualdade e encontrem, no capitalismo, as mesmas condições de oferta, ou seja, de *circulação*. Em que pese o fato de que tanto o estômago quanto a fantasia gerem necessidades, e que estas, para serem satisfeitas, deparam-se com seus objetos almejados vertidos em mercadorias e valores, tanto mais triviais são as necessidades estimuladas pelo sistema capitalista quanto menos o são, em contrapartida, as que provêm justamente da fantasia; da fantasia, claro, radicalmente *elaborada*.

---

4 "Die Ware ist zunächst ein äußerer Gegenstand, ein Ding, das durch seine Eigenschaften menschliche Bedürfnisse irgendeiner Art befriedigt. Die Natur dieser Bedürfnisse, ob sie z.B. dem Magen oder der Phantasie entspringen, ändert nichts an der Sache" (Marx, 1986, p.49). Preferiremos reproduzir as fontes textuais quando julgarmos pertinente a referência aos termos originais, sobretudo no que tange às citações em língua alemã, mais distante da nossa.

5 Berio, op. cit., p.47. Com tradução ligeiramente diversa da nossa.

Introdução à sociologia da música

Em outras palavras, quanto mais elaborado o produto cultural, tanto menor sua aceitação pela população envolta e ideologicamente estrangulada pelos modos de produção capitalista, de forma a que, sendo menos procurados, tais objetos, vistos como mercadorias culturais especializadas, acabam por ocasionar incômoda fissura entre sua essência e sua própria condição de mercadoria. Numa sociedade em que predominam *fast foods*, o *tempo* dessas elaborações encontra-se essencialmente deslocado, imbuindo tais produtos de caráter excêntrico, disforme e não condizente com as necessidades triviais do consumo imediato. Na radicalidade de suas investidas, mergulham fundo na elaboração de suas sensibilidades e distam da superficialidade dos bens de consumo de massa. No caso específico das elaborações musicais mais consequentes, a relação entre criação e seu consumo passa irrevogavelmente pela dialética entre concepções musicais e sua legitimação como necessidade social, ou seja, pela relação obras musicais/ouvintes.

Nesse sentido, o esboço adorniano sobre os tipos de ouvinte, tal como exposto no capítulo "Tipos de comportamento musical", adquire, ao contrário do que predizia Berio, suma importância, muito embora parte significativa de suas caracterizações, subdivididas em oito categorias de ouvintes, não encontre mais validade comprovada, ao menos nos dias atuais. É o caso, por exemplo, do "ouvinte emocional", "regido por energias sensíveis específicas" e a quem "é fácil fazer chorar", ou ainda de seu tipo opositor, denominado "ouvinte do ressentimento", avesso, em sua "falsa austeridade", à emotividade desperta pela música. São classificações que tendem a uma *Psicologia* da audição, deslocando o foco de atenção dos primeiros tipos da esfera sociológico-cognitiva ao âmago de uma rasa afetividade. Problemática é também a definição de um "ouvinte de jazz" ou mesmo de um "antiouvinte": enquanto o primeiro revelara, em índole quase exclusivamente pessoal, uma aversão visceral do próprio Adorno pelo jazz, como reação quase inconsciente ao seu forçoso exílio no país-berço desse gênero populesco, o segundo pretendera dar conta simplesmente de uma possível inaptidão humana ao musical, e perguntamos se ambos os tipos, por isso, são legítimas categorias de ouvintes: não estaria o primeiro (relativo à preferência pelo jazz) de alguma forma relacionado ao "ouvinte de entretenimento", não resistindo, assim, a uma classificação específica? E, no segundo caso, haveria necessidade de inclusão como "ouvinte" daquele que não quer enquanto tal, numa extensão classificatória que subverte a própria categorização em sua antítese?

No entanto, os quatro outros tipos de comportamento são de uma impressionante atualidade, e é pelo primeiro tipo que se entrevê a essência existencial do verdadeiro *compositor*, em toda a sua radicalidade. Quando Adorno discorre sobre o "ouvinte *expert*", nada mais faz do que descrever o modo como opera a escuta pensante — da qual, entretanto, também não se desvencilham os afetos — do próprio criador musical:

> Apreende distintamente até mesmo os elementos intrincados da simultaneidade, o mesmo é dizer da complexa harmonia e da polifonia. O comportamento completamente adequado poderia ser caracterizado como escuta estrutural. Seu horizonte é a lógica musical concreta: compreende-se aquilo que se apreende em sua necessidade, que decerto nunca é literalmente causal. O lugar dessa lógica é a técnica; para aquele que também pensa com o ouvido.[6]

---

6 Não à toa Adorno fará referência, em outro capítulo "Mediação", à autodesignação de Beethoven como sendo um *Hirnbesitzer* (pro-

Introdução à sociologia da música

Seria possível tal escuta estrutural *fora* do âmago propriamente *tecnicista* da própria linguagem musical? Não há, nesse contexto, como não se reportar a Arnold Schönberg: "O desenvolvimento da música é, mais do que em qualquer outra arte, dependente do desenvolvimento de sua técnica".[7] Entender a música significaria, pois, exercê-la plenamente, senão na prática, ao menos em sua compreensão e entendimento, estudando-a, dominando seu *métier*, inteirando-se de seus elementos estruturais, *ouvindo-a como o faz o próprio compositor*.

Mas se essa questão "restringe-se" ao âmbito musical, a seguinte, de cunho propriamente sociológico, é a que mais intriga e entristece: seria possível tal escuta estrutural nas sociedades de consumo *fora* do âmago propriamente *compositivo* do próprio compositor? Em surpreendente balanço do século XX, Pierre Boulez reverte o senso comum, condizente com a presunção de desmesurada velocidade através da qual ocorreram as contínuas transformações do século passado, para, em não menos taxativa formulação, desvendar-nos a lentidão letárgica de nossa época:

> Criamos a imagem de que nosso século [XX] tornou-se cada vez mais rápido. É possível que isto seja válido para a ciência, mas em geral, e em especial para as artes, o século XX constituiu o mais lento de muitos séculos. Exemplo: toca-se *Erwartung* de Schönberg, obra composta em 1909; e 90 anos depois ela continua ainda sen-

---

prietário de um cérebro); expressão, aliás, que motivou o título do importante livro de Willy Corrêa de Oliveira (1979) sobre o compositor alemão.

7 "Die Entwicklung der Musik ist, mehr als die der andern Künste, von der Entwicklung ihrer Technik abhängig" (Schönberg, 2007, p.135).

Theodor W. Adorno

do uma peça problemática. [...] Nosso século é, repito, realmente muito, muito lento.[8]

A afirmação, de uma espantosa clarividência, remete-nos a uma outra, não menos inesperada, a despeito de toda a sua evidência: "É perfeitamente óbvio que nem todos nós vivemos no mesmo tempo".[9] No tempo fracionado e neurastênico dos *hiperlinks*, resultado da problemática fragmentação a que se referia Berio, em que se tem acesso a tudo e não se tem — ou não se quer ter — tempo para nada, pouca chance resta a um saber que procure na sintonia e no aprofundamento do conhecimento a fonte de sua fruição. Na ilusão de se viver em um *presto con fuoco*, a sociedade e seu amadurecimento intelectual experimentam, na realidade, o andamento arrastado de um *molto adagio*. Na medida em que o conhecimento musical, tal como qualquer outro, envereda-se não por contínua *tabula rasa*, nem por evolução ou progresso unilateral, mas antes implica movimento espiralado, *transgresso* em permanentes reflexões sobre o já dito e o que está por se redizer e, a partir disso, inventar, ele se encontra, corroborado pela alta *tecnicidade*, em crescente grau de complexidade que o afasta da grande maioria dos seres humanos. Assim é que constata Adorno, ainda sobre os tipos de comportamento musical: "O crescente grau de complexidade das composições

---

8 "Wir bilden uns ein, unser Jahrhundert sei immer schneller geworden. Das mag für die Wissenschaft gelten, aber im allgemeinen und für die Künste ganz besonders gilt, daß das 20. das langsamste Jahrhundert seit langem war. Zum Beispiel: man spielt Schönbergs *Erwartung*, komponiert in 1909: 90 Jahre später gilt das noch immer als Problemstück. [...] Unser Jahrhundert, ich wiederhole es, ist wirklich sehr, sehr langsam" (Boulez, 2000, p.I, 40).

9 Pound, 1976, p.101.

teria, no entanto, reduzido o círculo dos ouvintes plenamente competentes, e, em todo caso, de maneira relativamente direta ao número crescente destes que escutam música".

Ao compositor resta a esperança que deposita, em ato complacente e ao mesmo tempo pactuário, na categoria seguinte, cuja descrição nos parece tão pertinente quanto à da primeira: a do *bom ouvinte*, ou seja, aquele que "não está plenamente ciente das implicações técnicas e estruturais [da música]", aquele que "compreende a música tal como compreende, em geral, a própria linguagem, mesmo que desconheça ou nada saiba sobre sua gramática e sintaxe, detendo inconscientemente a lógica musical imanente". Mas esse ouvinte, interlocutor não especializado do compositor, não encontra condições propícias para *perseverare in suo esse*, nos termos de Espinosa (2007), constituindo espécie em extinção:

> Torna-se cada vez mais raro com o incontido processo de aburguesamento da sociedade e com a vitória do princípio de troca e rendimento, estando ameaçado inclusive de desaparecer.

Ouvir bem equivaleria a *falar bem*, mesmo que não se exerça pleno domínio nem sobre a própria linguagem, nem sobre seus atos.

Do *bom ouvinte*, galga-se mais um passo rumo à diluição do entendimento musical, atingindo aquela categoria que, autovalorizando-se como detentora de certo conhecimento — que presume ser de grande profundidade quando não é —, "comporta-se de modo hostil com relação às massas e age de maneira elitista". Defronta-se, então, com o ouvinte que Adorno descreve como possuindo certa formação, ou simplesmente "consumidor cultural", grupo-chave que, como "assinantes das grandes sociedades de concerto e das casas de ópera" (a exemplo da Sala São Paulo ou do Theatro Municipal), "decide, em grande medida, o que se passa na vida musical oficial". Transparecendo em seu elitismo uma clara aversão às massas e enaltecendo a *haute culture*, tal ouvinte, ainda que respeitando a música como bem cultural, reveste-a como produto tipicamente burguês: "Seu *milieu* é a alta e elevada burguesia com transições rumo à pequena burguesia; sua ideologia é, não raro, reacionária e culturalmente conservadora". Da mesma forma como se enoja diante das práticas culturais das classes mais desfavorecidas, cultua despeito em relação ao experimento que foge de seu entendimento raso, cuja superficialidade mal consegue intuir: "Quase sempre tem aversão à arrojada música nova". Com tal categoria, o compositor radical é forçado a conviver em circunstâncias que o remetem à dúvida do real sentido social de suas realizações: certamente seria mais proveitoso e autêntico se sua música buscasse no acesso aos desprivilegiados antenas que, apesar de todas as adversidades econômicas, se demonstrassem mais aptas a captar seus pulsares, em vez de repercutir surdamente nos ouvidos desses bons pagantes das salas de concerto, os quais, paradoxalmente, acabam por viabilizar suas cada vez mais raras encomendas...

A última categoria que nos parece pertinente na descrição adorniana, a qual diz respeito à esmagadora maioria das populações capitalistas, condiz com os navegantes da nau de Ulisses[10] que, amarrado de modo impotente ao mastro, deixa-se, de mãos atadas como todo compositor radical, conduzir

---

10 Episódio da *Odisseia*, de Homero, ao qual se reportam metafórica e sabiamente Adorno e Horkheimer em *Dialética do esclarecimento* (1985), cujas implicações são elucidadas de forma translúcida por Rodrigo Duarte (2002, p.32; e 2003, p.47-9).

Introdução à sociologia da música

pelo trabalho forçado desse punhado de escravos com ouvidos lotados de cera para que não caiam em tentação e se deixem levar pelo inebriante canto das sereias. Em tais circunstâncias sociais, isto significaria o risco de um naufrágio. Estamos aqui falando do "ouvinte de entretenimento". Nos dias atuais, a cera fora substituída por ínfimos fones de ouvido, capazes de fazer retumbar pelas membranas o toque de tambor pelo qual Adorno experimentava, legitimamente, certa ojeriza, mas com o qual identificava, injustamente – para falarmos com Berio –, a genialidade de Stravinsky.[11]

Na ilusão de que se está ouvindo o tempo todo, promove-se a música como mercadoria não apenas de consumo imediato, mas também permanente e necessariamente presente em todas as circunstâncias, desritualizando-a e fazendo dela inquebrantável, indissolúvel e ensurdecedora cera diante dos sons do mundo – o que dirá das obras musicais radicalmente elaboradas. Quem dera se tal cera, de tão resistente qualidade, fosse aplicada não aos ouvidos, mas às asas de Ícaro em seu voo libertário, vislumbrando de longe os instigantes meandros do "labirinto" que tanto almeja o compositor radical. Em vez disso, ouve-se o tempo todo, porque não se suporta o silêncio, como se ele exis-

---

11 Pois é clara a referência tácita ao mestre russo quando, ao discursar sobre os dois tipos de audição – *expressivo-dinâmica*, de um lado, e *rítmico-espacial*, de outro –, como que opondo expressionismo e neoclassicismo, Adorno assim os define: "O primeiro tem sua origem no canto; tende a dominar inteiramente o tempo, integrando-o e em suas manifestações mais acabadas transforma o heterogêneo recurso temporal em força do processo musical. O outro tipo obedece ao toque do tambor. Está baseado na articulação do tempo mediante subdivisões em quantidades iguais, que virtualmente invalidam o tempo e o espacializam" (Adorno, 1974, p.151).

tisse. Ouve-se o tempo todo, e no entanto jamais se ouve nada. Em gesto a um só tempo onipotente e impotente, a escuta de entretenimento, cujo revestimento preenche das salas de espera dos consultórios médicos ao fundo sonoro dos supermercados, para não falarmos das danceterias,[12] assemelha-se às constantes e interruptas visitas à internet, no afã de amplo conhecimento que destitui toda substancialidade, porque justamente não se dá conta que apenas a *duração vivida* age contra o problemático fracionamento das coisas e do conhecimento.

O compositor radical mal sabe dizer o que é pior: pudesse retirar esses pequenos tampões dos ouvidos do jovem entorpecido e lhe propiciar a escuta, não propriamente de sua música, mas já mesmo do entorno desse arregimentado ouvinte, e talvez a experiência tivesse mais valia do que vivenciar ouvidos desprovidos de qualquer fone, porém de tal modo enrijecidos que toda forma de aprofundamento musical se torna inviável, como a de um público de assinantes conservadores, com faces nauseantes, diante da obra radical. Aos primeiros, o código é desconhecido, visto que é inacessível; aos segundos, é denegado, ainda que acessível. Certamente toda esperança é depositada na inacessibilidade e em sua quebra, jamais na obtusão do conservadorismo.

Desta feita, não sobra ao criador outra alternativa que não a de querer fazer de todo ouvinte, no mínimo, um ouvinte *expert*, com o qual possa estabelecer certa interlocução. Mas o que há de mais

---

12 Estas, então, adquirem especial função de amortecimento auditivo-intelectual, pois instituem a coadunada domação do prazer coletivamente instituído, algo condizente com a estratégia capitalista que Adorno tão bem designou por "cultura administrada": "Funcionários saem para se distrair [...]; seu tempo livre não é ócio, mas algo institucionalmente administrado aberta ou veladamente" (em *Música de câmera*).

Introdução à sociologia da música

irreal nas circunstâncias atuais? Adorno assevera: "Aquele que desejasse fazer *experts* todos ouvintes, comportar-se-ia de modo desumano e utópico sob as condições sociais dominantes".

Como compositor, está-se ciente, pois, da má qualidade do ar que respiramos e, procurando salvaguardar a consistência do fazer musical, recorre-se constantemente ao trabalho *tête-à-tête*, disseminando, como um militante, nos mínimos espaços que lhe sobram, de boca em boca, os feitos e as ideias, com toda a sua tenacidade, em que consistem suas obras. Em situações emergenciais e quase sempre marginais, apela a uma respiração boca a boca e, em estratégias didáticas, de ouvido a ouvido, como em um programa mínimo que deseja reviver não o toque do tambor, mas antes os pulsares de inventivas investidas. Parte--se do pressuposto de que se existe uma propriedade que não deve ser expropriada, esta é o cérebro que pensa e coordena os pulmões, corações, bocas e, sobretudo, ouvidos.

Mas diante do risco de morte de nossa língua e diante de tal esperança, tão desumana e utópica quanto necessária, façamos uma digressão espiralada e, através da língua morta, examinemos a dialética propriamente *negativa*, literalmente *niilista*, que preside a duas asserções de pensamentos que persistem em sobreviver.

"Homines nihil minus in potestate habere quam linguam"

A assertiva, portadora de duplo sentido, revela-se de uma tenaz sordidez: "Nada está menos em poder dos homens do que a sua língua".[13]

---

13 Espinosa, 2007, p.168 (latim), 169 (português).

Theodor W. Adorno

Ainda que no século XVII a distinção saussuriana fundamental da linguagem verbal como constituída de dupla face — a saber: *langue* [língua] e *parole* [fala] — estivesse longe de se cristalizar, a irreverência a que se reporta a afirmativa aplica-se tanto a uma quanto a outra esfera de toda linguagem. Não dominamos nossa língua, e muito menos, nossa fala. Não fosse a brecha deixada sempre em aberto pelos hiatos e dubiedades de todo signo, toda expressão seria conclusiva e todo pensamento humano teria sido estancado diante da Verdade — algo que, como sabemos, por intuição ou convicção, quando não por evidência, se demonstra não como objeto, mas antes "um outro nome da sedimentação".[14] Bem ao contrário, falar implica debater-se contra as imprecisões dos signos,[15] em exercício que mescla continuamente os estados da ansiedade e da angústia, quando não do prazer no deleite dos desvios e dos erros. É no bojo de tal imperfeição da linguagem que se alojam as bifurcações especulativas, seja nos desdobramentos analíticos do fazer artístico, em ato de decomposição e recomposição contínuas, ou naqueles psicanalíticos e investigativos, calcados na *Fehlleistung* [ato falho] freudiana.

Em arte, portanto, permite-se ao criador que almeje dominar tudo, pois mesmo assim intui-se que ali será o lugar, em algum momento, do imponderável, já que fala uma língua indomável. Daí o erro de todo surrealismo, na ingênua pretensão de desejar promover à instância ativa do fazer intencional o inconsciente que, de toda forma, já é em si mesmo intencionalidade

---

14 "La vérité est un autre nom de la sédimentation" (Merleau-Ponty *apud* Lyotard, 1954, p.44).

15 "Falar é combater; [...] os atos de linguagem provêm de uma agonística geral" (Lyotard, 1986, p.17).

impura e que toma partido – e assim sempre a foi em toda criação,[16] mesmo – e talvez sobretudo – na mais controlada das obras de arte, tal como se verificou, exemplarmente na música, no serialismo integral dos anos 1950, em que o controle total acabou por arremessar o compositor diante do acaso, em embaraçosa identidade entre determinação total e indeterminação, fazendo o causal dar as mãos ao casual.

Que o marxismo mais consequente tenha tido plena consciência dessas incongruências, não é nada de novo. A ideia da revolução permanente, já presente em Marx e levada às últimas consequências no ideário trotskista, bem o atesta. Leon Trotski, o maior dos revolucionários do século XX, assim referencia-se à dicotomia presente em cada simples designação:

> O axioma "A" é igual a "A" é, por um lado, ponto de partida de todos os nossos conhecimentos e, por outro, é também o ponto de partida de todos os erros do nosso conhecimento. [...] Para os conceitos, também existe uma "tolerância" que não está fixada pela lógica formal baseada no axioma "A" é igual a "A", mas pela lógica dialética baseada no axioma de que tudo se modifica constantemente.[17]

---

16 Reconhecer o erro surrealista não implica desconhecer nem seus frutos, nem o papel relevante que o *absurdo* pode assumir no terreno artístico. Pensemos no teatro do absurdo de Samuel Beckett, ou, lá atrás, na obra pictórica dos maiores dentre os pintores surrealistas (e como classificá-los de outra forma?): Hieronymus Bosch e Pieter Bruegel, o Velho. Em meio à ordenação pictórica e aos afrescos de cunho religioso que imperavam em pleno século XVI, a subversão e a perversão de seus quadros, preconizando o surrealismo das vanguardas históricas, acabam por promover o surreal a um hiper--realismo crítico e mordaz que desnuda a moral vigente.

17 Trotski, 1984, p.70.

Theodor W. Adorno

Nessa antinomia que se quer identidade entre os componentes da dupla face do *signo — significante* e *significado —*, que institui a um só tempo reenvio permanente e ambíguo do primeiro em relação ao segundo, aloja-se a *dramaticidade* de toda expressão, tão bem pontuada por Umberto Eco ao referir-se não a Trotski, mas ao maior linguista do século passado: "Não foi Jakobson o primeiro a falar da estrutura do fenômeno sígnico em termos da dialética *signans/signatum*; mas sua obra inteira é permeada sobre essa 'dramática' relação".[18] Reportando-se ao basilar texto do linguista russo sobre a essência da poesia, ao qual aqui recorremos *ipsis litteris*, Eco transcreve uma das passagens mais decisivas para o entendimento de toda angústia e, ao mesmo tempo, de toda poética. Assim é que Roman Jakobson definirá *poeticidade*, função essencial ao exercício poético da mesma forma que, por analogia, a *musicalidade* o é para a composição, como ápice dessa antinomia absolutamente necessária à dinâmica dos significados, pois toda poesia nada mais faz do que acentuar e operar sobre a fenda irreparável entre construção expressiva e conceitos, pondo o dedo na ferida e articulando-se a partir não de certezas, mas de dúvidas. Assim é que aclama, em curiosa similaridade com a formulação de Trotski, pela necessidade da função poética:

> Por que isto é necessário? Por que é necessário sublinhar que o signo não se funde com o objeto? Porque ao lado da consciência imediata da identidade entre signo e objeto (A é A_1), é necessária a consciência imediata da ausência de identidade (A não é A_1); tal antinomia é indispensável, pois que sem paradoxo não há dinâmica

---

18 Eco, 1990, p.290.

Introdução à sociologia da música

dos conceitos, nem dinâmica dos signos, a relação entre conceito e signo se automatiza, arrefece o curso dos eventos, atrofia-se a consciência da realidade.[19]

A partir disto, como proclamar qualquer unilateralidade entre feito artístico e ideologia? Que na obra de arte transparecem as relações sociais que lhe deram origem, disto não resta dúvida alguma. Mas inferir à obra artística qualquer obrigatoriedade de vinculação ideológica, como em uma relação de inequívoca equivalência, a ser localizada na relação entre seus elementos estruturais e ideologia, parece reduzir o enfoque artístico a um prisma não especular, estranho não somente à arte, mas ao próprio saber humano: se na imagem do conceito, tal como refletida no espelho do significante, tem-se seu reenvio e, a um só tempo, sua inversão, o que dizer das correspondências entre poeticidade e ideário político? Entre a obra e sua presumível filiação ideológica, há, pois, todo um oceano, povoado por incontáveis signos, cada qual com sua dubiedade, mar propício à *especulação* em seu sentido mais consequente, onde mergulha tanto mais fundo quanto mais consequente e inventivo o criador.

O legado de Adorno é, nesse sentido, paradigmático. No decurso do século passado, não se conhece outro pensador que melhor entenda — como um *expert*, um *compositor* mesmo — a linguagem musical e, ao mesmo tempo que reconhece suas implicações sociais e ideológicas, se precautele diante de todo juízo

---

19 Jakobson, 1985, p.53. A essa passagem, uma das mais brilhantes e definitivas da linguística do século XX, e que traduz o caráter ambivalente de toda expressão, inclusas as que tecem o discurso musical, me reportei em diversas ocasiões: Menezes, 1999, p.69; e 2006, p.334, 372, 411.

29

maniqueísta. Da mesma forma como Adorno elegera (em parte mal) Stravinsky como objeto de sua presumível "moralidade",[20] Berio elegera, de modo não menos problemático, Adorno para pronunciar-se, legitimamente, contra o dualismo, em arte e fora dela, entre o bem e o mal. Mesmo o marxismo promulgado em território stalinista não teve como esquivar-se da complexidade dessa ambivalente relação entre arte e ideologia. Em importante biografia do filósofo alemão, P. N. Fedossejew e sua equipe atentam para o reconhecimento, em Marx, da inexistência de uma correlação inequívoca entre obra artística e conteúdo ideológico:

> A vida social, a ideologia de determinadas classes, assim salienta Marx ao advertir sobre uma interpretação sociológica vulgar de tais problemas, não se espelha de modo algum no terreno da arte de forma linear, mecânica. A criação artística submete-se às leis gerais de desenvolvimento social, mas possui também, como forma especial de consciência, suas particularidades, suas leis específicas. [...] Se por um lado as obras de arte estão ligadas historicamente a determinadas formas sociais, por outro lado isto não significa

---

20 Pois se Adorno lamentara, em sua magnífica monografia sobre Alban Berg, que este não chegara a vivenciar a mudança substancial a que estaria sujeita a obra dodecafônica do Schönberg maduro (Adorno, 2009, p.82-3), cuja "falta de conteúdo expressivo" das composições de sua primeira fase fora objeto de crítica por Berg, Adorno, em sua *Filosofia da nova música* (1974), redigida ao final dos anos 1940, não entrevera uma obra como *Agon* (1953-7) de Stravinsky, para não falarmos das derradeiras realizações do mestre russo, obras diante das quais, entretanto, mesmo tendo — ao contrário de Berg — a chance de vivenciá-la, relutou em redimir-se ou mesmo, para os mais partidariamente stravinskianos, retratar-se.

Introdução à sociologia da música

que, após o desaparecimento de tais formas, tornar-se-ão sem sentido algum.[21]

No terreno, então, de uma *semiosis introversiva* – para dialogar com Jakobson –, tal como se perfilam as entonações da música "pura" (aquela que se aparta do uso verbal), e na qual se ausentam, portanto, significados lexicológicos, a dubiedade nessa relação potencializa-se. Buscar na música correspondências unilaterais e, sobretudo, inequívocas entre produto artístico e ideologia traduz-se como tarefa baldada e infecunda, quando não malédica. Nesse sentido, Adorno alerta, no capítulo "Mediação", acerca da problemática adequação da música ao enfoque sociológico e diz que a não objetualidade [*Ungegenständlichkeit*] da música lhe é particularmente desvantajosa: denega imediatamente dados sociais. Pois mesmo quando advoga por alguma causa, a música, ensimesmada, fala, sobretudo, de si mesma: "Ainda que a música possa efetivamente apregoar algo, permanece duvidoso, porém, para que e contra quem ela toma a palavra".[22]

---

21 "Das gesellschaftliche Leben, die Ideologie bestimmter Klassen, betonte Marx, indem er gleichsam vor einer vulgär-soziologischen Interpretation dieser Probleme warnte, widerspiegelte sich im Bereich der Kunst keineswegs geradlinig, mechanisch. Das Kunstschaffen unterliegt den allgemeinen Gesetzen der gesellschaftlichen Entwicklung, har aber als besondere Form des Bewußtseins auch seine Besonderheiten, seine spezifischen Gesetzmäßigkeiten. [...] Sind die Kunstwerke historisch an bestimmte gesellschaftliche Formen gebunden, so heißt das nicht, daß sie nach dem Verschwinden dieser Formen bedeutungslos werden" (Fedossejew et al., 1984, p.404-5). Trata-se de uma tradução alemã, editada na extinta República Democrática Alemã (DDR), de uma obra publicada originalmente em russo.

22 Capítulo "Classes e estratos".

O caráter indomável da fala e da língua não se restringe, pois, à forma quase espontânea, ainda que esforçadamente reflexiva, de entendimento musical do *bom ouvinte*, cuja ausência de uma consciência plena dos dados de linguagem já foi pontuada, mas alastra-se do mesmo modo à recepção do próprio ouvinte *expert* e, particularmente, até mesmo à práxis poética do compositor, e pelas implicações sociológicas de um segundo significado da assertiva espinosiana, que encerra agora, por este seu novo ângulo, certa "promiscuidade" (ou, ao menos, certa perversão), é que entrevemos a dialética entre ideia e estilo. O compositor, por mais que deseje, não controla totalmente sua língua, como se por vezes falasse mais do que devesse. Comete *Fehlleistungen* [atos falhos] que perfilam, sem que bem o saiba, seu verdadeiro estilo, o qual emerge, salienta-se, tão mais genuinamente quanto mais se preocupar não com as estratégias que delineiam o dado propriamente estilístico de sua fala, mas com suas ideias, as quais definem sua língua. Estilo não se forja, inventa ou enaltece; brota. Como dizia Schönberg, estilos predominam, mas são os pensamentos que vencem.[23] Ao contrário de outro velho e igualmente ambivalente lema latino, *"audi, vide, tace"* [ouça, veja, cale-se!], sábio ao aconselhar o silêncio diante das intrigas entre os homens, conivente ao encerrar comprometimento tácito diante da tragédia humana, todo autêntico compositor sente que é preciso correr o risco do erro e falar, mesmo que pelos cotovelos, suas ideias: *ouça, veja, fale!*

---

23 Vide o sintomático título na nova edição alemã de *Estilo e ideia*, que se reporta a esta sua frase: "Stile herrschen, Gedanken siegen" (Schönberg, 2007).

Introdução à sociologia da música

O risco, no entanto, não se restringe tão somente à fala, mas à instituição da própria língua que, enquanto tal, quer falar ao outro, mas que, como invenção na era moderna (pós-tonal), necessariamente aparta-se dos códigos já cristalizados, ameaçando a falar a si mesma. E isto nem sempre porque institui um Novo diante do qual a escuta amortecida se aterroriza em pânico, mas porque esse outro não deseja simplesmente *ouvir*:

> Mesmos os esforços mais consequentes e genuínos, como os da vanguarda musical, estão expostos ao perigo de transformarem-se em mero jogo consigo mesmo em virtude de seu necessário desapego da sociedade, sem que pudessem fazer qualquer coisa a fim de evitar isso. A perda da tensão e a neutralização da modernidade radical não são culpadas por seu caráter associal [*Asozialität*], senão que lhe são impostas socialmente: os ouvidos se fecham tão logo escutam aquilo que lhes diria respeito.[24]

Tal contradição, que perpassa a vida do compositor radical, é tanto mais presente quanto mais adentrarmos, pois, o terreno arenoso da Música Nova, em que se ausentam sistemas de referência comum tal como o fora, no passado, o tonalismo, no qual todas as aberrações eram absorvidas como excentricidades na complexa trama do sistema tonal. Na discussão aprofundada desse dilema, a um só tempo trágico e instigante, o enfoque dialético adorniano não nega esforços, ensejando ver o quão "A" é "A", mas também o quão pode deixar de sê-lo:

---

24 Capítulo "Vida musical".

Certamente não elegemos como critério da música o fato de ela atingir o maior número possível de pessoas. Por outro lado, não deveríamos nos render à afirmação de que depositamos valor apenas em um pequeno círculo de pessoas, pois assim já estaríamos, de certo modo, assinando embaixo de um processo de especialização em si mesmo perigoso, e deveríamos efetivamente procurar a nos privar de tal alternativa. [...] O ideal musical é [...] escrever para todos e para ninguém, ou seja, dever-se-ia escrever música como se ela fosse escrita para si mesmo e por si só, mas ao mesmo tempo não se contentar com o fato de que ela seja então, de novo, ouvida apenas por um círculo de especialistas.[25]

E se na crença schönberguiana de que um dia suas melodias, mesmo as dodecafônicas, seriam assoviadas pelo transeunte comum transparece certa inocência, nem por isso deixa de revelar certa esperança (utópica como qualquer outra) e implicar, do ponto de vista sociológico, certo comprometimento e "responsabilidade social", pois, para Adorno (em "Música ligeira"), mesmo "quem assovia uma canção para si mesmo, acaba dobrando-se a um ritual de socialização".

---

25 "Sicher machen wir nicht zum Kriterium der Musik, ob sie einer möglichst großen Zahl zusagt. Auf der anderen Seite sollten gerade wir auch nicht uns dazu hergeben zu sagen, wir legen nur eigentlich auf einen kleinen Kreis Wert, denn dadurch würden wir schon den Prozeß der Spezialisierung, der selber gefährlich ist, in gewisser Weise unterschreiben, sondern wir sollten wirklich eigentlich dieser Alternative versuchen uns zu entziehen. [...] Das musikalische Ideal ist [...] für alle und keinen, daß heißt, man soll die Musik schreiben, als ob sie nur für sich selber und um ihrer selbst willen da wäre, aber dabei doch nicht sich damit zufrieden geben, daß das nun wieder nur von einem Kreis von Fachleuten gehört würde" (Adorno, 1989, p.462).

Introdução à sociologia da música

Aos anseios poéticos da radicalidade, não sobra outra alternativa, pois, que a de resistir, em esforço sobre-humano, de desejar, socialmente, que todas as pessoas acedam, minimamente, à *conditio sine qua non* de *bons ouvintes*, e, por fim, de *esperançar*, contentando-se por ora com o aspecto "maçônico" de seu rito: adentra-se o templo apenas se estiver munido de sua senha. E nessa irmandade, circunscrita não a um público no singular, mas a seu fracionamento tribal, exerce-se, como pode, toda humanidade, o que nos conduz, em nossa especulação espiralada, ainda mais atrás ao nosso segundo axioma latino.

"Humani nihil a me alienum puto"

A asserção pode, ela também, ser dialeticamente entendida por dois vieses. "Nada que é humano me é estranho": na condição de homem, posso entender os atos humanos mais surpreendentes, tal como o faz o psicanalista diante de seu paciente quando este, ao divã, revela-se capaz – com o perdão do pleonasmo – das mais insopitáveis revelações, ou ainda, por falarmos em perdão, tal como o tolera o padre diante dos pecados assumidos em um confessionário por aquele que se nega a ver.

O prisma inicial é o da tolerância. Na complacência implícita nessa máxima do antigo pensador latino Terêncio suporta-se com indulgência a mais abominável das ideologias quando conjuminada com a obra de gênio, em que permissividade rima com admiração e reconhecimento. E isto, mesmo quando é em aspectos propriamente musicais que se desvenda a condenável atitude comprometedora. Como não reconhecer a mestria musical wagneriana diante, claro, não de seu notório antissemitismo, frente ao qual não se tem nenhuma dificuldade em denunciá-lo, mas do autoritarismo que se faz presente em seu extensivo tempo totalitário que exaure até mesmo o mais predisposto dos ouvintes? Pois a despeito dessa onipotência aniquiladora, antítese de um tempo fluido e essencialmente democrático do miniaturismo weberniano, não nos defrontamos com elaborações musicais de inventividade invejável? E para invertermos a equação: a despeito de toda a sutileza da cintilação weberniana, o que dizer de seu grosseiro deslumbramento pelo ditador Hitler, tal como entrevemos na missiva de seus instantes derradeiros? Tanto lá como cá, o homem foi capaz das mais sublimes elaborações, sem que, para tanto, abrisse mão das mais crassas excrescências ideológicas e humanas. Ora é no próprio corpo da obra musical que aspectos comprometedores se fazem presentes sem que qualidades incontestes deixem de ser apreciadas; ora a música permanece sublime, mas coabita o universo criador desbotado pela ideologia reacionária que, de toda forma, compromete mas não invalida o fato artístico. Condenar a obra de arte por seu teor ora implícito, ora explícito, sem que se reconheçam nela as suas efetivas qualidades *técnicas* e *expressivas*, equivaleria a ludibriar o próprio espírito humano. O reverso da moeda, nessa troca permissiva e necessariamente complacente, em que se leva em conta o desumano e se perdoa o humano (e vice-versa), constitui a repressão coercitiva que deseja modelar a língua em prol da uniformização de nossas falas. Mas aí os resultados são mais que patéticos: a arte do Realismo Socialista, como bem pontuara Trotski, fora de longe a mais fraca dentre muitos e muitos séculos. Conseguiu ser ainda mais lenta que o entendimento

Introdução à sociologia da música

arrefecido das sociedades capitalistas a que se referira, com tanta pertinência, um Boulez, pois que ainda hoje se faz plenamente válido o manifesto trotskista: "Em matéria de criação artística, importa essencialmente que a imaginação escape a qualquer coação".[26]

E assim constatamos: a arte não está acima do bem e do mal, mas ao seu lado. Advém de precisas circunstâncias sociais, mas sobrevive ao julgamento maniqueísta que quer atrelar toda tecnicidade a um seu conteúdo ideológico que, na maior parte das vezes, descobre-se ambivalente. Não porque necessariamente escamoteie suas intenções e pretensões, mas porque pode aliar-se, e via de regra assim o faz, com elaborações expressivas que suplantam qualquer comprometimento e, quando da obra de um gênio, transcendem qualquer *parti pris*.

Mas nossa digressão ao passado remoto era, senão ilusória, ao menos passageira. Pois em mais uma volta de nossa espiral, o lema de Terêncio repercutirá então na decepção marxista, a qual, ainda que não excluindo o aspecto benevolente da asserção latina, institui, por sua biografia, o duplo sentido da máxima ao qual nos reportamos. Ao final de sua vida, indagado por suas filhas, Marx aceita o jogo de linguagem e responde-lhes, completando a charada:

---

26 Trotski, 1985, p.41. O manifesto "Por uma arte revolucionária independente", do qual se extrai essa frase, fora concebido em 25 de julho de 1938 na Cidade do México — como documento principal da Federação Internacional da Arte Revolucionária Independente (Fiari) — pelo escritor surrealista francês André Breton e por Leon Trotski, que se encarregou de corrigir sua redação final, e assinado, em sua publicação, por Breton e pelo pintor mexicano Diego Rivera.

Sua virtude preferida:	Simplicidade.
Seu traço principal:	Teleologismo.
O vício que mais detesta:	Servilismo.
O vício que mais sinceramente perdoa:	Credulidade.
Sua concepção de felicidade:	Luta.
Sua concepção de infelicidade:	Submissão.
Seu herói:	Spartakus, Kepler.
Sua máxima:	Nada que é humano me é estranho.[27]

Aqui, a máxima de Terêncio, conclusiva de uma vida na qual precisou a luta consistir em ideal de felicidade, adquire matiz sórdida, decorrente da frustração diante de tanto esforço vão. Ainda que não excluindo seu caráter tolerante, verte-o em desilusão: do ser humano, tudo se pode esperar... Hoje, no prisma da hegemonia do capital, só não se sabe o que foi pior: se, após devotar sua vida inteira à Revolução, não vê-la (como Marx), pela vontade dos homens, acontecer, ou se, após fazê-la (como Trotski), vê-la, por essa mesma vontade, traída.

Constatamos, então, que o mundo dá voltas, e que mal há tempo de arrepender-se de algo. Abdicar de uma visão dualista demonstra ser, assim, a melhor saída, ao menos a mais inteligente.

---

27 "Ihre Lieblingstugend: Einfachheit. / Ihr Hauptmerkmal: Zielstrebigkeit. / Das Laster, das Sie am meisten verabscheuen: Kriecherei. / Das Laster, das Sie am ehesten entschuldigen: Leichtgläubigkeit. / Ihre Auffassung vom Glück: Kampf. / Ihre Auffassung vom Unglück: Unterwerfung. / Ihr Held: Spartakus, Kepler. / Ihre Maxime: Nichts Menschliches ist mir fremd" (Marx apud Fedossejew et al., 1984, p.558). Em tais palavras consistira o Credo [Bekenntnisse] que Marx proferira às suas filhas em 1º de abril de 1865, culminando sintomaticamente com a citação de Terêncio.

Introdução à sociologia da música

E sem nos arrepender, e muito menos sem sentirmo-nos culpados, permitimo-nos incluir em nosso horizonte mesmo o ideologicamente condenável, desde que seu potencial técnico, portanto expressivo, nos convença, e desde que não sejamos nem compulsoriamente levados, nem veladamente induzidos a compactuar com o ideário que, de toda forma, se encrosta em qualquer realização artística. Pois se na arte, ao contrário da política e da ciência, o erro não é apenas permitido, como também por vezes mesmo almejado,[28] é porque erra não a arte, mas o Homem. Ao ensejar o erro, abnega-se, em prol do tempo durativo que se faz necessário a todo aprofundamento, justamente aquilo que mais caracteriza a superficialidade das sociedades capitalistas: sua imediatez. Dessa rasa imediatez aproximam-se cabalmente as ações políticas, mas se afastam inexoravelmente os feitos artísticos, pois se permitem ecoar nas releituras de suas espiraladas revisitas: "Diversamente da história política, na qual o não efetivo em nada consiste, na história da música pode uma obra, da qual nada se segue, também ser significativa".[29]

---

28 Referindo-se aos problemas da composição musical, Schönberg assevera: "O erro adquire lugar de honra, pois graças a ele é que o movimento não cessa, que o Um não é alcançado, e que a veracidade jamais verte-se em Verdade; pois seria quase insuportável se conhecêssemos a Verdade" ("Der Irrtum verdient einen Ehrenplatz, denn ihm verdankt man es, daß die Bewegung nicht aufhört, daß die Eins nicht erreicht wird. Daß die Wahrhaftigkeit nie zur Wahrheit wird; denn es wäre kaum zu ertragen, wenn wir die Wahrheit wüßten" – Schönberg, 1922, p.394; cf. versão em português, distinta da nossa, em id., 2001, p.458).

29 "Anders als in der politischen Geschichte, in der das Wirkungslose nichtig ist, kann in der Musikgeschichte auch ein Werk, aus dem nichts folgt, bedeutend sein" (Dahlhaus, 1978, p.340).

Em meio a esse horizonte alargado, livre de qualquer coação, pode-se então perceber que o que nos parece tão humano é capaz de se afastar dos homens, e que por isso a utopia não encontra lugar entre nós, pois que justamente ao assumir um aspecto tão desumano é que ela se revela essencialmente humana. Esse mesmo paradoxo não teria sido enunciado de forma exemplar pelo próprio Adorno em seu extraordinário ensaio sobre outro gigante da era moderna? Como que denunciando a aversão a toda especulação, enrijecimento que assola e amordaça as sociedades de consumo, o filósofo vê em Alban Berg o signatário mais digno da humanidade *tout court*. Assim como o homem médio não quer ouvir, ele também não suporta ver a si próprio, pois é triste e mesmo desesperador mirar-se no espelho e enxergar sua própria condição desumana. A imagem especular deflagra todas as rugas e vincos que se quer escamotear na ausência de toda reflexão. Opondo o "som" berguiano ao wagneriano, maquilado de autoglorificação, Adorno enaltece a abdicação de Berg e relata sua esperança, talvez tão utópica quanto qualquer outra, talvez, por isso, tão desumana: "Apenas aquilo que não se conserva a si mesmo é que não se perde".[30] A decorrência de tal abnegação, avessa ao totalitarismo wagneriano e, segundo Adorno, tão confluente com o universo miniaturista, diríamos mesmo pré-weberniano de um Schumann, é a oscilação contínua entre o que é humano e o que parece inumano, mas que, advindo dos homens, não deveria causar qualquer estranheza. Marx e Terêncio bem o sabiam, mas nem todos têm a mesma sabedoria: "Nenhuma música de nosso tempo foi tão humana como a [de Berg]: isso a distancia dos homens".[31]

---

30 Adorno, 2009, p.40.

31 Ibid., p.41.

Introdução à sociologia da música

Ah, como isto nos reporta aos sábios dizeres de um Goethe, os mesmos que o fazem tão próximo do inconformado gesto de um Beethoven, quando este, defronte de tantos desentendimentos, lança sua garrafa ao mar:

> O que reluz serve ao momento em sua tenra idade; / O que transluz persevera na posteridade.[32]

Na dialética que preside o desejo comunicativo de todo criador autêntico vislumbra-se assim a aceitação pública, com a qual tanto se sonha, mas ao mesmo tempo certifica-se, em face da mediocridade vigente, do quão legítimo é permanecer isolado. Em sábia formulação, Adorno escancara o dilema entre pai e filho: "Schönberg invejava os sucessos de Berg e este, os insucessos de Schönberg".[33]

Assim é que o erro não admite solução, mas impulsiona a *poiesis* a novas perlaborações, convertendo as voltas em espirais e confundindo a imagem da criação com a essência mesma de toda problematização: instaura-se a dinâmica dos conceitos, em obras e em pensamentos, e cria-se, porque se pensa. Como que em uma báscula, o criador desconforma do movimento pendular e oscila, conflituosamente, entre o humano e o desumano, entre sua vontade e seu feito, o qual já não é ele mesmo, mas sua imagem especular: objetualidade a ser, idealmente, compar-

---

32 Minha transcriação em versos de 13 sílabas (*à la* Fibonacci, em vez de versos decassílabos), realizada em 4 de dezembro de 2005, da frase do Poeta [Dichter] no "Prólogo no Teatro" [Vorspiel auf dem Theater] do *Fausto*: "Was glänzt, ist für den Augenblick geboren; / Das Echte bleibt der Nachwelt unverloren" (Goethe, 1946, p.3).

33 Adorno, 2009, p.82.

Theodor W. Adorno

tilhada socialmente. E se as condições sociais não favorecem tal compartilhamento, instaura-se então não apenas o dinamismo da criação, mas a um só tempo a utopia e sua angustiada esperança, que aqui se revela como essencialmente humana. Pois, com Adorno, "até o discurso mais solitário do artista vive do paradoxo de falar aos homens".[34]

São Paulo, setembro de 2010

Referências bibliográficas

ADORNO, Theodor W. *Filosofia da nova música*. São Paulo: Perspectiva, 1974.

_____. Der Widerstand gegen die Neue Musik (Entrevista entre Theodor W. Adorno e Karlheinz Stockhausen na rádio *Hessischer Rundfunk*, em 22 de abril de 1960). In: STOCKHAUSEN, K. *Texte zur Musik 1977-1984*. v. 6. Köln: Verlag M. DuMont Schauberg, 1989. p.458-83.

_____. *Berg:* o mestre da transição mínima. São Paulo: Unesp, 2009.

_____; HORKHEIMER, M. *Dialética do esclarecimento:* fragmentos filosóficos. Rio de Janeiro: Jorge Zahar, 1985.

BERIO, L. *Entrevista sobre a Música* – realizada por Rossana Dalmonte. São Paulo: Civilização Brasileira, 1996.

BOULEZ, P. Die Konzertprogramme – Wolfgang Fink im Gespräch mit Pierre Boulez. In: *Boulez 2000* – London Symphony Orchestra. Köln: Wienand Verlag, 2000.

CORRÊA DE OLIVEIRA, W. *Beethoven* – Proprietário de um cérebro. São Paulo: Perspectiva, 1979.

DAHLHAUS, C. Adornos Begriff des musikalischen Materials. In: *Schönberg und die andere* – Gesammelte Aufsätze zur Neuen Musik. Mainz: Schott, 1978.

_____

34 Adorno, 1974, p.26.

Introdução à sociologia da música

DUARTE, R. *Adorno/Horkheimer & a dialética do esclarecimento*. Rio de Janeiro: Jorge Zahar, 2002.

_____. *Teoria crítica da indústria cultural*. Belo Horizonte: Editora UFMG, 2003.

ECO, U. Contributo di Jakobson alla Semiotica. In: *Roman Jakosbon*. Roma: Editori Riuniti, 1990. p. 287-302.

ESPINOSA, B. *Ethica*. Belo Horizonte: Autêntica, 2007.

FEDOSSEJEW, P. N. et al. *Karl Marx* — Biographie. Berlin: Dietz Verlag, 1984.

GOETHE, J. W. *Faust* — Der Tragödie erster Teil. Nürnberg: Verlag Jacob Mendelsohn, 1946.

JAKOBSON, R. Che cos'è la poesia? In: *Poetica e poesia* — questioni di teoria e analisi testuali. Torino: Giulio Einaudi Editore, 1985. p.42-55.

LYOTARD, J.-F. *La phénoménologie*. v. 625. Paris: Presses Universitaires de France, 1954. (Coleção Que sais-Je?)

_____. *O pós-moderno*. Rio de Janeiro: José Olympio, 1986.

MARX, K. *Das Kapital* — Kritik der politischen Ökonomie, Erster Band, Buch I: Der Produktionsprozeß des Kapitals. In: MARX, K.; ENGELS, F. *Werke*. Band 23. Berlin: Dietz Verlag, 1986.

MENEZES, F. *Atualidade estética da música eletroacústica*. São Paulo: Unesp, 1999.

_____. *Música maximalista* — ensaios reunidos sobre a música radical e especulativa. São Paulo: Unesp, 2006.

POUND, E. *A arte da poesia* — ensaios escolhidos. São Paulo: Edusp: Cultrix, 1976.

SCHÖNBERG, A. *Harmonielehre*. Wien: Universal Edition, 1922.

_____. *Harmonia*. São Paulo: Unesp, 2001.

_____. *Stile herrschen, Gedanken siegen* — Ausgewählte Schriften. Mainz: Schott, 2007.

TROTSKI, L. *Em defesa do marxismo*. São Paulo: Proposta Editorial, 1984.

_____; BRETON, A. *Por uma arte revolucionária independente*. Rio de Janeiro: Paz e Terra, 1985.

// À nova edição de 1968

O caráter didático que esta nova edição de *Introdução à Sociologia da Música* da Enciclopédia Rowohlt[1] gostaria de preservar impede o autor de alterar o texto em profundidade. Que as preleções não estejam plenamente formuladas à maneira de seus outros trabalhos é algo que poderá, talvez, favorecer sua divulgação. E, já que o presente livro constitui não apenas uma introdução à Sociologia da Música, mas também à concepção sociológica da Escola de Frankfurt, ele conta justamente com leitores que se assustam diante de textos mais exigentes. Por isso, o autor limitou-se à emenda de certas falhas de impressão e de alguns erros, assim como a poucos adendos inseridos, com efeito, em passagens centrais. Totalmente novas são apenas as páginas subsequentes à página 422,[2] "Sociologia da Música". Fragmentariamente pretendem corrigir aquilo que o livro tem de fragmentário.

---

1 A edição em que se fia o presente texto surgiu em 1968 no volume 292/3 da série *Enciclopédia alemã Rowohlt*, Rowohlt Taschenbuch Verlag, Reinbek bei Hamburg. [N. E. A. – Nota da Edição Alemã.]

2 Indicação válida apenas à edição alemã. [N. T.]

Em linhas gerais, o autor não está tão propenso a dizer o que e como fazer, mas a fazê-lo pura e simplesmente. Isto é consequência de uma teoria que não toma para si a admitida separação entre método e objeto, desconfiando, de resto, da metodologia abstrata. Mesmo assim, durante os últimos anos, os conflitos metodológicos a propósito da Sociologia da Música não se apaziguaram. Talvez, por isso, seja facultado ao autor remeter-se a um ensaio no qual se esboça, em certa medida, sua posição em tal conflito. Tem como título "Teses sobre Sociologia da Arte" e ora se encontra no pequeno livro *Ohne Leitbild* [*Sem modelo*].

Enquanto vários sociólogos consideram o método da "Introdução" metafísico, filosófico, ou simplesmente não sociológico, um crítico de música atestou ao autor em uma recensão extremamente gentil que, em rigor, no // livro não haveria nada que qualquer músico já não soubesse de modo mais ou menos vago. Nada poderia dar mais prazer ao autor que ver confirmado que suas especulações supostamente selvagens ajudaram a expressar um saber pré-consciente. O propósito deste livro consiste em acabar com a tensão que vigora entre esse motivo e aquele relativo a um pensamento não tutelado.

Janeiro de 1968

// Prólogo

As preleções que se seguem, acrescidas de discussões subsequentes, foram realizadas no semestre de inverno de 1961/2 na Universidade de Frankfurt; grande parte delas foi transmitida pela rádio Norddeutsche.

Em relação à forma de publicação, sua pré-história talvez não seja algo de todo indiferente. Em 1958, o autor aceitou um convite dos *Monatshefte* suíços para colaborar com um ensaio intitulado "Ideias para uma Sociologia da Música"; mais tarde, acabou por incluí-lo nas *Klangfiguren* [Figuras sonoras]. Desenvolveu, então, princípios de um trabalho sociológico-musical, sem separá-los das questões acerca do conteúdo; justamente nisto permanece o elemento específico de seu método. Do ponto de vista programático, tal ensaio é sempre obrigatório ao procedimento sociológico-musical do autor.

Imediatamente após o surgimento do ensaio, o sociólogo da música Alphons Silbermann sugeriu de modo gentil sua ampliação sob a forma de um livro. À época, isto não era possível, tanto por causa de outras tarefas quanto por conta da máxima que nos aconselha a não ampliar ulteriormente aquilo que foi desenvolvido apenas de modo exíguo. No entanto, a ideia fortaleceu-se e terminou por se converter na intenção de expor de modo mais detalhado as considerações e os achados sociológico-musicais de maneira totalmente independente do mencionado texto. Para tanto, concorreu uma vez mais um estímulo externo: o convite para ministrar, em 1961, duas breves conferências de conteúdo sociológico-musical na *Funk-Universität* do RIAS.[1] Estas se transformaram no cerne das duas primeiras preleções. Nelas foram reutilizados trabalhos escritos nos Estados Unidos que remontam ao período em que o autor coordenava a seção musical do Princeton Radio Research Project. A tipologia da escuta musical já havia sido delineada em 1939, sendo que o autor se ocupara continuamente dela. Várias ponderações acerca da música ligeira contidas na segunda preleção acham-se expostas na dissertação "Sobre a música popular" (*Studies in Philosophy and Social Science* IX, 1, p.17); // o caderno completo no qual vieram a lume fora dedicado à Sociologia dos Meios de Comunicação de Massa. As problematizações de ambas as preleções desenvolveram-se involuntariamente rumo a uma concepção geral. Haja vista a complexa constituição do presente volume e em que pese a melhor vontade, certos entrecruzamentos não puderam, com efeito, ser completamente evitados – tanto entre as preleções, bem como entre estas e outras publicações do autor.

---

1 Emissora de rádio e televisão fundada em 1946 e atuante no setor americano da cidade de Berlim, o RIAS (*Rundfunk im amerikanischen Sektor*) contava fazer as vezes de "ponte" entre os blocos ocidental e oriental no pós-guerra. Em 1949, passou a albergar um estabelecimento de ensino superior – a *Funk-Universität* – "não só para acadêmicos"; além de Adorno, na lista de seus famosos "docentes" constavam, por exemplo, Otto Hahn, Max Horkheimer, Karl Jaspers, René König, Alfred Tarski e outros. [N. T.]

Introdução à sociologia da música

Este último não quis violar o caráter de preleção por motivo algum; em relação ao que foi efetivamente dito durante as preleções, o livro contém apenas ínfimos retoques e complementos. O número de inflexões e saltos reflexivos permaneceu igual à quantidade que se imagina encontrar em uma livre preleção. Quem já experimentou quão incompatíveis são um texto autônomo e os discursos dirigidos aos ouvintes não acobertará as diferenças e tampouco irá, depois, coagir a palavra comunicativa a fim de lhe dar um cunho desrespeitosamente adequado. Quanto mais abertamente a diferença vem à baila, tanto menos se salientam as falsas pretensões. Nessa medida, o livro assemelha-se aos *Excursos sociológicos* da série de escritos do Instituto de Pesquisa Social. Poder-se-ia conceder ao título "Introdução" a atribuição de introduzir não só o assunto tratado livro adentro, mas aquele pensar sociológico promovido pelos próprios "Excursos".

O autor opôs resistência à tentação de preencher com materiais, evidências e referências àquilo que foi essencialmente uma ponderação espontânea, na qual só se admitiu o que se tornou atuante de modo imediato à experiência do autor. Não houve esforço para soar sistemático; as reflexões centraram-se, antes do mais, ao redor de pontos nevrálgicos. Com efeito, dentre as questões atuais da Sociologia da Música, poucas poderiam ser negligenciadas; o que resulta disto não deve ser confundido, porém, com a completude científica; para tanto, o autor tratou de transferir a seus objetos um postulado de Freud:

> Não é muito comum a psicanálise contestar aquilo que é afirmado por outro ponto de vista; via de regra, ela apenas acrescenta algo novo, e, em algumas ocasiões, vê-se que aquilo que até então fora ignorado e que é acrescentado como novidade era precisamente o essencial.

A intenção de concorrer com as exposições sociológico-
175 -musicais já existentes // tampouco impera onde tais intenções
contradizem aquelas do autor. Quanto ao ponto de partida geral,
deve-se tomar por certo o fato de todos os aspectos da situação
atual abordados pelo livro não poderem ser compreendidos sem
a dimensão histórica. Justamente nos âmbitos intelectuais, o
conceito de burguês remonta a períodos bem anteriores à plena
emancipação política da burguesia. Categorias que, em rigor, só
são atribuídas à sociedade burguesa podem já ser pressentidas
e sua origem deve ser encontrada lá onde já existiam formas e
espírito burgueses, antes mesmo que a totalidade da sociedade
lhes obedecesse. Ao conceito de burguês parece ser imanente,
inclusive, o fato de fenômenos tidos inconfundivelmente como
próprios a sua época já existirem desde há muito; *plus ça change,
plus c'est la même chose*.[2]

Quando dos cursos, o autor tentou mostrar aos estudantes
quão pouco a Sociologia da Música esgotava-se naquilo que ele
mesmo lecionava, convidando, como conferencistas visitantes,
os senhores Hans Engel, autor de *Música e sociedade*, obra acen-
tuadamente histórica, Alphons Silbermann, expoente da linha
empírica de pesquisa na Sociologia da Música, bem como Kurt
Blaukopf, que descerrou perspectivas extremamente produtivas
acerca da correlação entre a acústica e a Sociologia da Música.
Por terem colaborado, agradeço publicamente a todos eles; e,
em especial, a Alphons Silbermann, de quem já há a *Introdução a
uma Sociologia da Música*, pelo fato de ter-se declarado generosa-
mente a favor de que o autor concedesse a seu livro o mesmo tí-

---

2 Do francês, "quanto mais se modifica, mais permanece igual".
[N. T.]

Introdução à sociologia da música

tulo em alemão. Outro título dificilmente teria feito jus àquilo que ele tencionava; pois o livro não constitui nem simplesmente uma Sociologia da Música nem algo monográfico.

Nas preleções propriamente ditas, a relação com a Sociologia empírica é tocada apenas ocasionalmente. O autor tem a imodestia de acreditar que lhe foi facultado transmitir ao ramo musical de tal disciplina suficientes questionamentos frutíferos, de sorte a serem refletidamente debatidos durante bastante tempo, fazendo prosperar a sempre exigida e adiada correlação entre teoria e *fact finding* – não sem que, com isso, se modificasse a polaridade demasiadamente abstrata entre ambos. Mas ele não é tão // imodesto a ponto de tomar por válidos todos os princípios teoricamente esclarecedores pelo simples fato de implicarem afirmações empíricas: conforme as regras empíricas do jogo, muitos seriam apenas hipóteses. Às vezes – tal como ocorre na tipologia –, torna-se bem evidente como o pensado [das Gedachte] poderia ser apreendido pelas técnicas de pesquisa; algo que, porém, revela-se menos patente noutros capítulos, como naquele acerca da função, ou, então, no capítulo sobre a opinião pública. Dar cumprimento a esse processo ultrapassaria a esfera de trabalho que o autor estabeleceu para si. Árdua é a tarefa que deveria ser empreendida; exigiria a mais intensa ponderação, assim como um procedimento gradativo no qual os instrumentos de pesquisa fossem criticamente corrigidos. Com perguntas diretas não é dado penetrar nas camadas constitutivas e teoricamente determinadas, tais como, por exemplo, nas de função, diferenciação [differenzierung] social, opinião pública e também naquela que se refere à dimensão inconsciente da Psicologia Social do regente e da orquestra. O problema da verbalização, bem como o investimento afetivo de tais matérias complexas interditam perguntas direta. Além disso, quanto mais os princípios são diferenciados a partir dos instrumentos de pesquisa, tanto mais são ameaçados de eliminação devido a falta de poder de discriminação, sem que se decidisse, com isso, acerca da verdade ou falsidade das assim chamadas hipóteses. Que, porém, não se possa renunciar a tal diferenciabilidade,[3] caso os instrumentos não se devam equivocar quanto ao foco de interesse das pesquisas adequadas, eis algo que parecerá convincente a todo aquele que se consagrar seriamente ao trabalho de tradução.

No entrelaçamento das ponderações aparecem, ademais, inúmeros princípios cuja evidência é de um tipo diferente daquele que se deixaria apreender por meio dos métodos de sondagem. Em geral, tais questões foram discutidas na dissertação "Sociologia e pesquisa empírica", atualmente contida no volume *Soziologica II*.[4] As investigações empíricas que desejassem verificar ou falsificar os teoremas do livro teriam, ao menos, que se ater a seu princípio: em vez de tratar // o objeto como mero estímulo de projeções e limitando-se à constatação, mensuração e ordenação de suas respectivas reações subjetivas, ou, então, de modos sedimentados de comportamento, deve-se compreender e analisar modos subjetivos de comportamento atinentes à música em relação à coisa mesma, bem como a seu conteúdo

---

3 Em alemão, *Differenziertheit*; salvo indicação contrária, optamos pelo equivalente latino "diferenciação", mas, quando o equivalente alemão, por força do contexto, contrasta com a designação latina, reputamos importante manter o teor original – daí, a solução "diferenciabilidade". [N. T.]

4 Ver Theodor W. Adorno. *Gesammelte Schriften*. v.8. Frankfurt a. M., 1972, p.169. [N. E. A.]

determinável. Uma Sociologia da Música em que a música significa mais que os cigarros ou os sabonetes das pesquisas de mercado requer não só a consciência da sociedade e de sua estrutura e tampouco apenas o mero conhecimento informativo acerca dos fenômenos musicais, mas a compreensão integral da música em todas as suas implicações. Uma metodologia que desvalorizasse tal compreensão como algo demasiadamente subjetivista pelo simples fato de essa compreensão lhe faltar seria a primeira a decair no subjetivismo, no valor mediano das opiniões estabelecidas.

Frankfurt, julho de 1962

// Tipos de comportamento musical

Quem tivesse que dizer, com desembaraço, o que é Sociologia da Música, provavelmente logo responderia: conhecimentos sobre a relação entre os ouvintes musicais, como indivíduos socializados, e a própria música. Tais conhecimentos necessitariam da investigação empírica mais extensa possível. E esta só se tornaria inicialmente produtiva, só se elevaria para além da compilação de fatos insignificantes, quando os problemas já se achassem estruturados teoricamente; quando se soubesse o que é relevante e sobre o que se espera obter esclarecimento. Para tanto, um questionamento específico pode ter uma serventia maior que as considerações mais genéricas sobre música e sociedade. Assim, de início, ocupar-me-ei teoricamente dos comportamentos típicos de escuta musical sob as condições da sociedade atual. Nesse aspecto, não se pode simplesmente passar ao largo de situações anteriores; do contrário, esvair-se-ia aquilo que é característico de nossos dias. Em contrapartida, como em muitos setores da Sociologia material, faltam dados de pesquisa comparáveis e confiáveis relativos ao passado. Na discussão científica, sua ausência é de bom grado utilizada para equalizar a crítica ao estado existente das coisas, na medida em que se supõe que antigamente não teria sido melhor. Quanto mais a pesquisa se fia no estabelecimento dos dados disponíveis sem levar em consideração a dinâmica em que se achavam enredados, mais apologética ela se torna; vendo-se tanto mais inclinada a assumir a situação que ela toma por tema como um dado último, reconhecendo-a no duplo sentido da palavra. Assevera-se, por exemplo, que os meios de produção mecânicos e de massa teriam, pela primeira vez, levado a música a um número incontável de indivíduos e que, por isso, conforme os conceitos de generalidade estatística, o nível de escuta teria elevado-se. Hoje, não tencionaria adentrar nesse assunto complexo, no qual há pouca coisa benéfica: a incansável convicção do progresso cultural e a jeremiada[1] culturalmente conservadora // acerca do nivelamento são dignas uma da outra. Materiais para uma resposta responsável ao problema encontram-se no trabalho de E. Suchman, que veio à luz sob o título *Convite à música*, no volume *Radio Research 1941*, em Nova York. Tampouco conto proferir teses definitivas sobre a distribuição dos tipos de escuta. Eles devem ser concebidos apenas enquanto perfis qualitativamente descritivos, com os quais se ilustra algo a respeito da escuta musical a título de um índex sociológico e, provavelmente, também algo a propósito de suas diferenciações e seus elementos determinantes. Sempre que se fizer afirmações de teor quantitativo – algo que dificilmente pode ser evitado em considerações teórico-sociológicas –, elas têm de ser verificadas e não devem, pois, ser entendidas como asserções conclusivas. É quase des-

---

1 Em alemão, *Jeremiade*. Sinonímia de lamentação vã e importuna. [N. T.]

Introdução à sociologia da música

necessário sublinhar que os tipos de escuta não vêm à tona de modo puramente químico. Decerto estão expostos à desconfiança geral da ciência empírica em relação às tipologias, e, em especial, da Psicologia. Aquilo que, segundo tal tipologia, vigora de modo inevitável como tipo misto, em verdade, não é um tipo, mas um testemunho de que o princípio de estilização escolhido se torna obrigatório ao material; trata-se, antes do mais, da expressão de uma dificuldade metódica, não de uma propriedade intrínseca à coisa mesma. Todavia, os tipos não são imaginados de modo arbitrário. São pontos de cristalização determinados por considerações fundamentais sobre a Sociologia da Música. Partindo-se do princípio de que a problemática e a complexidade sociais também se expressam por meio das contradições presentes na relação entre a produção e a recepção musicais, na estrutura da escuta inclusive, não se deve esperar, pois, nenhum *continuum* ininterrupto desde uma escuta perfeitamente adequada a uma escuta desconexa e sub-rogada [surrogathaften], mas, ao contrário, que tais contradições e oposições também sejam refletidas na própria natureza da escuta musical, bem como nos hábitos de escuta. Contrariedade significa descontinuidade. O que se contradiz acha-se deslocado em relação ao outro. A reflexão sobre a problemática social primária da música, assim como as observações ampliadas e sua múltipla autocorreção, conduziram à tipologia. Se esta tivesse sido traduzida para critérios empíricos e testada a contento, decerto teria de ser novamente modificada e diferenciada, // em especial, no que se refere ao tipo de "ouvinte do entretenimento" [Unterhaltungshörer]. Quanto mais grosseiras são as produções do espírito estudadas pela Sociologia, tanto mais finos precisam tornar-se os procedimentos que visam dar conta dos efeitos de tais fenômenos.

Theodor W. Adorno

É muito mais difícil discernir por que um *hit* musical [ein Schlager] é admirado e outro não que elucidar por que razão se alude mais a Bach que a Telemann, ou, então, a uma sinfonia de Haydn mais que a uma peça de Stamitz. A intenção da tipologia é, com consciência dos antagonismos sociais e de maneira plausível, agrupar a descontinuidade das reações diante da própria música.

Essa tipologia deve ser entendida apenas como definição de tipos de ideais puros; isso ela partilha com todas as outras. Transições permanecem fora de questão. Se as considerações feitas estiverem certas, os tipos, ou, ao menos alguns deles, deveriam ser separados entre si de maneira mais plástica do que provavelmente supõe uma mentalidade científica que forma seus grupos não de acordo com o sentido dos fenômenos, mas apenas de modo instrumental ou conforme uma classificação não conceitual do material empírico. Deveria ser possível atribuir aos tipos individuais marcas tão tangíveis a ponto que se pudesse decidir quanto à legitimidade ou não de sua adoção, e, se necessário, após o estabelecimento de uma distribuição, fosse dado formar algumas correlações em termos sociais e sociopsicológicos. Mas, para se tornarem frutíferas, as chamadas investigações empíricas teriam de se orientar pela relação da sociedade com os objetos musicais. Tal sociedade consiste no conjunto dos ouvintes ou não ouvintes musicais, mas as propriedades estruturais e objetivas da música determinam, por certo, as reações dos ouvintes. O cânon que regula a construção dos tipos não se refere, tal como ocorre nas investigações empíricas mera e subjetivamente orientadas, apenas ao gosto, às preferências, às aversões e aos costumes dos ouvintes. Ele se assenta, antes do mais, sobre a adequação ou inadequação da escuta com relação ao que é escutado. Pressupõe-se que as obras

Introdução à sociologia da música

são algo pleno de sentido e, em si, objetivamente estruturado, abrindo-se à análise e podendo ser apreendido e experimentado em diferentes níveis de acuidade. Sem se vincular de modo demasiadamente rígido a isso e sem exigir completude, os tipos contam delimitar um âmbito que vai da completa adequação da escuta, // tal como esta corresponde à consciência desenvolvida dos músicos profissionais mais avançados, até a total falta de compreensão e a completa indiferença ao material, que, aliás, de maneira alguma deve ser confundida com a falta de sensibilidade musical. A ordenação não é, porém, unidimensional; sob diferentes pontos de vista, ora este, ora aquele tipo pode coadunar-se mais com o objeto de análise. Os comportamentos característicos são mais importantes que a exatidão lógica da classificação. São enunciadas suposições sobre a significância [Signifikanz] dos tipos que se destacam.

A dificuldade de apreender cientificamente o conteúdo subjetivo da experiência musical, para além dos índices mais extrínsecos, é quase proibitiva. O experimento pode atingir os graus de intensidade da reação, mas dificilmente os de qualidade. Os efeitos literais, fisiológicos e mensuráveis que uma música exerce — abriu-se mão, inclusive, das acelerações da pulsação — não são, em absoluto, idênticos à experiência estética de uma obra de arte considerada como tal. A introspecção musical é extremamente incerta. A verbalização do vivido musical depara-se, para a maioria dos seres humanos, com obstáculos intransponíveis, na medida em que não se dispõe da terminologia técnica; além disso, a expressão verbal já se acha pré-filtrada, sendo que, para as reações primárias, seu valor cognitivo é duplamente questionável. Por isso, no que diz respeito à constituição específica do objeto a partir do qual podemos apreender uma atitude, a diferenciação da experiência musical parece ser o método mais frutífero para se ir além de trivialidades nesse setor da Sociologia da Música, que lida, não com a música em si, mas com os seres humanos. A pergunta pelos critérios de conhecimento do *expert*, a quem facilmente se atribui a competência nessa matéria, está submetida à própria problemática social e inerentemente musical. A *communis opinio* de uma agremiação de especialistas sobre o assunto não seria uma base suficiente. A interpretação do conteúdo musical se decide na composição interna das obras e, sendo assim, levando em conta a força da teoria ligada à experiência de tais obras.

O próprio *expert,* como primeiro tipo, deveria ser definido segundo o critério de uma escuta totalmente // adequada. Ele seria o ouvinte plenamente consciente, ao qual, a princípio, nada escapa e que, ao mesmo tempo, presta contas daquilo que escuta. Aquele que, digamos, ao se confrontar com uma peça dissolvida e avessa a anteparos arquitetônicos tangíveis, como, por exemplo, o segundo movimento do *Trio para cordas* de Webern, soubesse nomear suas partes formais, este bastaria, de saída, para constituir tal tipo. Ao seguir espontaneamente o curso de uma música intrincada, ele escuta a sequência de instantes passados, presentes e futuros de modo tão contíguo que uma interconexão de sentido se cristaliza. Ele aprende distintamente até mesmo as tramas complicadas da simultaneidade, como a harmonia e da polifonia. O comportamento completamente adequado poderia ser caracterizado como escuta estrutural.[2] Seu horizonte é a lógica musical concreta: compreende-se aquilo que se apreende em sua necessidade, que

---

2 O conceito é especificado e desenvolvido em Theodor W. Adorno. *Der getreue Korrepetitor.* Frankfurt a. M., 1963, p.39. [N. E. A.]

Introdução à sociologia da música

decerto nunca é literalmente causal. O lugar dessa lógica é a técnica; para aquele que também pensa com o ouvido, os elementos individuais da escuta se tornam imediatamente atuantes como elementos técnicos, sendo que nas categorias técnicas se revela, essencialmente, a interconexão de sentido. Atualmente, esse tipo poderia limitar-se, em boa medida, ao círculo dos músicos profissionais, sem que todos estes cumprissem satisfatoriamente seus critérios já que muitos intérpretes contrapor-se-iam a eles. É provável que, em termos quantitativos, tal tipo mal seria levado em consideração; marcaria o valor limítrofe de uma série de tipos que dele se afastam. Há de se ter cautela para não explicar apressadamente o privilégio de profissionais desse tipo a partir do processo social de alienação entre o espírito objetivo e os indivíduos na fase tardia burguesa, e, com isso, desvalorizar o próprio tipo. Desde que as declarações dos músicos são transmitidas, em geral eles concedem o entendimento integral de seu trabalho apenas a seus pares. O crescente grau de complexidade das composições teria, no entanto, reduzido o círculo dos ouvintes plenamente competentes, pelo menos em relação ao número crescente destes que escutam música.

Todavia, aquele que quisesse converter todos ouvintes em **183** *experts* // comportar-se-ia de modo desumano e utópico sob as condições sociais dominantes. A coerção que a figura integral da obra exerce sobre o ouvinte é inconciliável, não apenas com sua constituição, sua situação e seu nível de formação musical não profissional, mas também com a liberdade individual. Isso legitima, face ao tipo de ouvinte-*expert*, aquele que designa o *bom ouvinte*. Também este último escuta além do detalhe musical; estabelece inter-relações de maneira espontânea e tece juízos bem fundamentados, que não se fiam em meras categorias de prestígio ou no arbítrio do gosto. Mas não tem consciência ou, pelo menos, não está plenamente ciente das implicações técnicas e estruturais. Compreende a música tal como se compreende, em geral, a própria linguagem mesmo que desconheça ou nada saiba sobre sua gramática e sintaxe, ou seja, dominando inconscientemente a lógica musical imanente. É o tipo que pensamos quando dizemos de alguém que ele é musical, desde que se lembre, com tais palavras, de sua capacidade de escuta imediata e prenhe de discernimento, e não do fato de alguém simplesmente "gostar" de música. Do ponto de vista histórico, tal musicalidade exigiu uma determinada homogeneidade da cultura musical; além disso, uma certa coesão de sua situação geral, ao menos, da que está relacionada aos grupos que reagem às obras de arte. Algo desse tipo teria sobrevivido até o século XIX nos círculos nobres e aristocráticos. O próprio Chopin queixou-se, em carta, sobre a forma dispersa da vida da alta sociedade, conferindo-lhe, no entanto, legítima compreensão, na medida em que censurava o fato de a burguesia só ter sensibilidade para desempenhos circenses e impactantes – diria-se, hoje, para *shows*. Em Proust, no círculo de Guermantes, surgem figuras que fazem jus a esse tipo, tal como o Barão de Charlus.[3] Poder-se-ia conjecturar que o bom ouvinte, mais uma vez de modo inversamente proporcional ao crescente número de ouvintes musicais em geral, torna-se cada vez mais raro com o incontido processo de aburguesamento da sociedade e com a vitória do princípio de troca e rendimento, estando ameaçado

---

3 Personagem de *Em busca do tempo perdido*, inspirada no conde Robert de Montesquiou-Fézensac, mais conhecido como Robert de Montesquiou. [N. T.]

Introdução à sociologia da música

inclusive de desaparecer. Dá-se a conhecer uma polarização das extremidades da tipologia: de acordo com a tendência, hoje vigora um tudo ou nada. Isso se deve, é claro, ao declínio da iniciativa musical dos não profissionais // sob a pressão dos meios de comunicação de massa e de reprodução mecânica. O *amateur* ainda poderia sobreviver onde se conservaram restos de uma sociedade aristocrática, como em Viena. O tipo em questão já não poderia ser encontrado em meio à pequena burguesia, afora aventureiros individuais e polêmicos, que se travestiam de *experts* e com os quais, de resto, o bom ouvinte outrora se dava muito melhor se comparado à forma como os chamados eruditos atualmente se dão com a produção avançada.

Do ponto de vista sociológico, a herança do *amateur* cedeu terreno a um terceiro, que, em rigor, vem à luz como um tipo burguês, e, via de regra, como frequentador de óperas e concertos. É possível chamá-lo de ouvinte de cultura ou *consumidor cultural* [Bildungskonsumenten]. Escuta muito, e, sob certas circunstâncias, de modo incessante; é bem informado e coleciona discos. Respeita a música como um bem cultural, e, muitas vezes, como algo que se deveria conhecer pela própria importância social; tal atitude vai desde o sentimento de respeito sério até um esnobismo vulgar. A relação espontânea e direta com a música, a capacidade de execução conjunta e estrutural é substituída pela quantidade máxima possível de conhecimentos sobre música, e, em especial, acerca de dados biográficos e méritos dos intérpretes, assuntos sobre os quais se conversa inutilmente horas a fio. Não raro, este tipo dispõe de extenso conhecimento do acervo musical, mas de sorte que lhe permite resumir os temas das obras musicais famosas e recorrentemente repetidas, identificando imediatamente aquilo que se escuta.

Pouco importa o desenvolvimento de uma composição, sendo que a estrutura auditiva é atomizada: o tipo fica à espera de momentos determinados, melodias supostamente belas e momentos grandiosos. Sua relação com a música tem, em geral, algo de fetichista.[4] Consome conforme a medida da legitimação pública do que é consumido. A alegria pelo consumo, por aquilo que, de acordo com sua linguagem, a música lhe dá, prepondera sobre a alegria consoante à própria obra de arte e que esta lhe exige. Há uma ou duas gerações, cumpriria imputar a esse tipo a alcunha de wagneriano; hoje, ele provavelmente insultaria Wagner. Se vai ao concerto de um violinista, o que lhe interessa é aquilo que ele chama de // sonoridade, ou, quando não, o próprio violino; a voz, quando lhe é dado escutar um cantor; e, eventualmente, a afinação do piano, quando da escuta de um pianista. É o homem da aclamação [Würdigung]. A única coisa a que esse tipo reage primariamente é ao desempenho exorbitante, por assim dizer, mensurável, ou seja, um certo virtuosismo arriscado, bem no sentido do ideal de *show*. A técnica, o meio, impõe-se-lhe como um fim em si mesmo; quanto a isto, ele não está tão distante da escuta de massa atualmente disseminada. Contudo, comporta-se de modo hostil com relação às massas e age de maneira elitista. Seu *milieu* é a alta e elevada burguesia com transições rumo à pequena burguesia; sua ideologia é, não raro, reacionária e culturalmente conservadora. Quase sempre tem aversão à arrojada música nova; comprova-se o nível de seu potencial para discriminar e, simultaneamente, conservar valores à medida que, em conjunto, lança ofensas ao material supostamente amalucado. Conformismo e convencionalismo

---

4 Ver Theodor W. Adorno. *Dissonanzen*. Göttingen, 1963, p.9. [N. E. A.]

Introdução à sociologia da música

definem amplamente o caráter social desse tipo. Em termos quantitativos, até mesmo em países com grande tradição musical como, por exemplo, Alemanha e Áustria, ele também seria de pouca importância, embora englobe notadamente mais representantes que o segundo tipo. Trata-se, pois, de um grupo--chave. Decide, em grande medida, o que se passa na vida musical oficial. Desse grupo são recrutados não apenas os habituais assinantes das grandes sociedades de concerto e das casas de ópera; não só aqueles que peregrinam rumo a festivais tais como os de Salzburg e Bayreuth, mas, em especial, as agremiações que formam os programas e planos de recital, e, antes de mais nada, as damas americanas dos comitês de concertos filarmônicos. Estas induzem àquele gosto reificado que, sem razão de ser, sente-se superior ao gosto da indústria cultural. Mais e mais, os bens culturais musicais administrados por esse tipo se transmudam nos bens atinentes ao consumo manipulado.

Deveríamos acrescentar um tipo que, também, não se deixa determinar por meio da relação com a constituição específica do que é escutado, mas pela sua própria mentalidade independente, distante do objeto: o *ouvinte emocional*. Sua relação com a música é menos enrijecida e indireta que a do consumidor cultural, embora esteja, sob um outro ponto de vista, bem mais distante daquilo que é percebido; o qual se transforma para ele em expediente essencial para a ativação de excitações instintivas reprimidas ou domadas pelas normas civilizatórias, // convertendo-se em uma fonte variegada de irracionalidade que ainda permite, àqueles que se aferram inexoravelmente ao sistema[5]

---

5 Em alemão, *Betrieb*. Porque se refere, a um só tempo, à ordem ideológica, política, econômica e legal da sociedade administrada, o termo será vertido, salvo alguma exceção, por "sistema". [N. T.]

de autoconservação racional, sentir alguma coisa. Na maioria das vezes, já não tem mais nada a ver com a forma do escutado: a função dominante é a de ativação. Escuta-se de acordo com o princípio de energias sensíveis específicas: percebe-se a luz quando esta incide sobre o olho. No entanto, esse tipo pode, de fato, reagir de modo particularmente intenso a uma música de tom emocional evidente, como, por exemplo, a música de Tchaikovsky; é fácil fazê-lo chorar. As transições rumo ao consumidor cultural são fluidas; também raramente falta, em seu arsenal, apelo aos valores sentimentais da música autêntica. Na Alemanha, o ouvinte emocional — talvez sob o fascínio do respeito à cultura musical — parece ser menos característico que nos países anglo-saxões, nos quais a pressão civilizatória mais estrita obriga a evadir-se em âmbitos sentimentais internos e incontroláveis; mesmo em países atrasados do ponto de vista do desenvolvimento tecnológico, como, por exemplo, os países eslavos, o tipo de ouvinte em questão ainda poderia desempenhar um papel relevante. A produção contemporânea aceita e produzida na União Soviética é feita aos moldes desse tipo; de qualquer modo, seu ideal de Eu musical reproduz o clichê do eslavo que pende de maneira impetuosa de lá para cá entre o fervor sentimental e a melancolia. Tal como se dá musicalmente, esse tipo decerto também é, conforme o hábito geral, ingênuo, ou, pelo menos, insiste em sê-lo. O caráter imediato de sua reação acompanha uma cegueira, às vezes taciturna, diante das coisas às quais reage. Não que saber de nada e, por isso, é desde o início fácil de comandar. A indústria cultural musical termina por incorporá-lo; na Alemanha e na Áustria, algo semelhante ocorre desde o início da década de 1930, com o gênero da canção popular artificial [des synthetischen Volkslieds].

Introdução à sociologia da música

Do ponto de vista social, seria difícil identificar tal tipo. Cumpre com certeza acreditar que ele seria capaz de manifestar algum entusiasmo; é, possivelmente, menos enrijecido e autocomplacente que o consumidor cultural, em relação ao qual ele assume uma posição mais profunda conforme os conceitos do gosto estabelecido. Mas tal tipo também pode ser incluído justamente no grupo dos obstinados homens de negócio, dos ominosos *tired businessmen*, que, em um âmbito que permanece sem consequências à vida, // procuram uma compensação para aquilo de que, em geral, devem abdicar. O tipo vai desde aqueles que, independentemente da espécie de música, são incitados a elaborar representações e associações imagéticas até aqueles cujas vivências musicais se aproximam do vago sonho diurno, do cochilo [Dösen]; a ele se assemelha, ao menos, o ouvinte sensual [sinnliche Hörer] no sentido estrito do termo, que, de modo culinário, saboreia o estímulo sonoro isolado. Algumas vezes, gostariam de utilizar a música como um receptáculo no qual pudessem derramar as próprias emoções amedrontadas, ou, conforme a teoria psicanalítica, as emoções "livremente flutuantes"; noutras ocasiões, por meio da identificação com a música, desejariam atrair para essa última as emoções que sentem falta em si próprios. Problemas tão difíceis como estes carecem tanto da investigação como da pergunta pela efetividade ou pelo caráter fictício das emoções auditivas; talvez, ambas não se diferenciem tão claramente entre si. Se às diferenciações no modo de reação musical, ou, ainda, às diferenciações da pessoa em geral devem ser remetidas, por fim, às diferenciações sociológicas, eis algo que, por ora, ficará apenas subentendido. Caberia suspeitar do efeito de uma ideologia pré--fabricada da cultura musical oficial sobre o ouvinte emocional;

o mesmo é dizer, daquele relativo ao anti-intelectualismo. A escuta consciente é confundida com um comportamento frio e extrinsecamente reflexivo diante da música. Com ímpeto, o tipo emocional opõe-se às tentativas de ensejar-lhe uma escuta estrutural — talvez, com mais impetuosidade que o consumidor cultural, que, por fim, estaria disposto a isto por amor à cultura [Bildung]. Em verdade, a escuta adequada também não seria concebível sem uma possessão afetiva. Com a ressalva de que, aqui, a própria coisa é possuída, sendo que a energia psíquica é absorvida pela concentração sobre ela; ao passo que, para o ouvinte emocional, a música consiste em um meio para os fins de sua própria economia pulsional. Ele não se abstém da coisa que também está apta a lhe recompensar com sentimento, mas a transforma em um meio de mera projeção.

Ao menos na Alemanha, formou-se um drástico contratipo [Gegentypus] face ao ouvinte emocional, o qual, em vez de escapar, por meio da música, das proibições da civilização contra o sentimento e do tabu mimético, apropria-se de tais proibições e as erige justamente em norma de seu próprio comportamento musical. Seu ideal é // aquele da escuta estático-musical.[6] Ele desdenha a vida musical oficial como algo desgastado e ilusório; não trata, porém, de ir além dela, senão que foge para trás em direção a períodos que acredita estarem protegidos contra o caráter mercadológico dominante, contra a reificação. Em virtude de seu enrijecimento, termina por render tributos à própria reificação a que se opõe. Poder-se-ia batizar esse tipo essencialmente reativo como *ouvinte do ressentimento*

---

6 Ver Theodor W. Adorno. *Philosophie der neuen Musik*. Frankfurt a. M., 1964, p.182. [N. E. A.]

Introdução à sociologia da música

[Ressentiment-Hörer]. A este pertencem aqueles fãs de Bach contra os quais uma vez já advoguei em prol do compositor alemão; e tanto mais aqueles que se enchem de capricho com a música pré-bachiana. Na Alemanha, até o passado mais recente, quase todos os adeptos do *Jugendbewegung*[7] permaneceram fascinados com tal comportamento. O ouvinte do ressentimento, aparentemente inconformista em seu protesto contra o sistema musical, simpatiza na maior parte das vezes com as ordenações e coletividades pelo simples fato de destas existirem, com todas as consequências políticas e sociopsicológicas. Disso prestam testemunho as faces tenazmente sectárias e potencialmente iradas que se agrupam nas chamadas horas bachianas e nos encontros musicais vespertinos. Em sua esfera particular, também são versados na ativa prática musical, de sorte que podem exercê-la sem nenhum empecilho; mas tudo se acha ligado a uma visão de mundo e retorcida. A inadequação [Inadäquanz] consiste em eliminar esferas musicais inteiras, cuja percepção seria bem-vinda em termos de sua relevância. A consciência desse tipo é pré-formada pelos estabelecimentos de metas fixadas por suas confrarias, que, em geral, são partidárias de ideologias extremamente reacionárias, assim como pelo historicismo. A lealdade à obra mantida face ao ideal burguês do *showmanship* musical torna-se um fim em si mesmo; a seu ver, não se trata tanto de expor e experimentar adequadamente o sentido das obras, mas, antes, de pôr-se em alerta para que nenhum detalhe seja desviado daquilo que consideram a prática de execução de

---

7 Movimento jovem nascido na Alemanha do começo do século XX e que pregava um retorno à vida simples, próxima da natureza, através de caminhadas, música, entre outros. [N. E.]

épocas passadas, por mais questionável que seja essa última. Se o tipo emocional tende para o *kitsch*, o ouvinte do ressentimento tende para a falsa austeridade, que, em nome da segurança no seio da coletividade, opera uma repressão mecânica do próprio estímulo. Outrora se denominavam musicantes;[8] somente sob uma administração fanaticamente antirromântica eles abriram mão de tal nome. Sob a ótica psicoanalítica, // o epíteto continua tendo um caráter muito distintivo, como apropriação justamente daquilo contra o qual se pretende opor. Ele atesta uma ambivalência. O que desejam não é apenas o contrário do musicante, mas são inspirados pelo afeto mais violento contra sua imago. O mais íntimo impulso do ouvinte do ressentimento deveria ser aquele que leva a cabo o antiquíssimo tabu civilizatório contra o impulso mimético[9] da própria arte, ou, melhor ainda, da arte que vive desse impulso. Pretendem eliminar aquilo que não foi domesticado por rígidos ordenamentos, o que há de errático, indomado, cujo último e triste vestígio são os rubati e as exibições dos solistas; tal como outrora nos campos de concentração, trata-se de eliminar da música também os ciganos, a quem concedíamos as operetas como uma esfera a eles reservado. Para o ouvinte do ressentimento, a subjetividade e a expressão acham-se intimamente ligadas à promiscuidade, sendo que ele não consegue sequer suportar o pensamento acerca desta última. No entanto – conforme a concepção de Bergson contida em *Deux sources* –, a nostalgia de uma sociedade aberta,

---

8 Em alemão, *Musikanten*; o termo significa, aqui, músicos "de rua", "aficionados", "amadores". [N. T.]

9 Ver Max Horkheimer e Theodor W. Adorno. *Dialektik der Aufklärung*. Amsterdã, 1947, p.212. [N. E. A.]

Introdução à sociologia da música

manifestada na arte, é algo tão forte que mesmo tal ódio não ousa aboli-la. O compromisso é o disparate de uma arte expurgada de *mímesis*, e, em boa medida, asséptica. Seu ideal é o segredo do ouvinte do ressentimento. Nesse tipo, a sensibilidade para diferenças qualitativas no interior do acervo musical que lhe é preferível é nitidamente menos desenvolvida; a ideologia da unidade deu ocasião para que a sensibilidade em relação às nuances se atrofiasse. Em geral, a diferenciação é tida por algo puritano. É, pois, difícil delimitar a disseminação do ouvinte do ressentimento; atuando de modo organizado e propagandístico, exercendo a mais ampla influência sobre a pedagogia musical, ele também faz as vezes de grupo-chave, aquele que designa as pessoas musicalizadas. Não se pode saber ao certo, porém, se ele possui demasiados representantes para além das organizações. O elemento masoquista de um modo de comportamento que precisa, continuamente, proibir algo a si mesmo remete à coerção coletiva que é sua condição necessária. Tal coerção, enquanto aspecto determinante desse tipo de escuta, também poderia vigorar de forma internalizada lá onde a real situação de escuta acha-se isolada, como ocorre, com frequência, no rádio. Tais interconexões são bem mais complicadas do que aquilo que se deixaria simplesmente determinar pelas correlações // entre o pertencimento a certas organizações e o gosto musical.

Até hoje, a completa decifração social desse tipo ainda não foi realizada; sua orientação está por ser indicada. Em muitos casos, é recrutado da pequena burguesia ascendente, que tinha, diante dos olhos, seu próprio declínio. A dependência, crescente há décadas, característica dos membros dessa camada social os impede cada vez mais de se tornarem indivíduos exteriormente

Theodor W. Adorno

determinados, e, com isso, internamente desenvolvidos. Isso também impediu a experiência da grande música, mediada pelo indivíduo e por sua liberdade, o que de modo algum teve início apenas a partir de Beethoven. Mas, em função do antigo medo da proletarização que vigora no interior do mundo burguês, tal camada se aferra, a um só tempo, à ideologia da ascensão social, do elitista, dos "valores interiores".[10] Sua consciência e seu posicionamento diante da música são resultantes de um conflito entre posição social e ideologia. Ela procura mediar o conflito criando a ilusão, para si e para os outros, que a coletividade que lhes julga e na qual temem se perder é algo mais elevado que a individuação, como se aquela estivesse existencialmente unida e fosse plena de sentido, humana e por aí em diante. A seu favor concorre o fato de que, em vez de introduzirem a condição real e pós-individual de sua própria coletivização, eles instauram a condição pré-individual tal como esta é sugerida pela música artificial dos musicantes, bem como, em geral, pelo assim chamado Barroco. Imaginam ser possível outorgar a tal coletivização a aura do santo e do imaculado. Conforme a ideologia dos valores interiores, a regressão forçada é travestida em algo melhor do que aquilo que lhes é denegado, o que é formalmente comparável à manipulação fascista, que revestia a imposição coletiva dos atomizados com as insígnias da comunidade popular pré-capitalista e originalmente natural.

Ultimamente, na literatura de periódicos própria ao tipo do ressentimento [Ressentiment-Typus], deparamo-nos com discussões sobre o jazz. Se, durante um bom tempo, tais periódicos

---

10 Jürgen Habermas et al. *Student und Politik*. Neuwied, 1961, p.171. [N. E. A.]

Introdução à sociologia da música

viam essa música com desconfiança por algo corrosivo, emergem cada vez mais simpatias que podem estar ligadas à domesticação do jazz, algo que há muito ocorre na América e que na Alemanha é apenas uma questão de tempo. Os tipos *expert em jazz //* e *fã de jazz* — que não são tão diferentes entre si, tal como se gabam os *experts* — são aparentados ao ouvinte do ressentimento no hábito da "heresia percebida", do protesto socialmente retesado e tornado inofensivo contra a cultura oficial, na necessidade de uma espontaneidade musical que se oponha à mesmice prescrita, bem como no que diz respeito ao caráter sectário. Especialmente na Alemanha, qualquer comentário crítico sobre o jazz em sua forma admirada e respectivamente sofisticada é interpretado pelo círculo interno como sacrilégio por parte de um não iniciado. Com o tipo do ressentimento, o ouvinte de jazz também comunga da aversão ao ideal de música clássico-romântico; embora esteja livre do gesto ascético-sacral [asketisch-sakralen]. Aproveita-se justamente do aspecto mimético, mesmo que o tenha padronizado como *standard devices*. Às vezes — embora nem sempre —, também ele compreende seu objeto de maneira adequada, participando, porém, da limitação do que é reativo. Em virtude de sua justificada relutância contra a impostura cultural, ele preferiria, antes de mais nada, substituir o comportamento estético por uma atitude desportivo-tecnicizada [technifiziert-sportliches]. Arroga-se ousado e vanguardista, quando, em verdade, seus excessos mais extremados foram ultrapassados e levados às últimas consequências há mais de cinquenta anos pela música séria. Entretanto, em aspectos decisivos, como a harmonia impressionista ampliada e a forma simples padronizada, o jazz permanece, em momentos decisivos, limitado a um estreito raio de ação. O predomínio indiscutível do *tempo* a que todas as artes sincopadas devem obedecer; a incapacidade de pensar a música em seu sentido propriamente dinâmico, como algo que se desenvolve livremente, concede a esse tipo de ouvinte o caráter do vínculo à autoridade. É claro que, nele, tal caráter adquire a forma edipiana no sentido freudiano: a revolta contra o pai que já se acha eivada da disposição para se sujeitar a ele. Conforme a consciência social, esse tipo é variavelmente progressivo; encontra-se com mais frequência, é claro, em meio à juventude, embora também seja cultivado e explorado pelo comércio voltado ao público *teenager*. O protesto dificilmente dura muito tempo; em muitos, o que perdura é a disposição para participar. Os ouvintes de jazz são desagregados entre si, sendo que os grupos tratam de manter as variedades específicas. Aqueles que // possuem plena competência técnica desdenham o tosco partidarismo a Elvis Presley considerando-o "coisa de moleque" [Halbstarke]. Se as apresentações relativas a este ou àquele estão, consideradas ao extremo, efetivamente separadas por mundos diferentes, eis algo que caberia à análise musical averiguar. Mesmo aqueles que, segundo ponto de vista próprio, esforçam-se com desespero para separar o puro jazz daquele que foi comercialmente desfigurado não podem, de sua parte, deixar de aceitar os *band leaders* comerciais em seu distrito de adoração. O âmbito do jazz já se acha ligado à música comercial em função do próprio material inicial dominante, a saber, do *hit*. À sua fisionomia pertence a incapacidade diletante de fazer jus ao elemento musical a partir de conceitos musicais precisos — uma incapacidade que, em vão, tenta-se racionalizar referindo-se à dificuldade de precisar o segredo das irregularidades do jazz, quando há muito tempo a notação da música séria aprendeu a fixar variações incomparavelmente mais difíceis.

Introdução à sociologia da música

A alienação relativa à cultura musical sancionada remonta, nesse tipo, a uma barbárie pré-artística que se revela, sem mais nem menos, como o irromper de sentimentos primordiais. Tal tipo também é, por ora, numericamente modesto, mesmo quando se considera seus líderes como coparticipantes, mas poderia ampliar-se na Alemanha, fundindo-se, em um tempo não muito distante, com o ouvinte do ressentimento.

Do ponto de vista quantitativo, o mais substancial dentre todos os tipos decerto é aquele que só escuta música como *entretenimento*, e nada mais. Se pensássemos unicamente em critérios estatísticos, e não no peso dos tipos isolados na sociedade e na vida musical, bem como nas posições típicas a respeito do assunto, então o tipo relativo ao entretenimento seria o único relevante. Mas mesmo segundo tal qualificação, parece questionável se, tendo em vista sua preponderância, o desenvolvimento de uma tipologia mais englobante valeria a pena à Sociologia. A questão se apresenta de modo bem diferente, assim que se considera a música não só algo meramente para-outro [ein Für anderes], qual uma função social, senão algo em-si [ein An sich]; de sorte que, por fim, a atual problemática social da música se vincula justamente à aparência de sua socialização. O tipo de ouvinte do entretenimento é aquele pelo qual se calibra a indústria cultural, seja porque esta // conforma-se a ele a partir de sua própria ideologia, seja porque ela o engendra ou o traz à tona. Talvez a pergunta isolada sobre a prioridade esteja mal colocada: ambos são função do estado da sociedade, na qual produção e consumo se acham entrelaçados. Do ponto de vista social, o ouvinte do entretenimento deveria ser correlacionado ao fenômeno assaz ressaltado, embora relativo única e exclusivamente a uma consciência subjetiva, de uma ideologia unitária nivelada. Caberia investigar se as diferenças sociais subjacentes observadas em tal ideologia também se revelam nos ouvintes do entretenimento. Uma hipótese seria a de que a camada inferior se deixa levar pelo entretenimento de modo não racionalizado, ao passo que a camada superior o apetrecha, de modo idealístico, com a forma do espírito e da cultura, e, depois, o elege. A música de entretenimento elevada, extremamente divulgada, faria jus a esse compromisso entre ideologia e escuta efetiva. Em função da falta de uma relação específica com o objeto, o tipo consoante ao entretenimento já se acha preparado nesse tipo próprio ao consumidor cultural; para ele, a música não consiste numa estrutura de sentido, mas numa fonte de estímulo. Estão em jogo, aqui, tanto os elementos da escuta emocional quanto os da escuta desportiva. Mas, pela necessidade mesma de uma música que atue como conforto distrativo, tudo isso termina por ser nivelado. No caso extremo deste tipo, é possível que nem mesmo os estímulos atomizados sejam degustados, de sorte que a música já não é mais apreciada a partir de algum sentido inteligível. A estrutura desse tipo de escuta assemelha-se àquela consoante ao ato de fumar. É antes definida mediante o mal-estar ocasionado pelo desligamento do aparelho de rádio do que mediante o prazer obtido, por mais moderado que seja, enquanto ele ainda se acha ligado. Desconhece-se a amplitude do grupo daqueles que, como muito já se falou, se deixam tocar pela música de rádio sem se colocar verdadeiramente à escuta; a partir dele, porém, pode-se lançar luz sobre o âmbito global. Impõe-se, então, a comparação com o vício [Süchtigkeit]. O comportamento vicioso possui, em geral, sua componente social: como uma das possíveis imagens de reação frente à atomização, que, como os sociólogos já sublinharam,

Introdução à sociologia da música

acompanha a densificação do tecido social. O viciado se resigna com a situação de pressão social assim como com sua solidão, à medida que, de certo modo, adorna-a como uma realidade de sua própria essência: a partir do "deixe-me sossegado", cria uma espécie de // reino privado ilusório, no qual acredita poder ser ele mesmo. Mas, como é de se esperar, na total falta de trato com a coisa por parte do ouvinte do entretenimento extremo, seu próprio mundo interior continua totalmente vazio, abstrato e indeterminado. Lá onde essa postura se radicaliza, onde se formam paraísos artificiais tais como os dos fumantes de haxixe, poderosos tabus são quebrados. A tendência ao vício é inata às constituições sociais e não pode ser facilmente reprimida. Resultantes do conflito são, pois, todos os esquemas de comportamento que satisfazem com brandeza a necessidade viciada, sem interferir em demasia na moral do trabalho dominante e na sociabilidade: a postura, no mínimo indulgente, da sociedade para com a degustação de álcool, bem como a aprovação social do ato de fumar. A dependência musical de um bom número de ouvintes do entretenimento teria o mesmo sentido. Prende-se, de qualquer modo, à tecnologia afetivamente dominada. O caráter de compromisso não poderia mostrar-se de forma mais drástica do que naquele comportamento que deixa o rádio ligado enquanto, ao mesmo tempo, põe-se a trabalhar. Em termos históricos, essa atitude desconcentrada está, desde há muito, preparada pelo ouvinte do entretenimento, sendo, de resto, sustentada de diversas maneiras pelo material relativo a tal escuta.

O imenso número desse tipo de ouvinte justifica a hipótese de ele constituir uma espécie da famosa *miscelânea* a respeito da qual fala a Sociologia norte-americana. Possivelmente, oferece demasiada heterogeneidade para um só denominador.

Poder-se-ia imaginar uma classificação que vai desde aquele que não pode trabalhar sem o som do rádio, passando por aquele que, mediante uma escuta, lhe faz sentir a ilusão de estar acompanhado, mata o tempo e paralisa a solidão; vai dos fãs de *pot-pourris* e melodias de operetas, que valorizam a música como meio de relaxamento, até o grupo nada desprezível de pessoas genuinamente musicalizadas, mas que, excluídas da formação e do âmbito musical em geral por conta de sua posição no processo de trabalho, não participam da música genuína e deixam-se contentar com mercadorias estocadas. Pode-se facilmente encontrar tais indivíduos entre os chamados músicos populares das localidades provincianas. Na maioria das vezes, no entanto, os representantes do tipo do entretenimento são decididamente passivos e reagem com impetuosidade contra o // esforço que as obras de arte lhes impõem; em Viena, por exemplo, faz décadas que a rádio recebe cartas desse grupo em protesto contra as transmissões daquilo que denominam, com uma terrível expressão, música-*opus* [opus-Musik], reiterando sua preferência pelo "cromático" – quer dizer, pelo acordeão [Ziehharmonika]. Se o consumidor cultural torce o nariz para a música leve, a preocupação do ouvinte do entretenimento passa a ser, então, a de que já não o tenham em alta conta. Ele é um *low-brow* consciente de si mesmo, que faz de sua mediocridade uma virtude. Imputa à cultura musical a culpa de ter-lhe sobrecarregado socialmente, afugentando-lhe de sua experiência. O modo específico de escuta é aquele da distração e desconcentração, entrecortado por instantes abruptos de atenção e reconhecimento; essa estrutura auditiva seria, talvez, acessível inclusive ao experimento laboratorial; o *program analyzer* é o instrumento apropriado a seu caráter primitivo. Resulta ser difícil atribuir aos ouvintes

Introdução à sociologia da música

do entretenimento um grupo social determinado. Ao menos na Alemanha, a camada propriamente bem formada irá, conforme sua própria ideologia, distanciar-se dele, sem que pudesse ser demonstrado que a maioria de seus membros de fato escuta algo muito diferente. Na América, faltam tais impedimentos, sendo que também na Europa eles se tornarão frouxos. Conforme seu material predileto, é de se esperar algumas diferenciações sociais no interior dos ouvintes do entretenimento. Assim é que alguns jovens alheios ao culto do jazz poderiam, por exemplo, regozijar-se com os *hits*, bem como as partes rurais da população poderiam deliciar-se com a música popular com a qual são inundadas. A *Radio Research* norte-americana deparou-se com o fato fantasmagórico de que a música *cowboy* e *hill billy* produzida pela indústria cultural é particularmente apreciada em regiões em que, de fato, ainda vivem *cowboys* e *hill billies*. O ouvinte do entretenimento só se deixará descrever adequadamente quando contextualizado a partir dos meios de comunicação de massa tais como o rádio, o cinema e a televisão. Do ponto de vista psicológico, a fraqueza do Eu [Ich-Schwäche] é algo que lhe é próprio: como convidado de transmissões radiofônicas, aplaude com empolgação ao sinal de luz que o anima para tanto. Criticar a coisa é algo tão estranho quanto se esforçar para apreendê-la. É cético em relação a tudo aquilo // que lhe exige autorreflexão; como consumidor, está sempre disposto a se solidarizar com seu próprio julgamento, mostrando-se um adepto contumaz da fachada da sociedade que lhe sorri, com os dentes à mostra, nas revistas ilustradas. Sem que fosse politicamente moldado, tal tipo se conforma, seja do ponto de vista musical, seja na realidade, com qualquer dominação que não interfira de modo demasiadamente explícito em seu padrão de consumo. Por fim, caberia dizer algo a respeito do tipo musicalmente *indiferente, não musical* e *antimusical*, se for permitido, é claro, reuni-los num só tipo. Não se trata, no caso, como apregoa a *convenu*[11] burguesa, de uma falta de disposição natural, senão de processos ocorridos durante a primeira infância. Ousamos lançar a hipótese de que, em tal período, esse tipo foi vitimado por uma autoridade brutal, ocasionando-lhe, pois, alguns defeitos. Em geral, crianças com pais particularmente rígidos parecem ser, inclusive, incapazes de aprender a leitura da notação musical – que, aliás, hoje é a precondição de uma formação musical humanamente digna. Esse tipo é nitidamente portador de uma forma de pensar supervalorizada, ou, poder-se-ia dizer, patético-realista; encontrei-o já entre os dotados de talentos técnicos especiais e extremos. Mas não causaria surpresa encontrá-lo, reativo, em grupos alheios à cultura burguesa por conta do privilégio da formação e da situação econômica, como resposta, por assim dizer, à desumanização, e, simultaneamente, como reafirmação. O que significa a falta de musicalidade do ponto de vista social, em seu sentido mais amplo ou mais restrito? Eis algo que ainda não foi estudado; haveria muito que se aprender a partir disto.

As interpretações equivocadas de meu esboço podem estar ligadas à rejeição daquilo que foi dito. Meu propósito não é desdenhar aqueles que fazem parte dos tipos de escuta negativamente descritos nem deformar a imagem da realidade derivando, a partir da constituição problemática da escuta musical, um juízo sobre o estado do mundo. Portar-se intelectualmente dessa forma, como se os seres humanos vivessem apenas para

---

11 Do francês; o termo significa, aqui, "convenção", "o que é conveniente" ou "costume estabelecido". [N. T.]

Introdução à sociologia da música

escutar de maneira correta, seria um grotesco eco de esteticismo, bem como seria, inversamente, a tese de que a música, sob a aparência de humanidade, estaria à disposição dos seres humanos apenas para fomentar o pensar sob categorias de troca, como se todo existir fosse tão só um meio para uma outra coisa, // e que, desprezando-se a verdade do tema em questão, se tratasse de falar às pessoas tal como estas gostam que se lhe falem. A situação imperante visada pela tipologia crítica não é culpa daqueles que escutam isso e não aquilo e nem mesmo do sistema da indústria cultural, que fixa sua condição espiritual para poder canibalizá-los melhor, mas se assenta em profundas camadas da vida social, tal como na separação entre o trabalho intelectual e o corporal; entre arte inferior e elevada; na formação superficial [Halbbildung] socializada e, por fim, no fato de que uma consciência correta não é possível em um mundo falso e no qual os modos sociais de reação diante da música permanecem sob o feitiço da falsa consciência. Às diferenciações sociais no interior das diretrizes aqui traçadas não se concede importância demasiadamente grande. Os tipos, ou, ao menos, muitos deles, serão entrecortados pela sociedade em diagonal, como se costuma dizer no jargão da *Social Research*. Pois, nas insuficiências de cada um deles se reflete o todo cindido, de sorte que cada um é antes representante de uma totalidade em si antagônica do que uma variante social específica. Mostrar-se-ia extremamente limitado aquele que intentasse deduzir os tipos, assim como a supremacia do ouvinte do entretenimento, a partir do conceito de massificação, tão popular entre as massas. Ao ouvinte de entretenimento, indiferente àquilo que lhe é falso atualmente ou desde há muito, não converge as massas sublevadas contra uma cultura que, em sua oferta, lhes é recusada. Seu movimento é reflexo, qual o mal-estar na cultura diagnosticado por Freud, mas habilmente dirigido contra ele. Como em quase todos os tipos, em tal mal-estar também se oculta o potencial de algo melhor, por mais aviltado que este seja, de maneira que sobrevivem ainda a nostalgia e a possibilidade de um comportamento humanamente digno em relação à música e à arte em geral. Decerto seria uma dedução muito improvisada igualar, sem mais, tal comportamento relativo à arte a um comportamento íntegro em relação à realidade. A condição antagônica do todo se expressa no fato de que modos de comportamento musicalmente corretos podem, mediante seu lugar no todo, ensejar ao menos momentos fatais. Aquilo que se faz é incorreto. Mais do que nunca, o ouvinte-*expert* carece de uma especialização, sendo que a diminuição proporcional do tipo de bom ouvinte – caso termine por se tornar // uma realidade – seria com certeza uma função de tal especialização. Mas, não raro, esta é adquirida com grandes incômodos em relação à realidade, com deformações neuróticas e até mesmo psicóticas do caráter. Por menos que tais condições sejam, conforme o antiquado *slogan* do gênio e da loucura, necessárias à musicalidade de um estilo significante, tais defeitos são, porém, sintomáticos de uma experiência desregulamentada no caso de músicos extremamente qualificados. Sem dúvida, isso está longe de ser algo acidental, senão que subjaz ao processo da própria especialização o fato de que muitos deles, assim que são confrontados com questões para além de sua área específica de atuação, mostram-se ingênuos e canhestros, chegando a uma completa desorientação e a uma pseudo-orientação desviada. A consciência musical adequada não envolve, nem mesmo imediatamente, uma consciência artística totalmente adequada. A especialização atinge

Introdução à sociologia da música

o relacionamento com os diferentes meios; um grupo de jovens artistas plásticos vanguardistas portou-se como fãs de jazz, sem que a diferença de nível se lhes tivesse tornado consciente. Em casos de tal desintegração, cumpre, por certo, pôr em dúvida a pertinência das intenções aparentemente avançadas. Tendo em vista tais complicações, ninguém dentre os milhões de seres assustados, aprisionados e sobrecarregados pode ser apontado com o dedo indicador e cobrado pelo fato de que deveria entender um pouco de música, ou, ao menos, interessar-se por ela. Mesmo a liberdade, que prescinde disto, possui seu aspecto humanamente digno, referente a uma condição na qual a cultura já não é imposta a ninguém. Aquele que contempla o céu pacificamente tem, quiçá, mais chance de estar na verdade do que aquele que acompanha corretamente a *Eroica*. Mas o repúdio à cultura conduz a conclusões acerca do repúdio da cultura aos próprios seres humanos, assim como sobre aquilo que o mundo fez destes últimos. A contradição entre a liberdade respectivamente à arte e os sinistros diagnósticos quanto ao uso de tal liberdade constitui, pois, uma contradição da realidade mesma, e não apenas da consciência que a analisa a fim de contribuir, ainda que minimamente, para sua modificação.

// Música ligeira

O conceito de música ligeira [Leichte Musik] permanece encoberto pelas névoas da autoevidência. Que qualquer pessoa saiba o que lhe ocorre ao ligar despropositadamente o rádio parece, por si só, dispensá-la da ponderação sobre o que isso significa. O fenômeno converte-se num dado que se deve aceitar, ao mesmo tempo inalterável, cuja obstinada existência basta, já, para provar legitimidade. Devido ao dito rebaixamento gosto geral, ou, ainda, devido ao isolamento da música elevada face às massas ouvintes, lastima-se às vezes a divisão da música em duas esferas, há muito sancionada pelas administrações culturais que conservam, sem mais delongas, a seção música de entretenimento [U-Musik]. Mas a falta de reflexão acerca da própria música ligeira impede da mesma maneira o discernimento a respeito da relação entre os dois âmbitos, que, entrementes, continuam fixados em divisões muito rígidas. Ambos estão separados e fundidos há tanto tempo quanto a arte elevada e inferior em geral. Já na Antiguidade, ao menos desde o mimo romano [römischen Mimus], alimentavam-se, com estímulos especialmente preparados para eles, aqueles que, mediante pressão econômica e psíquica, foram repelidos pelo que se estabeleceu como cultura e cujo mal-estar na civilização reproduz, de maneira incessante e amplificada, a crueza do estado natural. Sua arte inferior achava-se eivada de restos daquela essência embriagante-orgiástica que a arte elevada apartou de si sob o signo de um progressivo domínio da natureza e da logicidade. De maneira inversa, enquanto o espírito objetivo ainda não havia sido completamente planejado e conduzido pelos centros administrativos, a arte elevada sempre absorvia, involuntária ou propositadamente, elementos da música inferior, em memória à injustiça contra os muitos que se conservaram no próprio princípio, bem como por necessidade de uma alteridade [nach einem Anderen] capaz de se opor à vontade estética formativa e na qual esta pudesse dar mostras de si mesma. // O antigo uso da paródia, do expediente de colocar palavras religiosas em melodias profanas, dá provas disso. O próprio Bach não desdenhava tais empréstimos em suas obras instrumentais, tais como, por exemplo, no *Quodlibet* das "Variações Goldberg".[1] Haydn, o Mozart da *Flauta mágica* e Beethoven não seriam, em absoluto, sequer imagináveis sem o efeito recíproco entre tais esferas separadas. A última vez que ambas se irmanaram em uma tênue linha divisória e com a mais extrema estilização foi na *Flauta mágica* de Mozart; nostalgicamente, obras tais como *Ariadne*, de Strauss e Hofmannsthal, ainda anseiam por tais instantes. Até o fim do século XIX, a mú-

---

1 Trata-se das 30 famosas "Variações Goldberg", publicadas originalmente em Nuremberg, em 1741, como *Aria mit verschiedenen Veraenderungen vors Clavicimbal*. Dedicadas a Johann Gottlieb Goldberg (1727-56), cravista e compositor alemão do Barroco tardio, eram considaradas um dos exercícios mais árduos para prática do teclado. [N. T.]

Introdução à sociologia da música

sica ligeira ainda era, às vezes, possível com integridade. A fase de seu declínio estético coincide com a dissociação irrevogável e a falta de mútua relação entre os dois âmbitos.

Se o conceito de decadência, citado com predileção pelos filisteus da cultura contra os modernos, tem alguma legitimidade, então é justamente na música ligeira que isso tem sua razão de ser. Aqui, ele se deixa apanhar com as duas mãos e determinar com precisão. Em Offenbach, trata-se de uma invenção extremamente original e de duplo aspecto, haja vista que, nesse caso, uma fantasia colorida e uma mão alegremente leve uniram-se a textos cujos disparates plenos de sentido poderiam inflamar até mesmo o amor de Karl Kraus. Em Johann Strauss, cujo peculiar talento compositivo talvez ultrapasse o de Offenbach — com que genialidade o tema da *Valsa do imperador* é inventado em oposição ao declínio do esquema da valsa —, a decadência torna-se patente tanto em alguns *libretti* vulgares quanto na tendência instintivamente incerta a uma concepção operística emplumada, propensão à qual, aliás, não pôde resistir o Offenbach de *Rheinnixen*. Em linhas gerais, até para Puccini, que pertence em parte a essa esfera, a música ligeira é tanto pior quanto mais pretensiosa se comporta, sendo que justamente a tépida autocrítica a desvirtua mais e mais rumo a isto. Um caso extremo de idiotice pomposa apresenta, por certo, a opereta *Friederike*, de Lehár, peça baseada em um texto de Goethe e com a enfeitada canção de maio. Aquilo que sucedeu a Offenbach e Strauss foi dissipado rapidamente por seus herdeiros. Depois de seus seguidores imediatos, que, tal como Lecocq, ainda asseguraram algo dos melhores dias, vieram as criações abomináveis das operetas de Viena, Budapeste e Berlim. Continua sendo questão de gosto saber o que é mais desagradável, se a banha de porco [Schmalz]

Theodor W. Adorno

201 de Budapeste // ou a brutalidade das marionetes.[2] Apenas de vez em quando emerge algo espontaneamente gracioso do rio imundo, como, por exemplo, algumas melodias de Leo Fall ou algumas ideias autênticas de Oscar Straus.

Se o espírito do mundo tivesse se extraviado na música ligeira, então teria, em certa medida, feito jus a ela. A opereta e a *revue*[3] morreram, por certo, no salto mortal dado para festejar sua alegre ressurreição nos *musicals*. Atribuir-se-á seu fim, fenômeno histórico certamente mais drástico da fase mais recente da música ligeira, ao avanço e à primazia técnico-econômica da transmissão radiofônica e do cinema, de modo mais ou menos semelhante à maneira como o *kitsch* fotográfico estrangulou a pintura. Mas a *revue* também desapareceu do filme que a absorvera, na América, no início da década de 1930. Com isso, a confiança no espírito do mundo é novamente abalada: talvez fosse justamente o elemento irrealista e imaginativo presente na *revue* que não contentava, em absoluto, o gosto das massas. De qualquer modo, sua frívola fuga do pensamento, que nenhuma lógica falsa poderia amansar, suplantava em muito o segundo final trágico das operetas húngaras. Na era dos *commercials*, acomete-nos uma nostalgia pelas antigas melodias da Broadway.

É difícil descobrir as verdadeiras razões da morte das operetas de gênero europeu, bem como da *revue*. Uma consideração sociológica geral poderia, ao menos, assinalar a direção. Aque-

---

2 *Puppchen-Brutalität*: alusão à operetta *Puppchen,* de Jean Gilbert (1879-1942). [N. E.]

3 Do francês, refere-se à "revista de variedades", espetáculo musical dividido em quadros cênicos relativamente independentes uns dos outros, em geral alegre e festivo, com atrizes formosas e cenário bem apetrechado, ao som de músicas também divertidas. [N. T.]

Introdução à sociologia da música

les tipos musicais se achariam intimamente ligados à esfera econômica de circulação, e, mais precisamente, à indústria de confecção. As *revues* eram performances não só de desnudamento, senão que igualmente de roupas. Um dos maiores sucessos de operetas de traço húngaro-vienense, a *Manobra de outono*, que tornou Kálmán famoso, descende diretamente do campo que se associa [Assoziationsfeld] à confecção; mas, mesmo na era dos musicais, essa relação ainda era perceptível em *shows* tais como *Pins and Needles* ou *The Pajama Game*.[4] Assim como a equipe de pessoas empregadas, o modo de produção e o jargão da opereta remontavam à confecção, visando a entrever igualmente nos trabalhadores da confecção o público ideal. O homem que, em Berlim, sob o olhar de uma *star* a um só tempo desnuda e luxuosamente coberta,// reagia com as palavras "ora, isto está simplesmente fabuloso!", provinha, enquanto tipo ideal, das indústrias de roupa. Mas, assim como essas e outras atividades de circulação financeira perderam, ao menos na Europa, significativa relevância durante os últimos trinta anos, por razões que vão desde a concentração econômica até o terror totalitário, aqueles gêneros de arte de divertimento perderam algo de sua base real. Isso não deve ser entendido apenas no sentido limitado do desaparecimento da camada específica que até então mantinha tais gêneros, mas, antes, no sentido mais difícil de que, com o declínio da esfera de circulação, também perderam intensidade os conteúdos representativos e os estímulos que resplandeciam

---

4 *Pins and Needles*, espetáculo estreado em 1937, com letra e música de Harold Rome; *The Pajama Game* [*Um pijama para dois*], musical estreado na Broadway em 1954, baseado no romance *7 centavos e meio*, de Richard Bissell. [N. T.]

amplamente na sociedade, ainda atuantes enquanto a esfera de circulação fornecia modelos para o êxito da iniciativa individual. A ontologia da opereta seria a ontologia da confecção. Mas, assim como hoje o termo já soa antiquado, o tipo de entretenimento tomado de empréstimo de sua esfera encontra-se igualmente desgastado; como se ainda se especulasse sobre reações às quais, num mundo organizado de modo incomparavelmente mais rigoroso, ninguém mais pudesse fornecer-lhe respostas. Uma comparação detalhada entre as operetas feitas de 1900 a 1930, por um lado, e os musicais, por outro, revelaria possivelmente diferenças que mostrariam, no nível dos objetos, as mesmas diferenças relativas à forma econômica de organização. Sem que tivesse mudado muito artisticamente em comparação à opereta e à *revue* quanto ao conteúdo e aos meios, o musical é *streamlined*.[5] Tendo em vista os atuais *shows* esplandecentes e embrulhados em papel celofane, as operetas e sua casta parecem até mesmo desleixadas, estabelecendo, de resto, se for possível dizer, um contato demasiadamente íntimo com o público; ao passo que o musical retransfere, em boa medida, a reificação tecnológica dos filmes para o teatro musical. O triunfo internacional de musicais como, por exemplo, *My Fair Lady*, que, por si só, não satisfaz musicalmente nem de longe as mais vulgares exigências de originalidade e prodigalidade inventiva, pode ter a ver justamente com isso. A galvanização da linguagem musical, bem como dos efeitos calculados com precisão e de modo quase científico, foi realizada com tamanha amplitude que já não resta nenhuma brecha para que o espetá-

---

5 Do inglês; refere-se aqui à forma "aerodinâmica" do gênero em questão. [N. T.]

Introdução à sociologia da música

culo, cabalmente organizado segundo as técnicas de venda, produza a ilusão de clareza e naturalidade. Impermeável // a tudo
aquilo que diferisse de seu cosmos de efeitos bem planejados, a
obra produz a ilusão de frescor, enquanto a forma mais antiga,
na qual nem tudo funcionava às mil maravilhas, aparece a um
só tempo como algo ingênuo e empoeirado aos ouvintes que
tencionam estar à altura do tempo.

À rude e drástica história do declínio dos tipos e formas da
música ligeira contrapõe-se uma constância singular de sua
linguagem musical. Ela usa ao máximo o estoque depravado
do romantismo tardio; o próprio Gershwin é uma transposição
talentosa de Tchaikovsky e Rachmaninoff à esfera do entretenimento. Até hoje, a música ligeira não teve muita participação na
evolução, que se realiza há mais de cinquenta anos, no material da
música elevada. É claro que ela não se interdita certas *nouveautés*.
Todavia, destrói-as em termos de função e de livre desenvolvimento, à medida que as acrescenta como meros borrões coloridos, como refinamento da linguagem rigidamente tradicional,
o que se vê, inclusive, nas dissonâncias aparentemente arris-
cadas de algumas vertentes do jazz. Não possuem nem poder
sobre tal linguagem nem estão corretamente integradas a ela.
Daí, a conversa fiada sobre o parentesco entre determinada
música ligeira e a música moderna ser tão tola. Mesmo lá onde
o igual é tolerado, este já não permanece o igual, senão que,
por tolerância, torna-se o contrário do que é. Já não se deve
temer o orgiástico vestígio de lembrança em razão do cancã
offenbachiano, ou, ainda, da cena de confraternização d'*O
morcego*. A embriaguez programada e administrada deixa de ser
embriaguez. Aquilo que sempre se reputa excepcional termina
por se embotar: as festas às quais a música ligeira convida seus

adeptos sob o nome de banquete para os ouvidos [Ohrensch-mauses] consistem, no fundo, no triste prato de todos os dias.

Nos países industrialmente desenvolvidos, a música ligeira se define pela padronização: seu protótipo é o *hit*. Há trinta anos, um popular manual americano sobre como se poderia escrever e vender *hits* já havia confessado isto com um franco apelo comercial. A principal diferença entre um *hit* e uma canção séria, ou, conforme o belo paradoxo da linguagem de tais autores, uma canção *standard*, estaria no fato de que a melodia e a letra de um *hit* teriam de ficar internamente limitadas a um esquema inflexivelmente estrito, ao passo que canções sérias permitiriam ao compositor uma configuração livre e autônoma. Os // autores do mencionado manual não hesitam em conceder à *popular music* e aos *hits* o autopredicado *custom built*.[6] A padronização estende-se do arranjo geral às individualidades. Na prática americana que normatiza a produção global, a regra básica é a de que o refrão deve consistir 32 compassos, com uma *bridge*, isto é, uma parte introduzida no meio com vistas à repetição. Igualmente padronizados são os diferentes tipos de *hit*, e não só aqueles relativos à dança, o que seria plausível e de forma alguma inovador, mas também caracteres tais como os *hits* maternos e as composições que celebram a alegria da vida doméstica, canções sem sentido, ou, então, as *novelty-songs*, as pseudocanções de crianças e os lamentos sobre a perda de uma namorada, talvez o tipo mais disseminado de todos, que, na América, se naturalizou com o curioso nome de *ballad*. Antes de mais nada, os ápices métricos e harmônicos de tais *hits*, quer dizer, o começo e o fim de suas

---

6 Do inglês, designa o caráter "personalizado", "customizado", do bem de consumo. [N. T.]

Introdução à sociologia da música

partes individuais, devem estar impregnados pelo esquema *standard*. Isso confirma as estruturas básicas mais simples, independentemente do que se passa nas variações entre os pontos de sustentação. As complicações permanecem sem qualquer efeito: o *hit* remete a algumas poucas categorias básicas da percepção, conhecidas à exaustão, sendo que nada de verdadeiramente novo pode transcorrer, apenas efeitos calculados que temperam a mesmice sem colocá-la em perigo, fiando-se eles mesmos, uma vez mais, nos ditos esquemas.

Já que a imbecilidade sempre traz à tona a mais assustadora sagacidade no momento em que se trata de defender algo mal constituído, os porta-vozes da música ligeira esforçaram-se para justificar esteticamente tal padronização, o fenômeno primordial da reificação musical e do caráter mercadológico nu e cru, bem como para obliterar a diferença entre a controlada produção em massa e a arte mesma. Assim é que os autores do aludido manual se apressam em igualar os esquemas mecânicos da música ligeira com os rígidos postulados das formas elevadas a cânone. A seu ver, na poesia não haveria algo mais exigente que o soneto, e, no entanto, os maiores poetas de todos os tempos teriam urdido a beleza imortal – assim dizem – dentro de sua estrutura limitada. O compositor da música ligeira teria então a possibilidade de dar provas de seu talento e sua genialidade como o // compositor inexperiente de cabelos presumivelmente longos. O espanto que a comparação teria causado a Petrarca, Michelangelo e Shakespeare não comove tais autores; eram excelentes mestres, mas há muito estão mortos. Diante de tal caráter inabalável, deve-se com modéstia tentar proclamar a diferença entre as formas padronizadas da música ligeira e os tipos estritos da música séria, como se não fosse necessário abrir mão de toda esperança desde que fosse preciso prová-la. A relação da música elevada com suas formas históricas é dialética. Incendeia-se nelas, fundindo-as novamente, deixando-as desaparecer e então volta a reconhecê-las em seu próprio desaparecimento. A música ligeira, porém, vale-se dos tipos como latas vazias nas quais o material é envasado à pressão, não apresentando qualquer reciprocidade entre este último e as formas. Sem estabelecer a mínima relação com estas, atrofia-se e desmente simultaneamente as formas, que já não organizam mais nada no plano composicional.

O efeito dos *hits* ou, talvez mais precisamente, seu papel social poderia ser delimitado como efeito relativo aos esquemas da identificação. É comparável àquele das estrelas de cinema, das imperatrizes ilustradas e das beldades dos reclames de meias e de pasta de dente. Os *hits* não apelam apenas a uma *lonely crowd* [multidão solitária] quer dizer, aos atomizados. Contam igualmente com aqueles que não atingiram a maioridade; com os incapazes de expressar emoções e experiências; seja porque simplesmente lhes falta qualquer capacidade expressiva, seja porque foram aleijados pelos tabus civilizatórios. Àqueles que estão incrustados entre o funcionamento e a reprodução da força de trabalho, eles fornecem uma compensação de sentimentos que o ideal de Eu revisado e atualizado afirma que deveriam possuir. Do ponto de vista social, os sentimentos ou são canalizados, e, assim, reconhecidos pelos *hits*, ou, então, terminam por preencher substitutivamente a nostalgia daqueles. O elemento da aparência estética, o afastamento da arte em relação à realidade empírica, é restabelecido nos *hits* na medida em que, na efetiva economia psíquica, a aparência faz as vezes daquilo que é realmente denegado aos ouvintes. Passando ao largo de sua respectiva energia

Introdução à sociologia da música

de manipulação, os *hits* se tornam *hits* por meio de sua capacidade de absorver ou simular estímulos amplamente dispersos; as formulações publicitárias do texto e, sobretudo, seus títulos, não estão, pois, isentos disso. // Mas, conforme os resultados da pesquisa americana, sua importância é menor que a música em si. Para perscrutar esta última, pode-se ponderar sobre processos inegavelmente similares em outros meios de comunicação de massa, os quais se valem da palavra ou da imagem objetiva. Tendo em vista a tendência crescente à integração dos meios de comunicação de massa em geral, é possível deduzir deles algo a respeito do *hit* musical. O ouvinte que retém um *hit* e volta a reconhecê-lo transforma-se, em um âmbito imaginário e prenhe de elementos psicológicos, no sujeito que responde idealmente ao *hit*. Como um dentre os muitos que se identificam com aquele sujeito fictício, o Eu musical, ele sente seu isolamento atenuar-se imediatamente, integrando-se à comunidade de fãs. Quem assovia uma canção para si mesmo, acaba dobrando-se a um ritual de socialização. É certo que isso não muda nada quanto ao insulamento, para além do estímulo subjetivo momentâneo e desarticulado. Seria preciso um procedimento de investigação sociopsicológica excepcionalmente mais sutil, quase inexistente hoje em dia, para apreender tais circunstâncias sob a forma de hipóteses que pudessem ser corroboradas ou refutadas. Que o empirismo seja tão arredio diante de teoremas tão plausíveis, eis algo que é condicionado não só pelo atraso das técnicas sociológico-musicais de pesquisa. Cumpre aprender, com isso, que compreensões estruturalmente sociológicas não se podem fixar sempre e sem mais em rígidas demonstrações.

A banalidade da atual música ligeira, implacavelmente controlada devido à vendagem, marca a ferro e fogo o que há de

Theodor W. Adorno

decisivo em sua fisionomia: o vulgar. Poder-se-ia quase suspeitar que os ouvintes estariam interessados nisso com fervor; em verdade, sua atitude musical tem como máxima o dístico brechtiano: "não quero ser, de modo algum, um ser humano". O que eles têm em si próprios de musicalmente estimulante, apto a exortar o questionamento e uma possível elevação da existência individual, parece-lhes vergonhoso. Justamente porque estão apartados daquilo que poderiam ser, a raiva os acomete quando a arte os faz lembrar disso. Como oposição perfeita à música ligeira, eis que surge a pergunta de Sigmund na cena do anúncio da morte da Valquíria: "quem és tu que se me aproximas com tamanha beleza e seriedade?" O aplauso aclamante, e, se possível, previamente bem exercitado, // surge como sinal daquilo que eles, às gargalhadas, chamam de humor gritante. Mas, entrementes, este último se converteu no que há de pior, perdendo apenas para a falta de humor. O vulgar da postura musical; a redução de todas as distâncias; a insistência no fato de que nada com que se possa entrar em contato poderia ser melhor ou mais bem reputado que aquilo que já se é ou se imagina ser, eis, pois, a essência do social. O vulgar consiste na identificação com um rebaixamento do qual a consciência aprisionada, que a ele se submete, não pode fugir. Se a chamada arte inferior do passado atendeu a esse rebaixamento de modo mais ou menos involuntário, se sempre teve boa vontade para com os rebaixados, hoje em dia, o próprio rebaixamento é organizado e administrado, sendo que a identificação com ele é minuciosamente arquitetada pelo poder dirigente. É isso que constitui seu caráter pusilânime, e não frases tais como aquelas, lançadas contra as indústrias da música ligeira, sobre seu aspecto desalmado ou até sobre sua sensualidade inescrupulosa.

Introdução à sociologia da música

Lá onde a música séria faz jus ao próprio conceito, cada detalhe encontra seu sentido concreto a partir da totalidade do desenvolvimento, e o sentido da totalidade, por sua vez, é obtido a partir da relação viva entre as individualidades que se contrapõem umas em relação às outras, alongando-se, ultrapassando-se e retornando mutuamente entre si. Onde a forma da própria coisa é abstratamente ditada do exterior, segundo a expressão de Wagner, "a louça se quebra". É certo que, no período que se estende da era do baixo cifrado à crise da tonalidade, tampouco falta à música séria elementos invariantes, inclusive vergonhosos. Mas é certo ainda que, nas boas peças, os mesmos *topoi* ganham um lugar de destaque cambiável conforme a configuração em que aparecem, de sorte que não se opõem de maneira alienada ao conteúdo musical específico. Além disso, ao menos desde Beethoven, as invariantes eram sentidas, já, como problemáticas, ao passo que, hoje, na música ligeira, são impostas com um caráter imperiosamente não problemático. Alguns dos mais grandiosos movimentos de Beethoven, como o primeiro movimento d'*Appassionata* ou o da *Nona sinfonia*, procuram desenvolver, a partir do fluxo musical, o elemento tectônico da forma sonata, que já não mais se identifica imediatamente com tal fluxo, visando que o retorno do mesmo reivindicado pela tradição seja **208** legitimado como resultado da dinâmica do desenvolvimento. // No desenvolvimento histórico dessa tendência, as invariantes terminaram por se dissolver mais e mais. A história da grande música durante os dois últimos séculos foi, essencialmente, a crítica daqueles momentos que reclamam complementarmente para si uma validade absoluta na música ligeira. Esta é, em certo sentido, a borra [Bodensatz] da história musical.

No entanto, graças a sua crua simplicidade, a padronização da música ligeira não deve ser interpretada tanto do ponto de vista internamente musical, senão que sob a ótica sociológica. Ela visa a reações padronizadas e seu êxito, sobretudo a veemente aversão de seus adeptos àquilo que poderia ser diferente, confirma o fato de que ela é capaz de motivá-las. A escuta da música ligeira não é primordialmente manipulada pelos interessados que a produzem e a divulgam, mas por ela mesma, por sua constituição imanente. Ela estabelece, em suas vítimas, um sistema de reflexos condicionados. Quanto a isso, a oposição entre primitivo e diferenciado não chega a ser algo decisivo. Em si, a simplicidade não constitui nem uma vantagem nem uma falta. Mas, na música artística merecedora de seu nome, todo detalhe seria importante, inclusive o mais simples, não podendo ser substituído por nenhum outro a bel-prazer. Se a música tradicional não satisfaz isto, não satisfaz a si mesma, mesmo que carregue consigo as mais famosas assinaturas. No *hit*, os esquemas acham-se tão separados do desenvolvimento concreto da música que uma coisa sempre pode ocupar o lugar de outra. Mesmo o mais complicado, que às vezes se faz necessário caso não se queira cair no tédio que espantaria os consumidores que se refugiam do tédio através da música ligeira, não se justifica por si mesmo, senão como ornamento ou fachada atrás da qual a mesmice se esconde. Fixado no esquema, o ouvinte dissolve o divergente, mais uma vez e imediatamente, no que há de habitual em seu enraizado modo de reação. A composição escuta pelo ouvinte, sendo que tal operação é, à distância, análoga à técnica do cinema na qual a agência social do olho-câmara [des Kamera-Auges] se alterna, a partir do lado produtivo, entre o produto e o usuário de cinema, antecipando as sensações que

Introdução à sociologia da música

este último deve ver. Em contrapartida, a espontaneidade e a concentração do ouvinte não são exigidas nem sequer toleradas pela música ligeira, que proclama, como norma própria, a necessidade de relaxamento frente aos processos de trabalho. **209** // Deve-se colocar à escuta sem muito esforço e, se possível, apenas com uma orelha; um famoso programa de rádio norte-americano chamava-se *Easy listening*, escuta fácil. Fia-se, aqui, em modelos de escuta sob os quais tudo o que chega à distância é automático e inconscientemente subsumido. Torna-se evidente a analogia disto que é pré-digerido com a revista *Digests*. A passividade exigida insere-se no sistema global da indústria cultural como uma crescente estultificação. Não que um efeito emburrecedor se depreenda imediatamente das peças individuais. Mas o fã, cuja necessidade daquilo que lhe é imposto pode elevar-se à euforia embotada e às tristes sobras da antiga embriaguez, é educado mediante o sistema global da música ligeira com uma passividade que, possivelmente, também é transposta a seu pensamento e a seus comportamentos sociais. O efeito nebuloso que Nietzsche temia na música de Wagner foi apropriado e socializado pela música ligeira. O efeito sutil do hábito criado está na mais singular oposição à rudeza dos próprios estímulos. Nesse sentido, independentemente de qualquer propósito que nela se queira encontrar ou descerrar em seus frívolos textos, a música ligeira é ideologia. A pesquisa poderia, por assim dizer, invadir seu terreno [ins Handwerk pfuschen] ao analisar os comportamentos e o hábito daqueles que foram vitimados por tal ideologia em outras instâncias; as reações puramente musicais são, em si mesmas, variegadamente imprecisas e muito desarticuladas para que se possa determiná-las apenas do ponto de vista sociopsicológico.

Todavia, não se deve imaginar o modo de produção da música ligeira, enquanto produto de massa, de maneira excessivamente literal como a produção industrial em massa. As formas de difusão estão racionalizadas, tal como a publicidade que, mais claramente no sistema radiofônico norte-americano, está a serviço de inabaláveis interesses industriais. Essencialmente, tudo isso diz respeito à esfera da circulação, e não àquela que designa a produção. Invoca-se a divisão industrial do trabalho com traços tais como a dispersão em suas mais ínfimas partes constitutivas, as quais se coadunam com o esquema sem qualquer continuidade, ou, então, tais como a divisão dos produtores entre as pessoas que produzem a pretensa ideia, as que // formulam o *hit*, as que elaboram letras e fazem arranjos, e isso a tal nível que toda a atividade permanece, por assim dizer, artesanal. Ainda não se chegou, porém, à racionalização completa, à composição de *hits* mediante calculadoras musicais, algo que seria facilmente imaginável e cuja ideia já era concebida pelo próprio Mozart. O atraso tecnológico deixa-se recompensar economicamente. A função do elemento assincrônico [des Ungleichzeitigen] dos *hits*, bem como o vínculo entre a sagacidade e uma produção frivolamente inadequada e um tanto diletante, deve ser compreendida no sentido de que a música ligeira, que não se mede senão pelo seu efeito sociopsicológico, tem de satisfazer, graças a tal efeito, a desideratos que se opõem entre si. Ela tenciona, por um lado, chamar a atenção do ouvinte, diferenciando-se de outros *hits* quando precisa vender-se e alcançar plenamente o ouvinte. Por outro lado, não deve ultrapassar o habitual a fim de não repeli-lo: a música ligeira tem de permanecer despercebida e não extrapolar aquela linguagem musical que parece natural ao ouvinte médio visado pela produção, quer dizer, a tonalidade da época

Introdução à sociologia da música

romântica, ainda que esta, em todo caso, possa estar apetrechada com acidentes impressionistas e outras alterações tardias. A dificuldade com a qual se depara o produtor da música ligeira é a de equilibrar tal contradição, escrever algo que seja impregnante e, ao mesmo tempo, popularmente banal. Para tanto, serve-se do momento antiquado e individualista, que, voluntariamente ou não, é preservado no processo de produção. Corresponde, pois, à necessidade daquilo que chama repentinamente a atenção, bem como à necessidade de ocultar do ouvinte a padronização dominante, o confeccionado da forma e do sentimento, haja vista que aquele deve sentir-se tratado, ininterruptamente, como se o produto de massa tivesse validade apenas para ele. O meio de lograr isso é a pseudoindividualização, que, de resto, é um dos constituintes da música ligeira. No produto cultural de massa, a pseudoindividualização lembra a aura gloriosa do espontâneo, e também do que se pode escolher livremente no mercado conforme a necessidade, ao passo que ela mesma se submete, porém, à padronização. Ilude acerca do que é pré-digerido. Um caso extremo de pseudoindividualização são as improvisações no jazz comercial, das quais o jornalismo jazzístico tanto se

211 nutre. // Enfatizam acintosamente a descoberta do instante, enquanto se acham confinadas em esquemas métricos e harmônicos cujos limites são tão estreitos que se deixam reduzir novamente a um mínimo de formas básicas. De fato, fora dos mais restritos círculos dos *experts* em jazz, a maior parte daquilo que é oferecido em termos de improvisação já poderia ter sido provado. A pseudoindividualização não se estende apenas a tal âmbito, mas também à instância musical em geral. Sobretudo à esfera do estímulo harmônico e colorístico, prevista pela música ligeira — a própria opereta vienense anterior à Primeira Guerra

101

Theodor W. Adorno

Mundial tinha, já, uma predileção pegajosa pelas harpas –, observa a regra de despertar a aparência do imediato e do específico, sob a qual nada há senão que a rotina do harmonizador e arranjador. Não se deve subestimar estes últimos. De qualquer modo, no que se refere aos *hits*, deve-se guardar de fazer uma apologia da cultura que dificilmente é muito melhor que a da barbárie. Assim como as formas padronizadas da música ligeira são derivadas das danças tradicionais, estas foram padronizadas de diversas maneiras bem antes que a música comercial se acamaradasse com o ideal de produção em massa; os minuetos dos compositores menores do século XVII equiparavam-se entre si tão fatalmente quanto os *hits* se equiparam. Por isso, se for dado recordar uma bela expressão cunhada por Willy Haas, há cerca de uma geração, com vistas à literatura, "hoje ainda há boa música ruim junto a toda música ruim boa". Sob a pressão do mercado, muitos talentos genuínos são absorvidos pela música ligeira, de sorte que não podem, apesar disso, ser inteiramente reprimidos. Mesmo na fase tardia e completamente comercializada, às vezes nos deparamos, sobretudo na América, com ideias originais, arcos melódicos belamente ressoados, inflexões rítmicas e harmônicas pregnantes. Mas as esferas deixam-se limitar tão somente a partir dos extremos, e não das transições, de modo que mesmo as mais talentosas escapadas no interior da música ligeira são, de resto, deformadas pela consideração daqueles que tratam de vigiar se a coisa pode ser vendida. A estupidez é maquinada com sagacidade e posta em marcha por músicos altamente qualificados. Estes se fazem muito mais presentes no âmbito geral da música ligeira do que o // sentimento de superioridade da música séria estaria disposto a admitir: na América, acham-se sobretudo entre os arranjadores, mas do mesmo modo entre os

Introdução à sociologia da música

especialistas em discos, *band leaders* e outros grupos. Apresentam o analfabetismo, que, como base, não pode ser renunciado, de sorte que este soa a um só tempo como *dernier cri* e, se possível, como algo cultivado, mas, em todo caso, cumpre-lhe soar bem conforme um ideal que está longe de ser com facilidade determinado. Para tanto, há de se possuir um *metier*. Às vezes – tal como ocorria, por exemplo, no conjunto vocal dos *Revellers*, famoso nos anos 1920 –, formam-se incongruências gritantes entre composições de menor porte e uma reprodução que não precisaria envergonhar-se diante da prática mais avançada de música de câmera. A preponderância dos meios sobre os fins que, em geral, domina a indústria cultural, manifesta-se na música ligeira como um desperdício de intérpretes de alto nível em produtos que lhes são indignos. Que haja tantos intérpretes que poderiam fazer algo melhor, mas que se deixam abusar, é algo que naturalmente se deve a razões econômicas. Sua má consciência cria, porém, um clima no qual floresce um rancor venenoso. Com ingenuidade cínica, mas não sem um revoltante direito, costumam dizer que apenas se dobraram ao verdadeiro espírito da época.

Essa pretensão se dá a conhecer, sobretudo, no jazz. A quantidade predominante de tudo aquilo que, de acordo com a consciência pública, vale para tal pretensão deve ser imputada à pseudoindividualização. Sua ideia básica, inalterada há mais de cinquenta anos, é deste cunho. O jazz, também em sua forma mais refinada, pertence à música ligeira. Apenas o mal hábito de fazer de tudo e de todos uma altissonante visão de mundo assombra isso na Alemanha, instalando-o como um bem santo e sacrílego, como a norma daquilo que se imagina rebelar contra a própria norma musical. No interior da música ligeira, o jazz possui indiscutivelmente seus méritos. Em relação à idiotia da música ligeira derivada da opereta de Johann Strauss, ele possui proficiência técnica, presença de espírito, bem como a concentração que a música ligeira frequentemente desconstrói, apregoando da mesma maneira uma capacidade rítmica e sonora de diferenciação. O clima do jazz libertou os *teenagers* do mofo sentimental da música utilitária [Gebrauchsmusik] dos pais. Há de se criticar o jazz tão somente quando a // moda atemporal, organizada e multiplicada por interessados, arroga-se moderna, e, tanto quanto possível, vanguardista. As formas de reação da época que adentraram no jazz não se refletem nele e tampouco se manifestam com liberdade, senão que se reduplicam em consentimento devocional. Assim como outrora, o jazz continua sendo um *get together art for regular fellows* — um evento acústico-esportivo organizado para reunir cidadãos comuns —, tal como Winthrop Sargeant, um dos seus mais confiáveis especialistas americanos, caracterizou-o há cerca de trinta anos. "O jazz salienta", continua Sargeant no livro *Jazz, Hot and Hybrid*,

> uma regularidade conformista, à medida que deixa a consciência individual submergir numa espécie de auto-hipnose massiva. Do ponto de vista social, no jazz a vontade individual é inteiramente submetida, sendo que os indivíduos que dele tomam parte não são apenas iguais, mas virtualmente indiferenciáveis.

A função social do jazz afina-se com sua própria história, a saber, a história de uma heresia absorvida pela cultura de massa. Sem dúvida, dormita no jazz o potencial de uma sublevação musical a partir da cultura por parte daqueles que não foram por ela aceitos, ou, então, irritaram-se com sua desonestidade. Mas o jazz terminou por ser cada vez mais aprisionado pela indústria cultural, e, com isso, pela conformidade musical e social; famosas palavras-chave atinentes a suas fases, tais como *swing, bebop* e *cool jazz*, constituem a um só tempo *slogans* publicitários e momentos de tal processo de absorção. Sob as mesmas precondições e com os mesmos meios da bem ensaiada música ligeira, o jazz deixa jorrar de si tão pouco quanto aquilo que a esfera da música ligeira fornece de si mesma.

No entanto, confere-se com demasiada credulidade a validade dos critérios da produção musical autônoma à música ligeira, bem como às suas variantes mais ou menos elevadas, logo que se lhes interpreta segundo sua própria configuração compositiva e psicológica. Sob a ótica social, a preponderância de seu caráter mercadológico sobre o caráter estético concede aos mecanismos de distribuição ao menos tanta influência quanto àquilo que é distribuído. Cada *hit* individual é a publicidade de si mesmo, uma propaganda de seu próprio título, assim como nas partituras impressas dos *hits* norte-americanos as palavras-chave que repetem o // título são, em geral, acentuadas com letras maiúsculas sob as notas. A real música de entretenimento dificilmente teria a mesma amplitude e o mesmo efeito sem aquilo que, na América, denomina-se *plugging*. Escolhidos como *best-sellers*, os *hits* são pregados nos ouvintes a golpes de martelo durante tanto tempo que, por fim, estes são obrigados a reconhecê-los, e, também, adorá-los, tal como os psicólogos publicitários da composição calculam acertadamente. As instituições dos *hit parades*, das bolsas de *hits* ou seja lá como se anunciam, são protolípicas disto; mal se pode diferenciar aquilo que é efetivamente bem acolhido dos *hits*, como se costuma dizer aqui no país,[7]

---

7 No caso, na Alemanha. [N. T.]

105

daquilo que é apresentado ao público como sendo algo de antemão predileto, ou, então, que aqui aterrissa graças a uma apresentação que age como se já tivesse obtido êxito. Contudo, e apesar de todo cálculo, não se trata de não pensar a propósito do material indiferenciável. Para que um *hit* obtenha êxito, ele tem de cumprir algumas exigências mínimas. Certas características do conceito de ideia inspiradora [des Einfalls], há muito tornado problemático na música elevada, devem certamente se adequar ao *hit*, em proporção realista em relação àquilo que é conhecimento de todos. Uma Sociologia da Música plena de sentido poderia visar ao estudo dessas estruturas por meio de análises musicais dos *hits*, bem como mediante levantamentos do público.

O conhecimento dos mecanismos sociais que determinam a escolha, a divulgação, o efeito, e, sobretudo, as publicidades impressas em alto relevo, aos quais Douglas McDougald consagrou uma investigação especial, poderia tranquilamente induzir à crença de que o efeito da música ligeira é algo por completo predeterminado. Os *hits* de sucesso seriam, pois, simplesmente "feitos" pelos meios de comunicação de massa, sem que, entretanto, o gosto do ouvinte exercesse qualquer influência sobre isso. Mas, mesmo sob as atuais condições de concentração de poder da indústria cultural, essa concepção seria demasiadamente simples. Por certo, a prática de execução pelo rádio e pelo gramofone é uma condição necessária para que um *hit* se torne um *hit*; aquilo que sequer obtém a chance de atingir um amplo círculo de ouvintes dificilmente será favorecido por eles. No entanto, essa condição necessária está longe de ser suficiente. Em primeiro lugar, para que os *hits* tenham êxito, eles devem satisfazer, em linhas gerais, as regras do jogo que se acha atuante **215** // no momento. Erros técnico-compositivos são, aqui, pouco

Introdução à sociologia da música

eficazes em termos explicativos; embora possivelmente se elimine todo material cujo hábito termine por conflitar, de saída, com aquilo que é atualmente tido por habitual; sobretudo, o que pertence com nitidez a uma moda que se declara *passé*, ou, então, aquilo que utiliza meios essencialmente mais modernos que os totalmente usuais. Por mais que as modas normativas sejam previamente manipuladas, elas tendem, porém, a se converter nos modos de reação do público, medindo-se com rapidez e quase de maneira espontânea com aquilo que é imposto a este último, talvez porque na insistência sobre os *standards* da moda imagina-se possuir uma espécie de resto de liberdade de decisão. Mas, como se não bastasse, também há nos *hits*, ou seja, na música que mal pode pretender-se arte, uma espécie de qualidade específica, de difícil descrição e que é honrada pelos ouvintes. Os chamados *evergreens*, *hits* que parecem não envelhecer e que sobrevivem às modas, atestam a existência da mencionada qualidade; valeria a pena tentar acompanhar a história de tais *evergreens* e demonstrar até que nível foram engendrados pela seleção da indústria cultural e até que ponto se sustentaram por si mesmos devido aos atributos que em todo caso os diferenciaram, ao longo de certos espaços de tempo, dos produtos efêmeros. É claro que sua durabilidade, explorada pela indústria cultural, assenta-se de início no primado do efeito sobre o objeto na esfera global. Aquilo que o empirismo vulgar confunde com arte é o que se coaduna com o vulgar e o leve. Se tal empirismo imagina a arte como uma *battery of tests*, como um aglomerado de estímulos dos quais só se pode inferir algo pela observação e pela preparação das reações dos sujeitos submetidos à prova [Versuchspersonen] – alguém que entenda alguma coisa sobre o assunto, mesmo que se trate de um caso especial da categoria pessoa-cobaia –, então todo *hit* é, de fato, um ordenamento experimental sociopsicológico, um esquema e um dispositivo catalisador de possíveis projeções, estímulos instintivos e *behaviours*. Os *evergreens* mobilizam, de modo incentivador, associações eróticas privadas em cada um dos indivíduos. São, por isso, tão complacentes com a fórmula universal, afinal, eles mesmos não foram nem de longe tão privados à época de seu florescimento, fundindo-se com a existência individual somente por meio da memória sentimental. De novo, o mecanismo dos // próprios *evergreens* é sinteticamente posto em marcha por um gênero específico e exaustivamente cultivado, aquele consoante aos *hits* que, na América, destacam-se como *nostalgia songs*, que mimetizam uma nostalgia de vivências passadas, irrecuperáveis, visando de maneira intencional aos consumidores que imaginam ser possível conquistar a vida que lhes foi denegada mediante a lembrança de um passado fictício. Todavia, aquela qualidade específica dos *evergreens* não deve ser irredutivelmente renegada – é sobre ela, aliás, que se assenta a teimosa pretensão de a música ligeira ser a expressão de sua época. Dever-se-ia procurá-la em um êxito paradoxal: a saber, alcançar musicalmente, e, talvez, expressivamente, algo específico que não se deixa confundir com um material desgastado e nivelado por completo. Em tais produtos, o idioma transforma-se em outra natureza, possibilitando algo análogo à espontaneidade, à inspiração e ao imediatismo. Na América, a reificação enquanto algo dado se transmuda, às vezes sem coação, em uma aparência de humanidade e proximidade, não se tratando apenas de ilusão. Em termos sociológicos, isso permite aprender algo a propósito das músicas elevada e inferior. Na música ligeira, encontra seu refúgio uma qualidade que se perdeu na música elevada, mas

Introdução à sociologia da música

que também já lhe foi essencial e por cuja perda talvez teve de pagar um preço caro: aquela que diz respeito ao momento singular, qualitativamente diferente e relativamente autônomo no interior da totalidade. Ernst Krenek e outros artistas já aludiram ao fato de que a categoria de ideia inspiradora, que não é psicológica, mas fenomenológica, perde dignidade dentro da música elevada; tudo se passa como se, sem sabê-lo, a música inferior quisesse compensar isso. Os poucos *hits* verdadeiramente bons são uma acusação contra aquilo que a música artística perdeu ao tomar-se a si mesma como medida, mas sem que estivesse em condições de compensar arbitrariamente essa perda. Estimulam-se tentativas de viabilizar critérios independentes do *plugging* a fim de saber se algo há de se converter em *hit*. Um grêmio formado por especialistas plenamente proficientes em matéria de música que nada soubessem acerca das atuais listas de popularidade e que nem de longe pudessem estar familiarizados com o mercado teria, pois, de escutar os *hits* do momento e adivinhar quais dentre eles são os mais exitosos. A hipótese seria que eles acertariam sem grandes dificuldades. Deveriam, aí então, indicar individualmente quais são, a seu ver, as razões para tanto, sendo que // caberia ainda investigar se as *songs* sem sucesso não estariam justamente privadas de tal qualidade. Um critério análogo a esse seria, por exemplo, a utilização de curvas acústicas, plásticas — tal como no *evergreen* americano *Deep Purple* —, que permaneceram estritamente no interior do idioma aprovado. De qualquer maneira, em todas dimensões musicais pode-se encontrar algum elemento característico. Se o sistema comercial exige do compositor de *hit* algo impossível [Unvereinbares], obrigando-o a escrever algo ao mesmo tempo familiar a todos e que possa ser apreendido com facilidade, isto é, que seja igualmente diferente de tudo, então os *hits* qualitativamente exitosos são, por certo, aqueles nos quais se logrou essa quadratura do círculo, sendo que as análises penetrantes a seu respeito teriam de descrever essa façanha com precisão.

A *qualitas occulta* dos *hits* constitui um valor limítrofe dos reclames publicitários, uma qualidade na qual eles se acham embutidos e que, no caso dos *hits* mais exitosos, converteu-se em sua própria substância. Faz-se uma propaganda ininterrupta daquilo que desejam e em que se reconhecem. Isso também pode ter sido ensejado, em parte, por conta de sua ambivalência. Os *hits* se contrapõem não somente à seriedade musical como resistem secretamente aos próprios favoritos. Seu contramovimento descarrega-se na gargalhada dos fãs diante de tudo aquilo que, em sua ótica, parece envelhecido. Rapidamente, sentem os *hits* como *corny*,[8] insípida carne de vaca,[9] tal como as roupas em que as garotas sex [Sex-Bomben] eram embrulhadas há vinte ou trinta anos. Que isso lhes seja cada vez mais assegurado, eis a razão de todos reclames publicitários: fomentar incansavelmente a necessidade à qual os produtores afirmam se dobrar. Dificilmente ignoram a suspeita de que os consumidores mesmos não acreditam totalmente em seu próprio entusiasmo. E não só o *hit* individual é apreendido com uma avidez cada vez maior, mas também a inteira esfera do aparato de reclames publicitários. Nesse sentido, tal aparato procede conforme o hábito básico da indústria cultural, da afirmação da vida tal como ela é. Tautologicamente, rende-se tributo à violência social disponível e

---

8 Do inglês, é aqui sinônimo de "piegas", "sentimentalismo extremado". [N. T.]

9 Em alemão, *abgestanden-hausbacken*; com sentido figurado de "coisa assaz conhecida", "batida". [N. T.]

Introdução à sociologia da música

concentrada no seio de tal indústria. O fato de que esse gesto afirmativo permaneça inconsciente não chega a torná-lo socialmente mais inofensivo que o gesto análogo dos meios verbais de comunicação. Apenas para o olhar registrador das administrações culturais a música ligeira torna-se um ramo industrial inocente e em pé de igualdade com outros setores. Em termos objetivos, tal música é enganosa e colabora para o dilaceramento da consciência daqueles que a ela // se entregam, por mais difícil que seja medi-lo a partir de seus efeitos individuais. Que, porém, o fenômeno de massa atinente à música ligeira termine por soterrar a autonomia e o juízo independente, qualidades necessárias a uma sociedade livre – ao passo que, provavelmente, a maioria dos povos ficaria indignada com a remoção de tal música, como se indignasse com um ataque antidemocrático aos seus direitos adquiridos –, eis aí uma contradição que remete à própria condição social.

219

// Função

A função da música na atual sociedade levanta questões importantes. A música é tida como uma dentre outras artes. Ela desenvolveu a pretensão à autonomia estética ao menos durante a época que ainda é viva para a consciência atual: mesmo composições de nível mediano esperam ser compreendidas como obras de arte. Se, porém, é certo que o tipo que apreende a música apenas como entretenimento e que pouco se dedica à exigência de autonomia estética predomina largamente, eis algo que não indica nada mais senão que uma esfera quantitativamente muito relevante da suposta vida do espírito tem uma função social fundamentalmente diversa daquela que lhe cabe conforme seu sentido próprio. O aceite de que essa função seria justo a do entretenimento não basta. Caberia ainda perguntar: como algo que não sabe absolutamente o que é, seja sob a ótica da consciência, seja do ponto de vista do inconsciente, pode simplesmente entreter? O que quer dizer, afinal de contas, entretenimento? O que significa socialmente um fenômeno que, tal como é, não logra chegar à sociedade?

113

Theodor W. Adorno

Para não imputar à função, de maneira sumária, um não sentido, que decerto não se trata de velar mas que dificilmente a esgota, cumpre pensar desde logo que a incompreensão que afeta e engloba todos elementos da música ainda nos guarda algo acerca do sentido de tais elementos. Os ouvintes não se dão conta, pois, de sua própria incompreensão. Compreendem apenas alguns retalhos da trama de sentido. Assim é, por exemplo, que o idioma da tonalidade, o qual transcreve o estoque tradicional da atual música consumida, é idêntico à linguagem musical universal dos consumidores. Se estes já não conseguem discernir o que foi dito em tal linguagem, quer dizer, o conteúdo específico das obras musicais, as relações de superfície // lhes são familiares, isso na medida em que o idioma original as produz automaticamente; o flutuar na corrente idiomática substitui a realização da própria coisa, mesmo não podendo ser separado em absoluto dela, tal como na relação entre o discurso comunicativo e o discurso próprio às obras de arte literárias e dos textos realizados. Também esses momentos se contradizem sem reconciliação e se mantêm, no entanto, mutuamente ligados. *Valeurs* individuais que a música cristalizou — tais como, por exemplo, os timbres — e que deveriam atualizar as composições no plano sensível são, ao mesmo tempo, meios sensíveis de estímulo, trazendo consigo algo da qualidade culinária que é a única que a consciência extra-artística consegue degustar. Dá-se algo semelhante com aquilo que circula na linguagem corrente sob o nome de ritmo, bem como de melodia. O que da linguagem artística autônoma da música resta no espírito do tempo é uma linguagem comunicativa. Esta permite algo semelhante a uma função social. Trata-se do resto que sobra da arte, quando o momento artístico nela já se diluiu.

Introdução à sociologia da música

Se esse resto surge com tamanha facilidade e desimpedimento a partir da arte, é porque ela mesma só alcançou tardiamente a autonomia plena, sem nunca ter deixado de lado momentos heterônomos, tal como se deu, por exemplo, na prática musical medieval, que sempre trazia consigo a função disciplinar. Só é possível compreender com acerto a função da música após a perda social daquilo que a cunhava como grande música, caso não se ignore o fato de que ela nunca ascendeu totalmente a seu conceito no sentido forte do termo. A ela sempre se agregou o elemento extra-artístico dos efeitos. Sob condições sociais que já não são mais favoráveis à constituição de sua autonomia na consciência dos ouvintes, tal elemento sempre volta necessariamente à tona. Se algo como uma segunda linguagem musical de massa pode se constituir a partir dos membros dispersos dessa música, é porque a integração estética de seus elementos literalmente sensíveis e pré-artísticos sempre foi precária; haja vista que, ao longo de toda a história, tais elementos visaram escapar da enteléquia da criação[1] e desintegrar-se.

A pergunta pela função da música hoje, na escala da sociedade, diria respeito ao desempenho dessa segunda linguagem musical, // do vestígio [das Relikt] das obras de arte no lar das massas. Aqui, a música, as obras tradicionais junto ao prestígio cultural nelas acumulado, acha-se, desde logo, pura e simplesmente presente. Mediante a força de gravidade exercida por sua existência, ela também se afirma lá onde não é, em absoluto, experimentada,

---

1 Em alemão, *Entelechie des Gebildes*. A expressão refere-se, em linhas gerais, à consumação ou à atualização da forma ou arranjo de formas que, interligadas, cruzam e dão sustentação ao todo de uma criação artística. [N. T.]

e, em especial, onde a ideologia dominante impede a consciência de perceber que ela não é experimentada. Obras nitidamente incompreendidas, como a *Missa solemnis*, podem ser executadas e apreciadas ao longo dos tempos.[2] Seria excessivamente racionalista, caso se quisesse referir a atual função da música imediatamente a seu efeito, às reações dos seres humanos que a ela estão expostos. Os interesses que se encarregam de fazer com que a estes últimos seja providenciada música, bem como o peso daquilo que simplesmente aí está, são muito fortes para que pudessem se confrontar, de fato e em todos os lugares, com a necessidade; também na música a necessidade converteu-se em fachada da esfera de produção. Quando se fala da irracionalidade da música, a frase acaba por legitimar com ironia o fato de a própria oferta musical possuir seu aspecto irracional, o qual descende mais propriamente da abundância dos bens acumulados que da demanda do mercado, sendo esta última constantemente utilizada como explicação. A Sociologia conhece muitas instituições irracionais no interior de uma sociedade que se tornou radicalmente aburguesada. Aquilo que não pode ser propriamente derivado de sua função, possui, ainda assim, uma função; a presente sociedade não é capaz de se desenvolver exclusivamente a partir de seu próprio princípio, senão que precisa se amalgamar com um elemento pré-capitalista, arcaico; se ela realizasse seu próprio princípio sem as misturas heterogêneas e "não capitalistas", então suprimir-se-ia. Em uma sociedade virtual e integralmente funcionalizada, dominada de fio a pavio pelo princípio de troca, aquilo que se acha privado de função

---

2 Ver Theodor W. Adorno. *Moments musicaux*. Frankfurt, 1964, p.167. [N. E. A.]

Introdução à sociologia da música

converte-se, pois, em função de segundo grau. Na função daquilo que é desprovido de função, algo verdadeiro e algo ideológico acabam por se entrelaçar. A própria autonomia da obra de arte é trazida à luz a partir disso: na relação de efeitos da sociedade, o em si da obra de arte elaborado pelo ser humano e não comprometido com tal contexto promete algo que poderia existir, mas sem se achar desfigurado pelo lucro universal: a natureza. Ao mesmo tempo, o // lucro coloca à sua disposição aquilo que é destituído de função e o rebaixa, com isso, à figura de algo sem sentido e privado de relação. A exploração de algo em si inútil, fechado e desnecessário aos seres humanos, mas que se lhes parece o contrário disso, é a razão do fetichismo que encobre os bens culturais em geral, e, sobretudo, o bem musical. O fetichismo se afina com o conformismo. Que algo seja adorado só pelo fato de existir, eis o que se deve à submissão ao que já existe, ao inevitável. Apenas mediante adoração tal submissão se torna psiquicamente efetiva. O ato de aceitar o que existe se converteu no mais forte cimento da realidade, em substituição às ideologias tidas por representações específicas e, de resto, teoricamente legitimadoras da existência. O ponto cego [der blinde Fleck] de uma aceitação inquestionável de algo já existente e situado em seu devido lugar é uma das invariantes da sociedade burguesa. Desde Montesquieu, venera-se tal existência com o título do historicamente consumado [des historisch Gewordenen].

Ao elemento abstrato de sua mera existência como substituto de uma função transparente, corresponde um papel ideológico igualmente abstrato, a saber, o da diversão [Ablenkung]. Hoje, esta atua no funcionamento da maior parte da cultura: impedindo que os seres humanos ponderem sobre si mesmos e sobre seu mundo, iludindo-os a um só tempo com a ideia de que tal mundo está corretamente disposto, já que lhes é dado possuir uma tal abundância de coisas jubilosas. A suposta relevância da vida cultural, cuja aparência é reforçada involuntariamente por qualquer um que dela se ocupe, por mais crítico que se queira ser, sabota a consciência do essencial. Aquilo que, a propósito da função ideológica das estrelas de cinema, é tão evidente a todos a ponto do insulto contra tal função produzir um conforto coletivo, estende-se até aquelas regiões nas quais a dignidade da religião da arte, tornada uma paródia de si mesma, não suporta qualquer dúvida, lá onde se executa, por exemplo, a *Nona sinfonia*. Esse momento ideológico não é especificamente musical, mas define o espaço que a música ocupa: o do possível bate-papo. Dificilmente é possível se furtar a tal observação, haja vista a ampla difusão da crença de que problemas realmente não resolvidos e não solucionáveis seriam solucionados à medida que se conversa a seu respeito; tal crença esclarece a enchente de conversas culturais organizadas em todos os cantos. A isso se assemelha // um estado de coisas que justamente o teórico não deve minorar. Para inúmeros dos assim chamados meios culturais, discursar e ler a respeito de música parece ser cada vez mais valorizado que a própria música. Tais deformações são sintomas de algo ideologicamente normal, a saber, que a música não é de modo algum apreendida tal como ela é, em sua verdade e falsidade, mas apenas como algo que nos desobriga incontrolada e indeterminadamente do discernimento acerca do verdadeiro e do falso. Dá um ensejo inesgotável à conversação inconsequente e irresponsável. Sem pausa e sem se dar muito conta disso, inúmeras pessoas consagram muito tempo a um assunto ao qual não têm acesso.

Todavia, a mera existência da música, o poder histórico que nela se depositou e o embaraço de uma humanidade ainda na

Introdução à sociologia da música

menoridade em relação às instituições que a oprime, dificilmente explicariam, por si só, a fixação das massas e muito menos a demanda ativa. É consolador o fato de que algo esteja pura e simplesmente aí, sem *raison d'être*, e, além disso, de que tudo exista com vistas a algo, de sorte que, dentre as atuais funções da música, a função de consolo, o assentimento anônimo da comunidade solitária, decerto não se destaca como uma das funções mais baixas. Seu som sugere uma voz do coletivo que ainda não deixou os membros coagidos totalmente desamparados. A esta altura, porém, voltando-se zelosamente em direção aos seres humanos com um formato extraestético, a música regride a formas mais antigas e pré-burguesas, rumo àquelas que, em todo caso, já haviam precedido seu cultivo como arte. Se tais elementos ainda exercem factualmente seu efeito, eis algo que é difícil de comprovar; por certo, eles são atestados pela ideologia da música, sendo que isso basta para que aqueles que reagem no âmbito de validade da ideologia acreditem nisso, inclusive a contrapelo da aparência auditiva. Consideram a música apenas como promotora de alegria, independentemente do fato de que a música artística avançada tenha, há anos-luz, se distanciado da expressão de uma alegria que se mostrou realmente inatingível, de modo que o próprio Schubert, qual o herói de sua peça *Dreimäderlhaus*, pôde perguntar se havia, em geral, alguma música alegre. Quem assim canta para si, presumem eles, manifesta satisfação; seu gesto seria o da cabeça erguida; o próprio som seria sempre a negação do luto enquanto o que é mudo, // quando, justamente nele,[3] o luto que se esvaía sempre terminava, ao mesmo tempo, por se expressar. A positi-

---

3 Em Schubert, no caso. [N. T.]

vidade primitiva, centenas de vezes quebrada e negada pela música artística, ascende uma vez mais à função da música; não é à toa que a música consumida preferencialmente é aquela relativa à esfera da música de entretenimento, completamente afinada com o tom do que é divertido; nela, a tonalidade menor é um tempero usado com parcimônia. Como clichê, ela não tenciona apenas conferir à música a porção necessária de uma tristeza da existência que nem mesmo o ser mais tolo poderia negar, de sorte que o reconforto coletivo obtenha seu pano de fundo. A tonalidade menor, sobretudo na calculada música popular de atitude nacionalista, fornece algo mais que deveria ser examinado com profundidade. Como uma espécie de dote, a tonalidade menor fornece ao sistema o antigo tremor exorcizado pela racionalidade do próprio sistema. De certa forma, ele faz as vezes de pelo ouriçado e cabelos em pé em canções tais como a de *Rolandsbogen*, quando se acentua *Rhein* em *Die Wacht am Rhein* bem como em exortações fascistas tais como *Volk ans Gewehr* [Povo, às armas]. Exaltações que beiram o entusiasmo irracional pela própria morte são exercitadas mecanicamente com meios comprovados. Na esfera da música de entretenimento, os mecanismos arcaicos são controlados e socializados de ponta a ponta. Na maior parte das vezes, o assunto decai em seu aspecto mais pobre e insignificante, degringolando na alegria impassível. Quer levar a crer àqueles que com ela se identificam que são igualmente felizes. Imaterial, a música não pode identificar-se univocamente com nenhum dos momentos do mundo exterior, mas, ao mesmo tempo, acha-se extremamente articulada e determinada em si mesma, e, com isso, torna-se uma vez mais algo comensurável em relação ao mundo exterior e à realidade social, ainda que seja veiculada dessa forma. É uma lingua-

Introdução à sociologia da música

gem, mas sem conceitos. Sua determinação serve de modelo de conduta coletivo e disciplinar; sua falta de conceito não deixa que apareçam questões indesejáveis acerca de seu porquê. Mas o caráter daquilo que consola, que impele à interdição da cega e mítica relação natural, o qual é atribuído à música desde os contos de Orfeu e Amphion, acha-se à base da concepção teológica da música, consoante a uma linguagem dos anjos. Essa concepção continuou atuando profundamente até a música artística autônoma, cujos modos de comportamento secularizaram tal representação em uma proporção nada desprezível. **225** Quando a função da música de consumo // arvora-se em uma insípida afirmação da vida, própria aos anúncios de casamento e que nunca é assombrada pela lembrança do mal ou da morte, então isso significa que completou a secularização da mencionada concepção teológica e se converteu, de imediato, em seu reflexo cínico e invertido: a vida terrena é igualada a uma vida sem sofrimento; duplamente desoladora, haja vista que essa igualdade nada mais é que uma repetição cíclica e reprimida no último olhar lançado sobre aquilo que seria diferente. Justamente porque a música da afirmação absoluta exerce seu escárnio sobre aquilo que poderia ser sua verdadeira ideia, ela se mostra, pois, tão aviltante; como uma mentira acerca daquilo que existe, a possessão diabólica de uma transcendência que em nada difere daquilo que ela conta superar. Fundamentalmente, sua atual função é deste tipo, qual seja, a de ser um mero setor do generalizado reclame publicitário em prol de um mundo que carece tanto mais dela quanto menos as pessoas esclarecidas confiam internamente na positividade do que existe. A música está predestinada a essa função, porque não se deixa fixar tão facilmente como, por exemplo, as toscas falsificações da realidade no cinema ou nas novelas de revista; a ideologia foge ao controle do desvelamento cético. A vontade consciente administra a distribuição de tal ideologia, mas dificilmente a própria ideologia. Ela é, antes, o reflexo objetivo de uma sociedade que, para se eternizar, não consegue fiar-se em nada melhor que a tautologia conforme a qual ela estaria, segundo o seu jargão, em ordem. Enquanto ideologia, a música tem sua fórmula em uma metáfora que espera ilustrar da melhor maneira possível a alegria por meio de uma relação com a própria música: o céu pende prenhes violinos [der Himmel hängt voller Geigen]. Isto surgiu a partir da linguagem dos anjos, de seu incriado e imutável ser-em-si platônico: o estímulo do inescrutável deleite daqueles nos quais tal linguagem se deságua. Mas a alegria que a música irrompe não é simplesmente aquela dos indivíduos senão a de muitos e milhares, representando a voz da sociedade como um todo que rejeita e abraça o indivíduo. De onde vem o som, a fonte da música, ali reage o pré-consciente; lá ocorre algo, lá se encontra a vida. Quanto menos os próprios sujeitos se sentem vivos, mais felizes ficam com a ilusão de estar ali onde se convencem de que estão vivendo a vida dos outros. O ruído e a barulheira da música de entretenimento simulam com festividade circunstâncias excepcionais; // um dos filmes musicais alemães mais exitosos leva o título ingenuamente canhestro *Foi uma ruidosa noite de baile* [Es war eine rauschende Ballnacht]. O "nós", instituído em toda música a várias vozes como um *a priori* de seu próprio sentido, a objetividade coletiva do próprio objeto, converte-se em um meio de angariar consumidores. Assim como crianças correm em direção a algo, também correm os tipos regredidos atrás da música; o apelo da música militar, que se estende muito além de qualquer atitude política, é a drástica evidência dessa função. Assim é, por exemplo, que o orquestrião[4] retumba num local vazio a fim de atrair os iniciantes mediante a dissimulação de uma atividade que já se encontraria em curso. A música, como função social, assemelha-se então ao embuste, à falsa promessa de felicidade que se instala no lugar da felicidade mesma. Mesmo na regressão rumo ao inconsciente, a música funcional concede ao *Isso* [Es] a que se dirige uma mera satisfação compensatória. As obras de Wagner, as primeiras que visaram uma função embriagante de grande estilo e nas quais Nietzsche descobriu a música como ideologia do inconsciente, esconjuram um pessimismo que desde Schopenhauer se colocava à sociedade de modo ambíguo e que se atenuou não por acaso no Wagner tardio; mas a embriaguez ordenada da música de consumo não tem mais nada a ver com o Nirvana. Ela entoa de maneira monótona o refrão "Beba, irmãozinho, beba", conforme a tradição daquela jovialidade etílica à qual tudo permanece organizado da melhor maneira possível, desde que se evite a preocupação e a dor, como se isto estivesse ao alcance do poder da vontade, que apenas através disto se nega o ato de prescrever a si mesma uma certa disposição de espírito. Sob esse aspecto, ninguém pode ajudá-la tanto quanto a música. Sua função foi talhada aos moldes do comportamento daqueles aos quais ninguém dirige a palavra; aqueles que, tal como se costuma dizer dos pobres, não possuem qualquer discurso [Ansprache]. A música transforma-se em

---

4 Em alemão, *Orchestrion*. Inventado no século XIX a partir da estrutura do órgão automático e utilizado, em geral, para animar salões de bailes, cafés etc., o orquestrião contava reproduzir simultaneamente vários instrumentos — como, por exemplo, címbalos, castanholas e tambores. [N. T.]

consolo mediante o puro pleonasmo com o qual interrompe o silenciar.

Determinada com mais precisão, a gritaria desponta como triunfo: sugere intensidade, poder e domínio. Identificar-se com ela compensa a derrocada universal, identificação que consiste na lei vital de todo indivíduo. Assim como pobres mulheres idosas choram no casamento de uma pessoa desconhecida, a música de consumo é, para todo mundo, o casamento eterno de estranhos. Ao mesmo tempo, é disciplinar. Oferece-se como algo irresistível e não deixa, por assim dizer, nenhum espaço para outros modos de comportamento // a não ser àquele a qual se adere, não aquiescendo com os que se mostram desgostosos. Em muitos casos, a música de consumo já antecipa, juntamente com seu êxito, o canto de vitória sobre quaisquer proezas não realizadas. Daí, os títulos de filme acintosamente instrumentalizados que tão amiúde parecem anunciar-se de modo espalhafatoso; "prestai atenção como aquilo que vereis agora é tão majestoso, radiante e colorido como eu; agradecei, aplaudi e comprai", eis o esquema da música de consumo inclusive lá, onde os rendimentos sobre os quais o arco do triunfo é erguido estão aquém do esperado. Ao mesmo tempo, tal música faz propaganda de si mesma, sendo que sua função se alterna com aquela dos reclames. Ocupa o lugar da utopia que ela mesma promete. Ao orbitar em torno dos seres humanos, ela os abraça — tal como se dá no fenômeno acústico — e, de ouvintes, converte-os em partícipes, contribuindo ideologicamente com aquilo que a moderna sociedade não se cansa realmente de lograr, a saber, a integração. Entre tal sociedade e o sujeito não há, pois, espaço para nenhuma reflexão conceitual. Com isso, ela cria a ilusão do imediatismo em um mundo totalmente mediati-

Introdução à sociologia da música

zado, de proximidade entre estranhos e de calor aos que sofrem com o frio da luta sem trégua de todos contra todos. Dentre as funções da música de consumo, que sempre traz consigo a lembrança de uma linguagem da imediatez, talvez a mais importante seja aquela pela qual ela ameniza o sofrimento em meios às mediações universais, como se vivêssemos, apesar de tudo, face a face. Aquilo que a assim chamada música comunitária [Gemeinschaftsmusik] realiza programática e intencionalmente, a música apreendida irresponsável e inconscientemente leva a cabo de maneira tanto mais profunda. Isto se torna patente de modo conclusivo lá onde a reflexão acerca da função da música se tornou temática e a música se converteu em *medium* planejado: no cinema. Na disposição dramática deste último, há de se fazer uma consideração rotineira a propósito das partes, imagens e diálogos a ser aquecidos por meio da música, tal como reza o jargão. Por isso, o cinema esforça-se em geral para criar um fluxo musical que não seja, em absoluto, percebido de modo atento, mas que deve ser assimilado apenas pela economia pulsional do espectador.

Não se trata, porém, somente de aquecer, mas também de colorir. A introdução do filme em cores deve ter correspondido igualmente a uma necessidade coletiva, para, aí então, desbancar o cinema monocromático em tão ampla // medida, ainda que este último fosse, sob muitos aspectos, indiscutivelmente superior àquele. As qualidades do mundo da percepção sensível tornaram-se cada vez mais sombrias e neutralizadas mediante a troca e a onipresença das relações de equivalência. Caso as cores sejam toleradas, elas terminam por assumir, com isso, o caráter de galhofa, próprio ao vergonhoso teatro de símios das festas populares nos países turísticos. A música, graças à irrepresentabilidade, pode colorir o descolorido mundo coisificado [Dingwelt] sem ter de, ao mesmo tempo, tornar-se romanticamente suspeita, porque a cor é justificada para o bem de sua própria essência; ademais, isso poderia explicar algo acerca da preferência popular pela orquestra em relação à música de câmera. Mas mesmo que nas camadas inconscientes e pré-conscientes que a música de consumo atinge, mal se possa diferenciar estritamente a realidade interior da exterior, é provável que a associação com alardes coloridos, como por parte de povos pré e extracapitalistas, sequer seja decisiva. O que a música colore é, antes do mais, o deserto do sentido interior. É a decoração do tempo vazio. Quanto mais se dissolvem, sob as condições da produção industrial, a consciência de um contínuo temporal e o enfático conceito de experiência; quanto mais o tempo se desintegra em momentos descontínuos e semelhantes ao choque [Schock], tanto mais desprotegida e ameaçada se sente a consciência subjetiva entregue ao transcurso do tempo abstrato e físico. Também na vida de cada um este último se divorciou impiedosamente daquele *temps durée* no qual Bergson acreditou, porém, ter salvo a experiência temporal viva. A música ameniza o pressentimento disso. Com razão, Bergson contrastou o *temps espace* com a duração. O caráter ofuscante e sem estrutura do tempo abstrato — um tempo que, em rigor, já nem é mais tempo, na medida em que se contrapõe ao conteúdo da experiência como divisão mecânica de unidades estáticas e imutáveis — converte-se no contrário da duração, em uma espacialidade, tão estreito como um corredor infinitamente longo e sombrio. Se o assim chamado vazio interior é, como parece convir às jeremiadas sobre o moderno ser humano massificado, de fato a assinatura de nossa era, eis algo que provavelmente escaparia à

Introdução à sociologia da música

investigação; o que havia de semelhante a isso no passado estava a tal ponto dominado pelas instituições religiosas que poucos vestígios // foram conservados, ainda que o *taedium vitae* não tenha sido inventado no século XX. Se fosse algo realmente tão novo como desejariam os apologistas dos vínculos, então a culpa não deveria ser imputada às massas, mas à sociedade que as impeliu a isso. O sujeito que, por meio da forma de seu trabalho, foi desapropriado da relação qualitativa com a esfera do objeto, torna-se, com isso, necessariamente vazio; Goethe e Hegel sabiam que a completude interior não se deve ao ato de esquivar-se da realidade e tampouco ao isolamento, mas ao contrário disto, que a própria completude subjetiva é a forma transmudada da objetividade experimentada. Falta pouco para que se queira considerar o vazio interior como complemento da interiorização; há algo na história do protestantismo que presta testemunho disto. Mas, se o próprio vazio fosse a invariante, tal como alguns membros da sociedade gostariam de hipostasiar em relação às ontologias da morte, então a história colocou à disposição meios compensatórios para ir a seu encontro. Os antigos remédios contra o tédio prevalecem, sendo que, mesmo se fossem os piores dentre todos, não estão inclinados a continuar tolerando-o: isto contribui para a base de massa do consumo musical. O vazio torna patente uma incongruência entre estado e potencial, entre o tédio do qual os seres humanos estão sempre à mercê e a possível, mas malsucedida, instauração de uma vida na qual o tédio desapareceria. Sob os aspectos dessa base de massa também se esconde o sentimento de que a mudança real se acha interrompida. Eis o que significa o vazio: menos trabalho com uma contínua falta de liberdade; aqui, sofre-se em conformidade com o possível reprimido. O estado prévio não era melhor. O martírio do trabalho aplacou a autorreflexão que se constitui, de início, no vazio. Que este seja experienciado, isto já indica a consciência de seu contrário, ainda que censurada amiúde por ela mesma.

Mas os seres humanos temem o tempo e inventam, por isso, metafísicas temporais compensatórias, porque lhe imputam a culpa de já não se sentirem mais vivos no mundo reificado. A música dissuade-os disso. Confirma a sociedade que ela mesma entretém. A cor do sentido interno, a ilustração colorida do fluxo temporal particular assegura que, na uniformidade da comparação universal, ainda // existe o singular. Os lampiões que a música pendura no tempo do indivíduo são os substitutos daquele sentido existencial muito debatido, o qual, em vão, o indivíduo é levado a questionar assim que, exposto à existência abstrata, vê-se forçado a empreender a pergunta pelo sentido em geral. Mas, sem dúvida, a própria luz interior acha-se tolhida por aquele domínio da reificação que ela ilumina. O que espanta a angústia do tiquetaquear do tempo da paisagem da alma humana é, em verdade, a luz de neon. A ideia de que a grande música esboça, mediante sua estrutura, a imagem da plenitude do tempo, da bem-aventurada duração, ou, então, conforme as palavras de Beethoven, do instante glorioso, é parodiada pela música funcional [Funktionsmusik]: também esta vai de encontro ao tempo, mas não através dele, nem se adensando a partir de sua força ou da força temporal, o que implicaria a negação do tempo, senão que, aferrando-se a ele, suga-o qual um parasita, adornando-o. À medida que copia a pulsação cronométrica, ela mata o tempo, tal como a expressão vulgar denomina de modo inteiramente adequado; também aqui se converte na perfeita oposição daquilo que poderia ser,

Introdução à sociologia da música

justamente por lhe ser semelhante. Além disso, o pensamento do tempo tingido é, talvez, demasiado romântico. É difícil imaginar de maneira suficientemente abstrata a função da música na consciência temporal de uma humanidade capturada pelo concretismo. Na produção industrial em massa, a forma do trabalho é, virtualmente, aquela da repetição do sempre igual: de acordo com tal ideia, não ocorre absolutamente nada de novo. Mas os modos de comportamento que se formaram na esfera da produção, na linha de montagem, ampliam-se potencialmente sobre a sociedade inteira — de uma forma, aliás, ainda não analisada — até mesmo sobre setores nos quais não se trabalha, nem de longe, imediatamente segundo tais esquemas. Ante um tempo como esse, estrangulado pela repetição, a função da música se reduz a criar a ilusão, tal como se dá no *Fim de jogo*, de Beckett, de que algo ocorre e se transforma. Sua ideologia é, no sentido mais literal do termo, o *ut aliquid fieri videatur*[5]. Por meio de sua mera forma abstrata, aquela da arte temporal, ou seja, da mudança qualitativa de seus momentos sucessivos, ela produz algo similar à *imago* do vir-a-ser; mesmo em sua forma mais lamentosa, não perde essa ideia, sendo que a consciência ávida de experiência não pretende abrir mão dela.

231   // Como substituta de um acontecimento, ao qual aquele que se identifica com a música acredita participar de um modo ou de outro também sempre ativamente, a música parece devolver imaginativamente ao corpo, naqueles momentos em que a consciência popular corresponde ao ritmo, algo das funções que lhe foram realmente arrebatadas pelas máquinas; trata-se de um tipo de esfera substitutiva da motricidade física, que, de

---

5 Do latim, "para que vejam que algo está sendo feito". [N. T.]

maneira bem diferente, absorve de maneira dolorosa a desgarrada energia motora, em especial, a dos jovens. Assim, a função da música hoje não é muito diferente daquela do esporte, e, em sua evidência, tampouco menos enigmática. De fato, o tipo de ouvinte musical especializado no nível da capacidade fisicamente mensurável se aproxima do tipo fã de esporte. Penetrantes estudos sobre os *habitués* dos recintos de futebol e os ouvintes de rádio musicalmente sedentos poderiam render analogias surpreendentes. Uma hipótese acerca desse aspecto da música consumida seria a de que ela lembra aos ouvintes — quando não reflete-lhes diante do rosto — o fato de ainda possuírem um corpo; que, enquanto membros ativos e conscientes no processo racional de produção, ainda não foram totalmente apartados de seu próprio corpo. Esse consolo eles devem ao mesmo princípio mecânico que os aliena de seu corpo. Poder-se-ia ponderar a esse respeito em conluio com a teoria psicanalítica da música. De acordo com esta última, a música é um mecanismo de defesa pulsional e dinâmico. Dirige-se contra a paranoia e a mania de perseguição, contra o perigo do ser humano que se alienou qual uma mônada absoluta, desprovido de relações, cuja energia libidinal, a força de amor, é engolida pelo próprio Eu. Aquilo que a música consumida produz nele é, pois, menos a defesa contra esse comportamento de sofrimento que sua neutralização ou socialização. Não se trata tanto de dizer que a música consumida intensifica a relação perdida com aquilo que seria distinto do ser humano isolado, senão que ela, a música, fortalece este último em si mesmo, em seu encapsulamento monadológico, na *fata morgana* da plenitude interior. Ao pintar-lhe o decurso temporal subjetivo como algo pleno de sentido, sugere-lhe, ao mesmo tempo, mediante o ritual da copresença e da identifica-

Introdução à sociologia da música

ção com o poder social, que ele se acha justamente na limitação de si mesmo; e que aquilo que penetra em si próprio e se afasta da detestável realidade é igual para todos os demais seres humanos, sendo, de resto, por eles aceito // e com eles reconciliado, de sorte que, ao fim e ao cabo, o sentido consistiria precisamente nisto. O momento enganoso presente do mesmo modo na grande música, a autarquia de uma interioridade cindida entre objetividade [Gegenständlichkeit] e prática, compensada nas obras de arte por meio do conteúdo de verdade decorrente de sua renúncia à objetividade [Objektivität] unificada, acha-se, na música funcional, irrestritamente transferida à ideologia. Ela completa os seres humanos em si, para educá-los com vistas ao consenso. Com isso, está a serviço do *status quo*, que só poderia ser transformado por aqueles que, em vez de confirmarem a si mesmos e o mundo, ponderassem criticamente sobre si próprios e acerca do mundo.

Diante das demais artes tradicionais, a música é a mais condizente com esse propósito devido a algumas de suas propriedades, das quais dificilmente se pode abstrair. A diferença antropológica entre o ouvido e o olho decorre de seu respectivo papel histórico enquanto ideologia. O ouvido é passivo. O olho é coberto pela pálpebra; é preciso abri-lo. O ouvido acha-se aberto; não tem de dirigir-se tão atentamente a estímulos, senão que precisa, antes do mais, deles se proteger. A atividade do ouvido, sua atenção, cresceu provavelmente mais tarde, com a intensidade do Eu; no interior das tendências gerais de regressão, as qualidades tardias do Eu se perderam novamente em um piscar de olhos. O atrofiamento da capacidade de síntese musical, da percepção da música como trama de sentido estético, coincide com o retrocesso em direção à mencionada passivi-

Theodor W. Adorno

dade. Enquanto o olfato, sob a pressão de tabus civilizatórios, enfraqueceu-se, ou, então, sequer chegou a se desenvolver junto às massas a contento, o órgão do ouvido foi aquele que, dentre os sentidos, registrou estímulos sem esforço. Com isso, divorciou-se do esforço permanente dos outros sentidos, que se conjugam com os processos de trabalho, porque empreendem um certo trabalho. A passividade acústica torna-se o oposto do trabalho, convertendo-se na escuta de enclaves tolerados no interior do mundo racionalizado do trabalho. Enquanto nos dispensamos temporariamente da sobrecarga de trabalho dentro da sociedade totalmente socializada, ainda nos vemos como seres culturais, mesmo que, por meio de tal modo de comportamento, os bens culturais sejam inteiramente privados de seu sentido. A audição arcaica, que não se desenvolveu ao mesmo passo do processo de produção, nutre a ilusão de que o próprio mundo ainda não estaria completamente racionalizado, oferecendo inclusive um espaço ao // não controlado — a uma irracionalidade que, sem qualquer consequência às exigências civilizatórias, é por elas sancionada. Para tanto concorre, além disso, em termos antropológicos, a inobjetividade [Ungegenständlichkeit] da audição. Na experiência extraestética, os fenômenos que ela transmite não são aqueles atinentes às coisas. O ouvido tampouco estabelece uma relação diáfana com o mundo das coisas em que ocorre o trabalho útil, nem se presta ao controle deste último ou de seus desideratos. A impassibilidade de um mero mundo interior que tanto contribui para o estabelecimento de uma ideologia do inconsciente já é, no *a priori* sensual da música, pré-formado. Se aquilo que faz a música ser uma obra de arte equivale, de certa maneira, ao fato de ela ter se convertido em coisa — ou, de modo mais simples, em texto fixado —,

Introdução à sociologia da música

então desaparece justamente esse aspecto na função massificada da música radicalmente reificada; a palavra *opus*, que relembra a obra, torna-se um xingamento. Mas, hoje em dia, a relação austera com a realidade é tão pouco influenciada pela função auditiva quanto pelos sonhos diurnos e artificiais da indústria cultural ótica. Pois, os fenômenos musicais cresceram a partir de intenções: sentimentos, impulsos motores, imagens que, de súbito, surgem e desaparecem. Embora esse mundo imagético não seja objetivado no passivo ato auditivo, ele continua, ainda assim, atuante. Às escondidas e de modo imperceptível, insere-se o contrabando do mundo exterior no âmbito imaginário; ensina-se os mesmos exercícios, apenas privando-os de sua concretude, formando esquemas dinâmicos adequados àquilo que é exigido no mundo exterior. Em si mesmo, tal mundo auxilia a moral do trabalho antes mesmo de borrifá-lo sobre aqueles que se ocupam da linha de montagem. A vivacidade é executada como paradigma de virtude social, de dedicação laboriosa, de atividade e disponibilidade assídua ao *team work*. A *imagerie* na qual a música se dilacera, tão logo deixa de ser sintetizada, está *d'accord* com o aprovado e normalizado. Mas, sobre as emoções, persevera implacavelmente uma constituição global cujo princípio as asfixia e cujo caráter mortal seria evidente, desde que o indivíduo tomasse consciência dele. Que a música devolve ao indivíduo imaginativamente parte das funções corpóreas das quais ele, em realidade, foi privado; eis, no entanto, apenas uma meia verdade: as funções corpóreas que o // ritmo copia são, elas mesmas, na rigidez mecânica de sua repetição, idênticas àquelas dos processos de produção que roubaram do indivíduo suas funções corpóreas. A função da música não é ideológica apenas na medida em que simula, aos seres humanos, uma irracionalidade que não tem nenhum domínio sobre a disciplina de sua existência, mas também porque essa irracionalidade se assemelha aos paradigmas do trabalho racionalizado. Eles não se livram daquilo de que esperam fugir. O tempo livre consagrado à soneca esgota-se na mera reprodução da força de trabalho que lança sua sombra sobre tal tempo. Pode-se entrever, na música consumida, o fato de que nenhum caminho conduz para além da imanência total da sociedade.

Trata-se, nisto tudo, de ideologia no sentido próprio, quer dizer, de uma aparência socialmente necessária, e de modo algum de aparência contínua e especificamente organizada. Afora sua menor habilidade, a música de entretenimento que jorra das emissoras europeias desligadas dos interesses imediatamente comerciais, mais ou menos controladas por mãos públicas, pouco se diferencia daquilo que pulula no sistema norte-americano de rádio comercial, que, em nome dos clientes, proclama expressamente tal ideologia. Aquele que a compara com a ideologia concernente ao estilo antigo hesitará, graças à vagueza notadamente diferenciada e determinada em si mesma, em dizer que ainda se trata de ideologia. Mas, por isso mesmo, seria um erro crasso subestimar o poder ideológico da música. Quanto menos as ideologias consistem em representações concretas sobre a sociedade e quanto mais seu conteúdo específico se volatiliza, menos são impedidas de se infiltrar nas formas subjetivas de reação, as quais dormitam em uma camada psicologicamente mais profunda que o conteúdo ideológico manifesto e podem, devido a isso, suplantar o efeito deste último. A ideologia é substituída pela instrução consoante aos modos de comportamento, transformando-se, por fim, na *characteristica formalis* do indivíduo. A atual função da música se insere nessa tendência:

Introdução à sociologia da música

ela adestra o inconsciente com vistas aos reflexos condicionados. Muito se fala da desconfiança em relação à ideologia e do ceticismo da juventude. Essas categorias decerto não são acertadas, já que terminam por confundir a desilusão calejada de inúmeros indivíduos com a proba consciência sobre a coisa mesma. O véu ainda não caiu. // Mas, em contrapartida, há muita verdade na observação acerca da perda da ideologia, haja vista que as ideologias se tornam cada vez mais debilitadas e polarizadas segundo a mera duplicação do que existe; e isso, por um lado, em função de sua inexorabilidade e poder, e, por outro, em virtude da mentira arbitrariamente maquinada, imitada e incessantemente repetida. A essa ideologia residual corresponde a função predominante da música; sua idiotia planejada põe justamente a humanidade à prova daquilo que a agrada, dando mostras de quão inconsistentes e irrelevantes são os conteúdos intelectuais dela esperados. Nessa medida, tal função hoje também possui, fundamentalmente contra sua própria vontade, um aspecto de esclarecimento [Aufklärung].

O pedagogo social bem-intencionado, bem como o músico, crente de que seu assunto é um desvelamento da verdade, e não uma mera ideologia, perguntará de que modo pode fazer frente a isso. A pergunta se justifica tanto quanto sua ingenuidade. Se a função da música é efetivamente idêntica à tendência ideológica da sociedade global, então resulta inimaginável que seu espírito, assim como o espírito do poder institucional e do próprio ser humano, suporte com indulgência uma outra função pública da música. Mediante inúmeras mediações, e, em especial, aquelas relativas ao interesse econômico, demonstrar-se-á de modo irrefutável que isso deveria ser assim de uma vez por todas. Dentro dos parâmetros daquilo que existe, não seria dado deparar com um argumento convincente que não fosse, já de si, ideológico. Aquele que, em seu próprio aparato sensorial [Sensorium], tenciona obter um conceito acerca do que seria a sociedade, poderá aprender na música — com a ajuda de Deus e sabendo quais mecanismos para tanto, e, em muitos casos, sem a má vontade dos indivíduos — como o ruim também se impõe lá, onde uma consciência de algo melhor se lhe contrapõe; e quão impotente se revela tal consciência, quando não tem atrás de si mais nada a não ser o próprio conhecimento. A única coisa que se pode fazer, sem criar para si demasiadas expectativas em relação ao êxito, é enunciar o já conhecido, e, além disso, no âmbito musical especializado, trabalhar o possível a fim de que uma relação qualificada e cognoscitiva com a música se ofereça em substituição ao consumo ideológico. Contra este último já não se pode opor mais nada a não ser modelos dispersos de um relacionamento com a música, bem como uma música que fosse, ela mesma, diferente daquilo que é.

236   ## // Classes e estratos

Na medida em que a música não é uma manifestação [Erscheinung] da verdade, mas efetivamente ideologia, quer dizer, na medida em que, na forma em que é experimentada pelas populações, a música lhes encobre a realidade social, coloca-se necessariamente a pergunta de sua relação com as classes sociais. Atualmente, a aparência ideológica oculta sua existência. Quanto a isso, não é necessário sequer pensar nos interessados que almejam e lançam ideologias. Estes não faltam. Mas, ainda que sua iniciativa subjetiva entre sempre em cena, ela permanece secundária em relação ao contexto objetivo de ofuscamento. Este também cria, na música, a aparência ideológica. Na relação de troca, o que se ajusta àquilo que o espírito do mundo [Weltgeist] fez dos seres humanos termina, a um só tempo, por ludibriá-los. Enquanto fonte de falsa consciência social, a música funcional acha-se enredada no conflito social, sem o intuito de seus planejadores e sem o menor pressentimento dos consumidores.

É, pois, em torno disto que se movem as dificuldades centrais às quais, até hoje, o discernimento sociológico-musical

137

aplica-se laboriosamente. Enquanto não incluir em si a estrutura concreta da sociedade, tal discernimento continuará sendo uma mera e insignificante psicologia social. No entanto, a constituição imaterial e não conceitual da música oferece resistência a relações e identificações fixas entre a música, em suas diferentes dimensões, e as classes ou camadas. Justamente disto tirou proveito a teoria social dogmaticamente enrijecida do Leste Europeu [des Ostens]. Quanto mais enigmática é a relação entre a música e as classes específicas, mais fácil ela se deixa etiquetar. Basta apenas equiparar, por exemplo, graças à suposta proximidade com o povo, a música consumida pelas massas, voluntária ou involuntariamente, à música verdadeira, sem se preocupar com a semelhança entre a oficial música comunista, hipoteticamente socialista-realista, // e o refugo musical consoante ao romantismo tardio dos países capitalistas no fim do século XIX. É igualmente fácil apropriar-se da autoridade da célebre música do passado com vistas à própria necessidade de autoridade, sincronizando-a com o traço ditatorial da democracia popular. Com a mesma falta de espírito, a música artística avançada é insultada como algo decadente por seu funcionamento deficitário enquanto cimento social, mas sem que se adentre minimamente em sua configuração imanente; e, com a pose de uma preocupação amigável, mostra-se o chicote aos compositores individualistamente renitentes.

Investigações sobre distribuições e preferências sociais do consumo musical fornecem poucos resultados sobre o aspecto de classe. A Sociologia da Música vê-se diante da escolha entre afirmações soberanas capazes de aplicar à música o conceito de classe, mas sem legitimá-lo a não ser mediante os respectivos propósitos políticos de seus representantes, ou, então, uma pesquisa que toma por alta ciência o fato de saber, por exemplo, se donas de casa de renda média entre 35 e 40 anos preferem ouvir Tchaikovsky a Mozart e em que elas se distinguem de um grupo estatisticamente comparável de camponesas. Trata-se, aqui, em todo caso, de estratos definidos como unidades de características subjetivas. Não devem, pois, ser confundidas com a classe enquanto conceito teórico-objetivo.

Não se pode inferir nada de conclusivo sobre o sentido de classe da música a partir da origem ou da procedência social dos compositores. Tais momentos decerto podem estar em jogo — quem não pensaria em ricos pequeno-burgueses no caso de uma certa intimidade cervejeira [Biergemütlichkeit] que Richard Strauss traz à tona, no momento errado, em Micenas ou no aristocrático *dix-huitième* —, mas sua determinação se esvai facilmente na vagueza. Quem tencionasse interpretar socialmente o efeito de Strauss na época de sua fama decerto lhe associaria, com toda razão, palavras tais como indústria pesada, imperialismo e grande burguesia. De maneira inversa, há pouca música nova cujo hábito seja tão sofisticado quanto a de Ravel, embora ele tenha surgido das mais estreitas relações pequeno-burguesas.

238 Em termos diferenciais, // a origem familiar é infrutífera. A origem de Mozart era semelhante à de Beethoven; e, depois que este se mudou para Viena, passaram inclusive a comungar do mesmo *milieu*; aliás, a de Beethoven era superior ao de Mozart, que era materialmente inseguro; no que diz respeito à idade, apenas quatorze anos os separavam. Apesar disso, o clima social de Beethoven, sob o impacto de Rousseau, Kant, Fichte e Hegel, é inteiramente incompatível com o de Mozart. Poder-se-ia citar casos nos quais a afinidade é maior. Mas na busca por correspondências entre a origem social dos compositores

Theodor W. Adorno

e o pertencimento de classe viceja, com efeito, um erro básico de raciocínio. Que, na música, a assim chamada posição social em que um indivíduo se encontra não seja, em absoluto, direta e ininterruptamente transposta para a linguagem musical, eis o que não representa, nem de longe, a maior objeção contra tal abordagem. Cumpre considerar, antes de mais nada, se, sob a perspectiva do pertencimento de classe dos produtores, já chegou a existir uma vez outra coisa que a música burguesa — um problema que, diga-se de passagem, concerne de modo extraordinário à Sociologia da Arte. Nas eras feudais e absolutistas, as classes dominantes em geral não executavam por si mesmas o trabalho intelectual, cujo prestígio não era muito grande, senão que o delegavam a outrem. Faltaria investigar, justamente dentre os produtos cavaleirescos e cortesãos da Alta Idade Média, até que ponto poetas e músicos de fato eram representantes das classes às quais os cavaleiros pertenciam formalmente. Em contrapartida, a posição social do proletariado no interior da sociedade burguesa impediu, em grande medida, a produção artística dos próprios trabalhadores, bem como de seus filhos. Àquele que é educado pela escassez, o realismo não é imediatamente idêntico ao livre desenvolvimento da consciência. O que se passa na Rússia pressuporia uma análise da estratificação social, o que dificilmente seria aceito por lá. O ódio social que há milênios pesa, em especial, sobre as artes que foram associadas à aparição física do artista, como, por exemplo, o teatro, a dança e a música, reduziu bastante, em termos sociais, o círculo de pessoas no qual tais artistas se deixam recrutar. Também não foram muitos os músicos que provieram da grande burguesia. Filho de banqueiros, Mendelssohn ocupava, ao menos como judeu, uma posição extraterritorial em seu próprio estrato

239 social; a delicadeza de suas composições tem algo do // excesso de zelo próprio àquele que não foi inteiramente *reçu*[1]. À exceção dele, apenas Richard Strauss procedia, dentre os famosos compositores, de uma casta abastada. O príncipe Gesualdo da Venosa,[2] que permanece uma figura à parte sob todos os ângulos, escapa às modernas categorias sociológicas. Em geral, os compositores eram oriundos ou da classe média pequeno-burguesa ou da própria corporação dos músicos. Bach, Mozart, Beethoven, Brahms eram filhos de famílias de músicos modestos e, por vezes, amargamente pobres; o próprio Strauss era filho de um trompista, sendo que Wagner descendia de uma *bohème* parcialmente diletante da qual constava, inclusive, seu padrasto. No caso de todos eles, poder-se-ia falar, com certo exagero, que se trata de uma secularização da esfera dos artistas itinerantes. Ao que tudo indica, a produção musical foi administrada em sua maioria por pessoas que, antes de se tornarem compositores, pertenciam, já, aos chamados "agregados", aos quais a sociedade burguesa transfere, de modo geral, a tarefa de atividade artística; Händel seria exemplo típico dessa situação. Também a ele foi denegado, malgrado toda sua fama na rica Inglaterra, a segurança burguesa, de sorte que, como Mozart, tivera seus *ups and downs*[3]. Se alguém tivesse a intenção de construir uma relação entre a gênese subjetiva e o sentido social da música, então o conceito de agregado, até chegar à dependência

---

1 Do francês, "recebido", "aceito". [N. T.]
2 Compositor de madrigais e alaudista da Renascença tardia (1566-1613), célebre pelo uso amiúde e inovador de terças cromáticas — e também, diga-se de passagem, pelos mais notórios assassinatos na história da música ocidental. [N. T.]
3 Do inglês, o binômio equivale à expressão "altos e baixos". [N. T.]

do servidor, poderia ajudar a esclarecer por que a música, como um "serviço" prestado aos senhores, obedeceu durante tanto tempo e sem se revoltar a fins socialmente preordenados. A mácula da desonra, que outrora marcava os artistas itinerantes, transmudou-se em uma complacência em relação aos que davam pão aos famintos, tal como vigorava, ao menos de um modo não tão velado, na literatura; as condições de uma *marginal existence*, que durante muito tempo era obrigada a mover-se furtivamente à espreita das migalhas sobre a mesa dos senhores e que de modo algum encontrava lugar no processo de trabalho burguês regular, consistiam na determinação social específica da música na perspectiva daqueles que a criavam. Mas, até o fim do século XIX, quer dizer, na desenvolvida sociedade capitalista, os compositores ficaram anacronicamente presos a essa situação, porque suas obras, convertidas desde há muito em produtos de mercado, não lhes rendiam qualquer subsistência suficiente em função de uma legislação atrasada de direitos autorais, ainda que os teatros auferissem deles bons lucros. Tal foi, sobretudo, o destino de Wagner durante os anos de emigração. Com razão, Ernest Newman // chamou a atenção para a questão acerca de quão enganosa é a indignação em relação à extravagância e ao ímpeto festivo de Wagner. Durante anos lhe fora denegado o lucro burguês por parte da própria sociedade burguesa, lucro que as casas de ópera alemãs embolsavam sem timidez com o auxílio de *Tannhäuser*, *Lohengrin* e *O holandês voador*. Dentre os famosos compositores da cultura musical oficial, Puccini e Strauss foram provavelmente os primeiros a usufruir, do ponto de vista capitalista, plenamente de sua produção; antes deles, Rossini, Brahms e Verdi lograram, ao menos, uma vida cômoda, sendo que Rossini a conquistara graças à proteção dos Rotschild.

Introdução à sociologia da música

A sociedade controlava a música à medida que mantinha os compositores presos à corrente não tão dourada de sua coleira; a posição daquele que potencialmente exprime súplica jamais é favorável à oposição social. Por isso há tanta música festiva.

E mesmo quando nos voltamos em direção à esfera na qual seria dado reconhecer mais nitidamente uma diferenciação social da música, a saber, a instância da recepção, não conseguiremos obter uma conexão convincente entre a coisa e a função ideológica. Devido à inconsciência e pré-consciência dos efeitos musicais da maioria dos seres humanos, bem como à dificuldade em lhes fazer justiça mediante palavras, seu estudo empírico é arriscado. Contudo, poderíamos alcançar algum resultado se apresentássemos a grupos de ouvintes frases cruas que vão desde "isto muito me agrada" até "isto em nada me agrada", e, sobretudo, caso se efetuassem levantamentos sobre os hábitos de escuta dos diferentes estratos sociais em relação aos diversos programas de rádio. E, ainda que faltem documentos comprobatórios que justifiquem afirmações conclusivas, poderíamos avançar a hipótese de que a relação entre os tipos de música e a estratificação social corresponderia, em certa medida, à apreciação dominantes dos tipos e níveis musicais predominantes no clima cultural, a seu prestígio acumulado. Por conta do processo de embrutecimento a que hoje se submetem problematizações deste tipo mediante os mecanismos normatizados de sondagem, tais hipóteses também teriam de ser simplificadas até o limite de seu conteúdo verdadeiro, tal como, por exemplo: música *high brow* para a classe alta, *middle brow* para a classe média e *low brow* para a base da pirâmide social. Há de se temer o fato de que os resultados empíricos adquiridos não // iriam diferir muito entre si; basta elaborar uma espécie de hierarquia

Theodor W. Adorno

valorativa da música por um grêmio de notáveis, que de modo algum coincidisse com a autêntica qualidade, e reencontraríamos a repartição dos ouvintes. Representantes da cultura e da propriedade, que se preocupam exclusivamente com coisas culturais, regozijar-se-iam com a mensagem à humanidade contida na *Nona sinfonia* ou regalar-se-iam com as amáveis misérias das pessoas nascidas em famílias abastadas como, por exemplo, em *O cavaleiro da rosa*; ou, então, iriam correndo para Bayreuth. Pessoas de renda média, mas com consciência de classe burguesa e inclinações por aquilo que acreditam ser cultura, teriam uma melhor reação diante de um entretenimento de caráter elevado, das óperas do século XIX, das predileções padronizadas tais como as suítes de *Arlesiana* e o minueto da *Sinfonia em mi bemol maior* de Mozart, dos arranjos de Schubert, do *intermezzo* da *Caballeria* e de outros exemplos semelhantes. Descendo mais e mais, chega-se ao mal infinito, passando pela sintética e apetrechada música popular até atingir as regiões infernais do humor. Os raros que não estão à procura de entretenimento se achariam, provavelmente, dividido em tal esquema, tal como é de se esperar a partir de sua descrição tipológica.

Mas resultados deste tipo seriam de pouca utilidade para o conhecimento sociológico da relação da música com as classes. E isso, de saída, por conta de sua superficialidade. Neles se reflete, antes do mais, a oferta da indústria cultural planejada conforme estratos sociais, como se fosse possível concluir algo sobre o próprio sentido de classe dos fenômenos musicais. Seria possível pensar, inclusive, que as tendências niveladoras subjetivas na esfera do consumo vão tão longe que essa divisão tripartite já nem surja mais como algo drástico. Os escalonamentos gradativos que nela se poderiam descobrir deveriam

Introdução à sociologia da música

assemelhar-se às gradações caro e barato contrabalançadas com muita cautela pela indústria automobilística. Provavelmente, não se diferenciaria em absoluto de modo primário, mas secundário e conforme os ramos ofertados a uma consciência nivelada de maneira geral; confirmar ou enfraquecer tal aceite exigiria da pesquisa empírica demasiadas e abrangentes reflexões, bem como organizações metódicas. Que um inventário da estratificação dos hábitos de consumo contribuiria muito pouco à compreensão do vínculo entre música, ideologia // e classe, eis algo que a mais simples ponderação pode ensinar. Caso se conferisse, digamos, à alta camada conservadora e com consciência de classe uma afinidade específica com a música que lhe é ideologicamente familiar, as conclusões obtidas iriam contradizer todas as expectativas. A grande música, que aqui de fato deveria ser preferida, implica, antes do mais, de acordo com a expressão de Hegel, a consciência das misérias; em sua própria constituição formal, ainda que sublimada, ela assume a problemática da realidade à qual, de preferência, tal camada se furta. Nessa medida, a música encontrada no alto da estratificação não é mais ideológica, mas menos ideológica que aquela preferida mais abaixo. O papel ideológico desempenhado por tal música, enquanto privilégio, no lar dos privilegiados é muito distinto de seu próprio conteúdo de verdade. A Sociologia empírica burilou a dicotomia, igualmente tosca, que de bom grado qualifica a atual camada elevada como idealista, ao passo que a camada inferior continuaria perseverando em seu realismo. Mas a música puramente hedonista consumida abaixo decerto não é mais realista que a outra que vigora acima: camufla mais a realidade que esta, inclusive. Se um cientista social do Leste incorresse no erro de tomar a propensão extra-estética à música por parte dos incultos como uma inclinação não intelectual, considerando-a um mero estímulo sensual, de natureza materialista, e, portanto, conciliável com o marxismo, tratar-se-ia, aqui, de falsidade demagógica. Ainda que se aceitasse essa hipótese vulgar, permaneceria sendo verdade que, mesmo na música de entretenimento, tal estímulo acha-se antes nos custosos produtos dos hábeis arranjadores que no âmbito barato da gaita de boca e do clube de cítara. Mas na medida em que a música é, sobretudo, irremediavelmente intelectual, mesmo em seu nível mais baixo o elemento sensível não se deixa degustar em termos tão literais quanto um mocotó de vitela [Kalbshaxe]. Justamente lá onde é servida a música de maneira culinária, ela foi, de antemão, transposta ideologicamente. Disto se segue o motivo pelo qual o recurso aos hábitos de escuta permanece tão infértil para esclarecer a relação entre a música e as classes. Em sua recepção, a música mesma está apta a se tornar algo totalmente diverso, e, em verdade, possível e frequentemente, converte-se em algo distinto daquilo que, conforme a crença dominante, seria seu conteúdo inalienável. O efeito musical entra em divergência, ou, quando não, em contradição com o **243** caráter do // consumido: é isso que torna a análise do efeito tão inapropriada à compreensão do específico sentido social da música. Um modelo instrutivo disto é Chopin. Se de algum modo é possível falar, sem ser arbitrário, acerca do gesto social da música, então o gesto da música de Chopin é aristocrático: devido a um *pathos* que desdenha toda moderação prosaica, mediante um tipo de luxo do sofrimento, bem como pela evidente pressuposição de um círculo de ouvintes homogêneo e com maneiras obrigatórias. A expressão erótica nuançada de Chopin só é imaginável a partir do distanciamento diante da práxis mate-

Introdução à sociologia da música

rial; o que também vale para seu temor seletivo face ao banal no interior de um tradicionalismo que nunca foi ferido de forma sensacionalista. Senhorial é, por fim, o hábito de uma exuberância que se oferece como presente, sem esperar recompensa. À época de Chopin, tudo isso correspondia ao lugar social de seu efeito, ou seja, ao salão. Tanto é assim que, como pianista, ele se destacava menos nas salas públicas de concertos que tocando nas *soirées* da grande sociedade. Mas essa música, exclusiva na origem e na atitude, tornou-se amplamente popular em cerca de cem anos, de sorte que, ao fim e ao cabo, mediante um ou dois filmes americanos de sucesso, converteu-se em um artigo de massa. Justamente o elemento aristocrático de Chopin atraiu-o rumo à socialização. Os incontáveis milhões que murmuram a melodia da *Polonaise em lá bemol maior*, ou, então, que arranham um par de prelúdios ou noturnos despretensiosos deveriam ser vagamente incluídos entre as pessoas finas, à medida que, como intérpretes, apoderam-se do gesto de alguém notadamente seleto. Chopin, compositor de grande importância e originalidade, detentor de inconfundível sonoridade, terminou por assumir, no lar das massas, papel semelhante ao encargo visual desempenhado por Van Dyck ou Gainsborough, ou, quando não, a função – que lhe seria extremamente inadequada – daqueles escritores que desvelam a seus milhões de clientes os supostos costumes e usos das condessas. Atingindo esse nível, a função social de uma dada música, levando precisamente em conta a sua relação com as classes, pode desviar-se do sentido social que ela mesma encarna, mesmo em se tratando de um exemplo tão nítido quanto o de Chopin.

A música de Chopin marca seu horizonte social sem lhe atribuir uma classificação externa a propósito de sua origem ou do contexto de seus efeitos. Em todo caso, com um grau menor de obviedade, // isso também vale para muitas outras músicas, na medida em que se deixam apreender espontaneamente. Aquele que escuta Beethoven, e ao ouvi-lo não pressente nada da burguesia revolucionária e tampouco o eco de suas palavras de ordem, a necessidade de sua efetiva consumação ou a reivindicação daquela totalidade na qual razão e liberdade devem estar garantidas, o compreende tão pouco quanto alguém que não consegue acompanhar o conteúdo puramente musical de suas peças, ou a história interna que cruza os temas. Que tantas pessoas se desfaçam deste momento especificamente sociológico como se fosse mero ingrediente de interpretação sociológica, considerando apenas o fato concreto da partitura como o único a constituir o objeto propriamente em questão, eis algo que não se deve fundamentalmente à música, mas à neutralização da consciência. Esta blindou a experiência musical contra a experiência daquela realidade na qual a música, por mais polêmica que seja, acha-se presente e à qual ela responde. Enquanto a análise composicional ensina a deslindar os mais finos fios da trama artística[4] e a musicologia ocupa-se detidamente e com justeza das circunstâncias atinentes ao compositor e à obra, o método para decifrar, na música, seus caracteres sociais específicos permanece, em contrapartida, lamentosamente atrasado, vendo-se obrigado, em grande medida, a contentar-se com improvisações. Caso se procurasse recuperar o que se perdeu, livrando o conhecimento da música de seu tolo isolamento,

---

4 No original, *das feinste Geäder der Faktur*; expressão que, tomada ao pé da letra, poderia ser vertida por "a mais fina nervura da fatura", mas que, em termos, nossa efetividade vernacular não seria plena de sentido. [N. T.]

Introdução à sociologia da música

seria necessário desenvolver, para tanto, uma fisionomia dos tipos de expressão musical. No caso de Beethoven, por exemplo, seria de se pensar nos gestos composicionais dos inconformistas, dos refratários, num tipo de escrita [Duktus] que fizesse desfilar, por assim dizer, as boas maneiras, uma cadência sonora que levasse em consideração as convenções naquilo que elas têm de diferenciado, com seus *sforzati*, estancamentos dinâmicos, *piani* seguindo abruptamente *crescendi*. Tudo isso e muitas outras coisas veladas estariam à disposição a partir daquilo que denominei, certa ocasião, morfologia das formas musicais de Mahler; a esse respeito, no entanto, não há nada mais que alguns princípios. A consciência científica da música desdobra-se em uma tecnologia cega e em interpretações infantis, irrelevantes e poetizantes, tais como as de Schering em relação a Beethoven; o resto é vítima do gosto. Em tese, há uma infinidade de músicas que atendem por seu nome social; mas até agora desperdiçou-se a chance de fazer a mediação de tais experiências com os fatos concretos musicalmente imanentes, // eis algo que ainda serve como subterfúgio para questionar a coisa mais evidente do mundo. Para escutar o aspecto pequeno-burguês de Lortzing[5] não é necessário conhecer, antes, os textos, basta que se execute um *pout-pourri* de *Zar e carpinteiro* em um parque balneário de verão. Que em Wagner algo decisivo no *pathos* burguês de emancipação se modificou, eis o que vem à tona a partir de sua própria música, mesmo quando não refletimos sobre o pessimismo schopenhaueriano. A renúncia do paladino do *Leitmotiv* [des Leitmotivikers] ao trabalho propriamente temático-motívico,

---

5 Gustav Albert Lortzing (1801-1851), compositor e mestre de capela alemão. [N. T.]

Theodor W. Adorno

o triunfo da compulsão à repetição sobre a imaginação produtiva inerente à variação por desenvolvimento revela algo acerca da resignação de uma consciência coletiva que já não vê mais nada diante de si. A cadência sonora de Wagner torna patente a tendência social a denegar o trabalho e o esforço da própria razão em prol de uma violência impactante e convincente, bem como a revogar a liberdade, situando-a no interior da irrecuperável monotonia do ciclo natural. Justamente nele os caracteres expressivos, os expedientes técnicos e a significação social se acham tão intimamente fundidos entre si que uns podem ser inferidos dos outros. A finalidade de meu livro sobre Wagner – se me é dado falar, ao menos uma vez, de maneira direta – foi a de esboçar, ao menos, modelos da unidade concreta entre música e interpretação social, em vez de estabelecer o infrutífero paralelo entre ambas.

A música não é pura e simplesmente ideologia, mas é ideológica apenas à medida que constitui uma falsa consciência. Em virtude disso, a Sociologia da Música teria seu lugar de atuação nas fendas e brechas do acontecimento musical, desde que não sejam atribuídas unicamente à insuficiência subjetiva de um compositor particular. Ela é crítica social por meio da crítica artística. Onde a música é frágil, antinômica, mas encobre isto através da fachada da concordância em vez de apenas suportar as antinomias, ela é ideológica de fio a pavio: encarcerada ela mesma na falsa consciência. Nas interpretações que se movimentam neste horizonte, a sensibilidade da reação tem de contrabalançar a vigente falta de um método transmissível, o que, talvez, não seja algo acidental. Salta indiscutivelmente à vista que Brahms, assim como o desenvolvimento de Schumann, e, antes dele, do próprio Schubert, traga consigo a marca da // fase indivi-

Introdução à sociologia da música

dualista da sociedade burguesa. A categoria de totalidade, que em Beethoven ainda mantém a imagem de uma sociedade justa, empalidece mais e mais em Brahms, terminando por se transformar em um princípio estético e autossuficiente de organização do sentimento privado: eis o que há de acadêmico nele. Enquanto o indivíduo, ao qual sua música se retrai de modo soturno, continuar a se absolutizar de maneira falsa em relação à sociedade, sua obra decerto há de pertencer a uma falsa consciência — e, com efeito, a uma consciência a partir da qual nenhuma arte nova pode irromper sem sacrificar a si mesma. Seria bárbaro e doutrinal tecer, a partir de tal fatalidade, um veredicto sobre a música dos homens privados [des Privatiers] e, por fim, sobre toda música pretensamente subjetiva. Como substrato da expressão, a esfera privada decerto recalca, em Brahms, aquilo que poderia chamar-se dimensão pública substancial da música. Mas, em sua fase, tal instância pública já não era, ela mesmo, socialmente substancial, senão tão apenas ideologia, da qual ela nunca se liberou por inteiro durante toda a história da burguesia. A retirada artística de tal âmbito não equivale àquela mera fuga que os infatigáveis progressistas amaldiçoam de modo tão apressado e farisaico. Assim como a arte em geral, a música que se contenta com aquilo que é socialmente possível e lhe dá plena forma em si ocupa de modo primário — conforme o conteúdo de verdade social, inclusive — uma posição mais elevada do que uma música que, a partir de uma vontade social exterior ao objeto, busca ultrapassar os limites que lhe foram ditados, e que, ao buscá-lo, não obtém êxito. A música também pode-se tornar ideológica, quando, graças à sua reflexão social, assume o ponto de vista de uma consciência correta vista do exterior, mas que contradiz sua própria constituição interna e suas necessidades, e, com isso, aquilo que se lhe é dado expressar abertamente. A crítica social das relações de classe não é, sem mais, idêntica à crítica musical. A topologia social de Brahms ou de Wagner não desvaloriza nenhum dos dois. Ao assumir o ponto de vista do isolado e afastar-se de modo tristonho, ou, digamos, pesaroso, submergindo em si mesmo e no âmbito privado, Brahms nega a negação. Simplesmente não recorta a grande e totalizante problemática acerca da forma, mas a transmuda, mantendo-a de maneira firme por meio da pergunta pela possibilidade de uma // formulação concludente e suprapessoal daquilo que é pessoal. Inconscientemente, em tal pergunta se coloca também o momento da mediação social de tal privacidade. A objetivação por meio da forma manifesta o universal inclusive no privado. Sob a ótica social, a adequação da exposição é tudo em música, sendo que a mera atitude não é nada. A crítica mais elevada, que se vê finalmente obrigada a designar o momento da inverdade tanto no conteúdo de Wagner quanto no de Brahms, atinge as limitações sociais da objetivação artística, mas não lhe dita normas sobre como a música deveria ser. Nietzsche, que tinha mais faro para aspectos sociomusicais que qualquer outro, elevou-os ao ápice na medida em que, sob a égide da imagem ideal da Antiguidade, uniu a crítica do conteúdo e a crítica estética de maneira imediata. Ambas não devem, por certo, ser separadas. Também em Brahms o ideológico torna-se algo musicalmente falso, ao passo que o ponto de vista do puro ser-para-si [des reinen Fürsichseins] do sujeito ainda se acha comprometido com a linguagem formal coletiva e herdada da música, e que não é mais a linguagem consoante a tal sujeito. Nele, a fibra e a forma da música já diferem de maneira significativa entre si. Mas, por isso mesmo, em uma sociedade imutavelmente cindida, a música

Introdução à sociologia da música

não deve suplementar uma posição supraindividual mediante o passe de mágica da atitude. Ela deve entregar-se a tal processo de isolamento do sujeito lírico de modo incomparavelmente mais irrestrito que Brahms, caso pretenda, sem mentiras, entrever em tal isolamento mais que o mero aspecto individual. A correção artística da consciência socialmente falsa não se dá por meio da adaptação coletiva, mas concorrendo para que tal consciência seja a tal ponto exercitada que termine por abrir mão de toda aparência. Poderíamos dizer isso de outra forma ao afirmar que a decisão sobre se a música é ou não ideologia depende profundamente de sua complexidade técnica.

No momento atual, em que a música se acha imediatamente enredada em lutas sociais pela propaganda de partidos políticos e por medidas totalitárias, os juízos sobre o sentido de classe dos fenômenos musicais são duplamente precários. Em muitos casos, o selo que as diretrizes políticas imprimem musicalmente não têm nada a ver com a música e tampouco com seu conteúdo. Os // nacional-socialistas, por meio das relações mais disparatadas entre uma partitura esfarrapada e suas supostas implicações sociais, denunciaram como corrosiva, como bolchevismo cultural a mesma música que é acusada, na ideologia do bloco oriental, de decadência burguesa. Para uns, ela estava politicamente muito à esquerda, ao passo que outros a insultavam como um desvio rumo à direita. De modo inverso, as diferenças sociais reais de conteúdo, tanto as sociológicas quanto as composicionais, passam pelas malhas dos sistemas políticos de referência. Stravinsky e Hindemith eram igualmente malquistos pelos regimes totalitários. Em meu primeiro esboço sociomusical de maior envergadura, a dissertação *Zur gesellschaftlichen Lage der Musik* [*Sobre a posição social da música*], que, em 1932, imediatamente

Theodor W. Adorno

às vésperas da eclosão do fascismo, veio a lume na *Revista para a Pesquisa Social*, havia denominado a música de Stravinsky como pertencendo à alta burguesia e chamado de pequeno-burguesa a música de Hindemith. Essa distinção, porém, não se baseava em absoluto numa impressão imponderável e incontrolável. O neoclassicismo de Stravinsky, que, diga-se de passagem, só se desenvolveu como uma das interpretações do inteiro movimento neoclassicista por volta de 1920, não se tomou ao pé da letra, senão que apenas operou com expedientes oriundos do assim chamado passado pré-clássico com uma arbitrariedade que se autodenuncia e alienante. Ela se destaca mediante pontos de ruptura e infrações intencionais contra o tradicional idioma tonal e em contraposição à aparência segura de racionalidade. Sem respeito à santidade do indivíduo, Stravinsky colocava-se, por assim dizer, acima de si mesmo. Seu objetivismo irracional lembra o acaso ou a postura daqueles que, graças à força da qual dispõem, transgridem as regras do jogo. Ele observava as regras tonais tão pouco quanto as do mercado, ainda que a fachada, tanto aqui como acolá, permanecesse firmemente de pé. A sua soberania e liberdade juntava-se um cinismo em relação à ordem por ele próprio decretada. Isso tudo é tão alta burguesia quanto a supremacia do gosto, o qual, por fim, a um só tempo seletivo e cego, decide sozinho o que deve ser feito ou deixado de lado. Em contraposição a ele, o grande intérprete que Hindemith trouxe à baila, copiando durante décadas a fio com bravura e atitude artesanal, era sem sal. As fórmulas classicistas são **249** tomadas literalmente // para, aí então, pouco a pouco, buscar fundi-las com a linguagem tradicional de Reger, ordenando-as em um sistema de severidade ativa e dedicada. Tal sistema converge, por fim, não só para o academicismo musical, mas

Introdução à sociologia da música

também em direção à incansável positividade da tranquilidade do campo. Conforme um modelo já provado, Hindemith, que se voltou para si mesmo, se arrepende, pois, dos excessos da própria juventude. "Os sistemas", lê-se no *Dämmerung*, de Heinrich Regius,

> são para pessoas pequenas. As grandes possuem a intuição; apostam nos números que lhes ocorre. Quanto maior o capital, maior a chance de compensar intuições perdidas mediante novas intuições. As pessoas ricas não podem se dar conta de que cessam de jogar, porque se lhes acaba o dinheiro, e, quando este se vai, ainda assim, escutam que seu número é justamente o vencedor, embora já não possam fazer apostas. Suas intuições são mais confiáveis que os cálculos cansativos dos pobres, que sempre malogram por não poderem pôr-se inteira e fundamentalmente à prova.[6]

Essa fisionomia coaduna-se com a distinção entre Stravinsky e Hindemith; com tais categorias, aproximar-se-ia, em todo caso, do sentido de classe atinente à música contemporânea. Ademais, tal fisionomia deixa-se confirmar mediante o ambiente intelectual de ambos compositores, bem como pela escolha de seus textos e pelas palavras de ordem por eles veiculadas. Como *chef* de um elegante *cénacle*, Stravinsky punha à disposição, a cada momento, as mais recentes soluções e, sem impedimentos, sabia-se no mesmo auge que a *haute couture*. Mas Hindemith esforçava-se com humildade manualmente arcaizante para lograr, por volta da metade do século XX, uma composição feita "sob medida".

---

6 Heinrich Regius. Dämmerung. In: *Notizen in Deutschland*. Zurique, 1934, p.11. [N. E. A.]

Do ponto de vista sociológico-musical, isso tudo não se dá, é claro, de modo tão plausível. Grande parte da autocompreensão literária e teórica da escola de Schönberg arrasta-se, aos trancos, por trás do conteúdo crítico da música. Não só seria possível farejar facilmente elementos pequeno-burgueses em seu cabedal de representações como também cumpriria dizer que o *terminus ad quem* relativo a tal música, seu ideal, era tradicionalista e achava-se ligado à crença burguesa na autoridade e na cultura. Malgrado todo seu expressionismo, a dramaturgia do compositor teatral Schönberg continuou sendo // wagneriana até *Moisés e Aarão*. O próprio Webern, inclusive, foi guiado por um conceito tradicional e afirmativo de música: aquilo que em sua obra se afastava radicalmente da cultura burguesa permanecia-lhe tão oculto que mesmo Schönberg não queria entender por que sua ópera mais sereno-jovial, *De hoje para amanhã*, não havia obtido êxito entre o público. Tudo isso não é, com efeito, indiferente ao conteúdo social da coisa mesma. Mas, como é de se esperar, a verdade a esse respeito é frágil. Pode-se indagar, de saída, se a Sociologia da Música contemporânea emancipou-se de toda atribuição dispositiva exteriormente imposta. Dentre as pouquíssimas tentativas de infiltrar na própria música, assim como no hábito composicional, algo do sentido de classe, pode-se incluir, afora um par de compositores russos emergentes logo após a Revolução, cujos nomes, diga-se de passagem, já foram há muito enterrados ao som de triunfais sinfonias de batalha, alguns trabalhos de Hanns Eisler produzidos no final dos anos 1920 e no início dos anos 1930, e, em especial, os coros dos trabalhadores. Aqui, uma imaginação composicional real e uma formidável capacidade técnica colocaram-se a serviço de caracteres expressivos e formulações puramente musicais,

Introdução à sociologia da música

aos quais correspondem, diante de todo conteúdo e programa extramusicais, um determinado tipo de agressividade aguda e corrosiva. Essa música se acha intimamente ligada a textos ativistas; por vezes, soava imediata e concretamente polêmica; uma arte que contava ocupar sua posição de classe mediante o modo de comportamento, à semelhança de George Grosz, que colocou a capacidade formal de seu crayon às ordens de uma exacerbada crítica social. É claro que, hoje, no âmbito oriental, já não se escreve nada equivalente a isso. Valeria a pena, aliás, tentar descobrir se tais coros de trabalhadores ainda podem ser executados por lá. A música de Weill, que, devido à cooperação com Brecht, chegou a orbitar em torno do mesmo campo de força, em todo caso já não tinha mais nada em comum, conforme seu próprio estilo de escrita, com aquela corrosibilidade aguda, de sorte que pôde, por isso, abrir mão facilmente dos fins com os quais se havia entusiasmando temporariamente.

Mesmo em tais casos, resta um momento de indeterminação; ainda que a música possa efetivamente apregoar algo, permanece duvidoso, porém, para que e contra quem ela toma a palavra. Kurt Weill, cuja música // produziu um efeito crítico-social de esquerda durante o período anterior ao fascismo, encontrou seguidores apócrifos no Terceiro Reich que, no mínimo, trataram de converter sua dramaturgia musical, bem como uma parte relevante do teatro épico de Brecht, em prol do coletivismo da ditadura hitlerista. Em vez de procurar a expressão musical dos pontos de vista de classe, será melhor pensar, no que diz respeito à relação da música com as classes, como a sociedade antagônica surge inteiramente em toda espécie de música, não tanto na linguagem pela qual ela fala, mas, sobretudo, na sua constituição formal interna. Um critério de verdade da música consiste em

157

descobrir se ela mascara os antagonismos que alcançam até a relação com o ouvinte, enredando-se, com isso, em contradições estéticas tanto mais desesperadoras; ou, então, se ela, por sua própria textura, se coloca diante da experiência do antagonismo. As tensões intramusicais são manifestações, inconscientes de si mesmas, das tensões sociais. Desde a Revolução Industrial, a música inteira sofre com a não conciliação entre o universal e o particular, com o hiato entre suas formas herdadas e totalizantes e aquilo que nelas se dá de modo especificamente musical. Isso impeliu, por fim, à deposição dos esquemas, ou seja, à nova música. Nela, a tendência social converte-se em sonoridade. A divergência entre os interesses gerais e individuais dá-se a conhecer musicalmente, ao passo que a ideologia oficial apregoa a harmonia entre ambas. Como toda autêntica arte, a música autêntica é o criptograma da contradição irreconciliável entre o destino do ser humano individual e sua determinação humana, bem como a exposição, sempre questionável, da relação entre os antagônicos interesses individuais e uma totalidade dada, e, finalmente, da esperança de uma reconciliação real. Diante disso, os momentos de estratificação social que tingem as músicas isoladas são secundários. A música tem algo a ver com as classes, desde que nela a relação de classe se deixe imprimir *in toto*. Perante aquela manifestação do que há de essencial, os pontos de vista acolhidos pelo idioma musical permanecem meros epifenômenos. Quanto maior a pureza e intensidade com que o antagonismo é captado, i. e., quão mais profundamente ele se acha afigurado, tanto menos a música é ideologia e tão mais correta é enquanto consciência objetiva. // Se aqui nos fosse objetado que a própria configuração é reconciliação e, nessa medida, ideológica, roçar-se-ia, com isso, na ferida da arte

Introdução à sociologia da música

em geral. Mas, assim, a configuração apenas faz jus à realidade, tal como a totalidade organizada e diferenciada encontra sua ideia na configuração, prestando testemunho de que, mesmo com todo sacrifício e penúria, a vida da humanidade ainda se mantém. Isso se deu a conhecer, no ardor do início da era burguesa, por meio do humor de Haydn, que ri do curso do mundo enquanto mecânica alienada, enquanto lhe afirma através de seu riso. Por meio de uma quitação anti-ideológica dos conflitos e mediante um comportamento de reconhecimento que nem de longe pressente aquilo que reconhece, a grande música assume sua posição nas lutas sociais: por meio do Esclarecimento, e não em virtude de ela mesma se enfileirar, como se costuma dizer, em uma ideologia. Do ponto de vista histórico, justamente o conteúdo de seus posicionamentos ideológicos manifestos revela-se frágil; o *pathos* beethoveniano da humanidade, entendido criticamente e situado em seu devido lugar, pode ser rebaixado a um ritual festivo em louvor ao existente tal como ele é. Esta mudança de função rendeu a Beethoven a posição de clássico da qual ele teria de ser salvo.

Tentativas de decifração social do conteúdo central da música jamais se colocarão suficientemente em guarda. Apenas com truculência, ou, então, apenas uma vez ou outra poderão identificar musicalmente, em Mozart, momentos antagônicos, mesmo que em sua música reverbere de modo tão nítido a aliança entre o tardio absolutismo esclarecido e a burguesia – algo, aliás, profundamente aparentado com Goethe. Do ponto de vista social, a violência com que sua música se remete a si mesma equivale, antes do mais, ao distanciamento da empiria. O poder ameaçadoramente opressor da economia desenfreada sedimenta-se, pois, em sua forma, de sorte que esta última, como se

Theodor W. Adorno

temesse perder-se a si mesma tão logo estabelecesse qualquer contato, mantém longe de si, em banimento, a vida rebaixada, sem, porém, simular outro conteúdo para além daquele que está apta a realizar humanamente por seus próprios meios: sem romantismo. Dentre as tarefas concernentes à interpretação social da música, a de Mozart seria a mais difícil e penetrante. Mas, caso se trate de situar a compleição social da música em **253** sua // interioridade, bem como nas relações de efeito entre ela e a sociedade – o que, já de si, comporta implicações ulteriores –, também não se imaginará ser possível fugir, mediante uma espécie de adaptação social, àquilo que constitui a falsa consciência na música. Tal adaptação apenas multiplica a intercambialidade geral e, com isso, o socialmente nocivo. Aquilo, porém, que permanece inalcançável à música mais íntegra poder-se-ia esperar tão somente de uma melhor organização da sociedade, e não de um serviço prestado aos clientes. O fim da música como ideologia seria, antes de mais nada, o fim da sociedade antagônica. No que se refere à constelação formada pela música e pelas classes sociais, já não empregaria, em 1962, as mesmas formulações de que me servira há trinta anos, mas, ainda assim, assentiria com as frases que, à época, escrevi na mencionada dissertação da *Revista para a Pesquisa Social*. Elas diziam:

> Aqui e hoje, a música não está apta a efetuar mais nada a não ser expor, em sua própria estrutura, as antinomias sociais que também são culpadas de seu isolamento. Ela será tanto melhor quanto mais profundamente for capaz de delinear, em sua forma, o poder de tais contradições e a necessidade de sua superação social; quanto mais puramente expressar, nas antinomias de sua própria linguagem formal, a penúria da condição social, exortando-nos, de resto, a

Introdução à sociologia da música

uma mudança no escrito cifrado do sofrimento. Não lhe ajuda em nada olhar fixamente a sociedade com horror perplexo: ela leva a cabo sua função social de maneira mais precisa, quando, fiando-se em seu próprio material e operando de acordo com suas próprias leis formais, expõe à plena luz os problemas sociais que ela contém em si própria, presentes, inclusive, nas mais íntimas células de sua técnica. A tarefa da música como arte revela, dessa forma, uma certa analogia com a tarefa da teoria social.[7]

---

7 Ver Theodor W. Adorno. Zur gesellschaftlichen Lage der Musik. In: *Zeitschrift für Sozialforschung I.* 1932, p.105. [N. E. A.]

// Ópera

As ponderações que ora faço a respeito da ópera[1] não contam fornecer um esboço de sua sociologia, por mais rudimentar que esta venha a ser. De modo bem diferente, gostaria de desestabilizar um hábito de pensar que encarna, de maneira exemplar, o que há de questionável na consideração sociológica irrefletida: o aceite de que o estatuto estético das formas e dos construtos musicais encontram-se, sem mais, em plena harmonia com sua função social. Em vez disso, a recepção dos construtos musicais pode afastar-se de sua origem e sentido sociais a ponto de ruptura.

Não se pode decidir a propósito da qualidade de uma música, tal como pretende o clichê sociológico vulgar e afeiçoado à comunidade, em virtude de ela lograr ou não, aqui e agora ou em qualquer momento, uma extensa recepção, assim como haveria pouca coisa a ser moralizada na função social da música inferior enquanto ainda perdurarem a constituição da sociedade e as

---

1 Ver, a esse propósito, Theodor W. Adorno. *Klangfiguren*. Berlim/ Frankfurt a. M., 1959, p.32. [N. E. A.]

poderosas instâncias que impõem tal música aos seres humanos, i. e., enquanto continuar a existir uma condição na qual os homens precisem dela com vistas ao chamado relaxamento. Na posição que a ópera ocupa na atual vida musical pode-se, pois, estudar concretamente as divergências entre o objeto estético e seu respectivo destino social.

Tanto sob o aspecto musical quanto estético é impossível renunciar à impressão de que a forma operística caduca. Quando se falava, por ocasião da grande crise financeira do fim dos anos 1920 e início dos anos 1930, sobre uma crise da ópera, bem como de uma crise geral, associava-se, sem muitas contextualizações, o mal-estar dos compositores ao escrever óperas ou dramas musicais à maneira de Wagner e Strauss à paralisação de um público economicamente abatido. E com razão. Há // trinta anos, o que induzia ao juízo de que a ópera seria *passé* não era apenas o sentimento de tédio em relação a seu mundo formal e a produtos dramático-musicais tardios tais como os de Schreker, que, à luz dos desenvolvimentos musicais, já soavam antiquados no período em que estavam em voga. Na verdade, começava a raiar a concepção de que a ópera, segundo seu estilo, substância e postura, já não mais teria nada a ver com aqueles aos quais ela se endereçava, mesmo quando sua forma externamente pretensiosa tencionava justificar os gastos dispendiosos que exigia. À época, o público já não se julgava capaz de acatar as consequências antirracionalistas e antirrealistas que a estilização da ópera requeria. Para um senso comum treinado a reparar se, no cinema, todo aparelho telefônico e todo uniforme são autênticos, parecia-lhe absurdo, ao que tudo indica, o elemento inverossímil que era apresentado em cada ópera, embora esta tivesse um maquinista como herói. A ópera parecia estar

Introdução à sociologia da música

relegada aos especialistas, assim como o balé aos balemaníacos [Ballettomanen] – o balé, que nunca foi algo externo à ópera, a ponto de esta conservar daquele elementos importantes, como a gestualidade musicalmente acompanhada, mesmo depois de Wagner ter rejeitado os intermédios dançantes. Que o inteiro repertório de ópera na América tenha-se reduzido a pouco mais de quinze títulos, dentre os quais *Lucia di Lammermoor*, de Donizetti, eis o que apenas serviu para confirmar sua petrificação.

Seu sintoma mais patente era a aversão do público à música moderna na ópera. *O cavaleiro da rosa* foi e continua sendo a última obra do gênero que conquistou uma ampla popularidade e, a um só tempo, ao menos superficialmente, atendeu ao padrão dos meios composicionais em uso nos anos de seu surgimento. Mesmo o prestígio extraordinário de Strauss não bastou para prover a qualquer uma de suas óperas tardias de um êxito parecido, tanto à *Ariadne*, genial em termos de sua dramaturgia, quanto à sua ópera predileta, *A mulher sem sombra*. Em verdade, o declínio de Strauss começa com *O cavaleiro da rosa*. Os conhecidos deslizes no trato com o texto executados pelo compositor manifestam apenas visivelmente a desgraça no interior da música. Mal chegou a compreender corretamente o poema de Hofmannsthal e, em que pese todos os méritos da bem-sucedida // direção cênica da ação, tornou-a desmesuradamente grosseira. Mas, afinal de contas, que tipo de *chef d'oeuvre*[2] cênico é este que compõe a música ao largo do tema principal? A culpa não era, por certo, da incapacidade de Strauss. Ele estava preocupado com o público, com o sucesso, que, à época, só se deixava alcançar na medida em que a própria força produtiva

---

2 Do francês, "obra-prima". [N. T.]

165

era obstaculizada. Não só o dueto final é uma concessão, senão que o inteiro *O cavaleiro da rosa* termina por capitular. Não é por acaso que, na correspondência que antecede a magnífica comédia musical, surja o nome de Lehár. Strauss não se iludia. Suas mais importantes obras cênicas, *Salomé* e *Elektra*, não foram bem recebidas. Ele não procurou dizer *quand même*, apenas se deu por vencido. Ainda que possamos imputar a atitude de conivência, atitude que o próprio gênio de Strauss já havia denegado alguns anos antes, sua decisão – pois era bem de uma decisão que se tratava– estava enraizada no contrassenso de uma ópera sem público. Pois, suas próprias curvas necessariamente contém, em si mesmas, algo análogo ao movimento emocional de uma massa ouvinte. Todavia, depois de *Ariadne*, que obedecia silenciosamente à carta de capitulação, tudo o que Strauss escreveu para o teatro cedeu à pressão de copiar, com decoro, esse último instante de sucesso. Com isso, Strauss petrificou-se tal como o imperador em *A mulher sem sombra*. A adaptação ao público custou-lhe, a bem dizer, a benevolência deste último. As tiras musicais que acompanham avidamente a ação não podiam, porém, em termos de atratividade, concorrer com o cinema falado, ao qual, não raro, assemelham-se involuntariamente.

Aquilo que, desde meados de 1910, é tido em contrapartida por produção de teatro musical afasta-se, pois, do cânon da ópera e do drama musical, deixando-se transviar, por assim dizer, pela agulha imantada de uma bússola. As duas concisas obras cênicas do Schönberg expressionista, ambas com menos de meia hora de duração, e, por isso, desobrigadas das incumbências tradicionais próprias a uma opulenta tarde teatral, traziam os subtítulos de *Monodrama* e *Espetáculo com música*. Em uma delas, canta apenas uma mulher, de sorte que, sem a antítese dramática de outras vo-

Introdução à sociologia da música

zes, a ação externa mostra-se rudimentar. Na segunda obra, eram
257 cantados apenas sons individuais, // declamando-se, de resto,
algumas poucas palavras. Toda *A mão feliz* é um ato expressionista
mudo cuja lei formal, instituindo uma sequência de imagens
cada vez mais impactantes, tinha muito pouco em comum com
a lei formal da pantomima. Aqui, havia tão pouca consideração
pelo público quanto relação com o repertório normal; de antemão, esta havia sido rechaçada. Mesmo quando Schönberg procurou causar efeito com a ópera cômica *De hoje para amanhã*, tal
efeito lhe permaneceu denegado, para sua honra, em virtude da
complexidade e da violência obscura da música, apesar de todas
as agudezas e alusões jocosas. A antinomia entre ópera e público
converteu-se na vitória da composição sobre a ópera. Passando
ao largo de sua obra de juventude *O rouxinol*, também Stravinsky
evitou a ópera e o drama musical, considerando-os obsoletos.
Apenas por ter sido capaz de vincular-se à tradição do balé russo
sua relação com o público amenizou-se. Mas o mais decisivo, a
saber, a identificação do ouvinte com as emoções cantadas, achava-se cindido. Ele ajudou a destruir o teatro musical não menos
que *Erwartung* e *A mão feliz.* Na *História do soldado*, o narrador da
ação separa-se de sua exibição mímica, sendo que, em *Renard*, os
atores separam-se do próprio canto; o mecanismo de identificação é posto à prova de modo tão abrupto quanto, mais tarde,
na teoria de Brecht. *The Rake's progress*, obra tardia de Stravinsky,
pouco contribuiu para devolvê-lo à ópera. É um pastiche, uma
imitação que desmantela as convenções desacreditadas e que
se desenrola tão à margem destas últimas quanto seus balés
mais vanguardistas, despindo-se de todo efeito de ingenuidade.

   As óperas de Berg, em especial, *Wozzeck*, são literalmente
exceções que confirmam a regra. O contato entre elas e o pú-

167

Theodor W. Adorno

blico assenta-se em um instante que nelas adquiriu uma certa constância e que não pode, sem mais, ser interpretado como uma atualização do gênero em termos globais. O sucesso que *Wozzeck* logrou no teatro decorreu, de saída, da própria escolha do texto. O rancor explorou isto magnificamente. Mas a música exige tanto por parte do ouvinte, tendo sido apreendida como algo tão excessivo em sua estreia em 1925, que só o texto, o qual podia ser desfrutado de modo mais agradável sob a forma de uma fala teatral, não teria bastado para dominar o relutante público. O que se sentiu foi a constelação que vigorava entre o livro // e a música, esse momento propriamente sintomático em sua relação com a apreciação condenatória. Ademais, o efeito e a autoridade sociais de uma música de forma alguma equivalem, de maneira imediata, à sua respectiva compreensão. Pode-se imaginar que, em *Wozzeck* – à semelhança do que ocorrerá na execução dos dois atos da ópera sobre Moisés de Schönberg, 25 anos mais tarde –, nem os detalhes nem a relação estrutural foram completamente compreendidas, embora a força composicional, em função do fenômeno que ela produziu, tenha se feito entender a um grupo de ouvintes cujos ouvidos não eram capazes de dar conta, no detalhe, do que escutavam. Isto descerra uma perspectiva na qual a divergência, primariamente inegável, entre a nova música e a sociedade já não se apresenta como algo absoluto. Por meio da rigidez de um construto que não é imediatamente nítido ao público, a qualidade é capaz de impeli-lo para além do âmbito de uma compreensão previamente assegurada. Isto tem a ver com o fato de que, sobretudo à luz dos desenvolvimentos artísticos mais recentes, a questão da compreensibilidade das próprias obras se coloca de maneira inovadora. Conforme uma observação que decerto é difícil de

Introdução à sociologia da música

se verificar, também há diferentes camadas na recepção de construtos musicais: uma em que a aclamação pública é sinal de um agradecimento sem real engajamento com a amistosa adaptação àquilo que é desejado, e, outra, uma camada que confirma o nível das obras, mesmo lá onde a comunicação é deficiente. Esse último tipo de êxito tem algo de frágil e espinhoso. Hoje, isso não pode ser considerado à parte, enquanto o próprio objeto em questão depõe contra a sociedade e em prol desta necessidade objetivamente velada. O público não é consciente dessas nuances. No entanto, seria injusto e impróprio eliminar, por isso, sua capacidade latente de diferenciar. Mesmo os mais ineptos sabem, nos recônditos de sua alma, o que é verdadeiro e o que não é. Como explosões, as obras de grande dignidade libertam esse saber inconsciente e sobrecarregado por ideologias e pelos hábitos dos consumidores.

A poesia de Büchner é do mais alto nível e incomparavelmente mais elevada que todos os textos que até então foram musicados; superior, inclusive, aos chamados libretos de literatura, tal como Pfitzner denominava-os com mordacidade. A escolha do texto coincidiu precisamente com o instante em que o manuscrito descoberto por Franzos causava grande comoção mediante relevantes execuções, que suplantavam // toda maculatura [Makulatur] da dramaturgia alemã aprovada no século XIX. Ao mesmo tempo, a composição era um monumento a uma salvação histórico-filosófica. Mas as próprias cenas que Berg dispôs musicalmente de modo admirável pareciam estar predestinadas a ir ao encontro da música. O drama de vários andares [mehrstöckige], por assim dizer, destila um mundo imagético e objetivo a partir da linguagem de Psicologia Clínica de um insano com mania de perseguição; onde as fantasias deli-

169

Theodor W. Adorno

rantes se transmudam em desimpedida palavra poética, elas terminam por ocultar um vazio dentro de si mesmas. Esse fundo oco passa a esperar algo da música, que, por sua vez, livra-se da camada psicológica. Com infalível segurança, Berg reconheceu e ocupou tal espaço. Tendo como ponto de partida os impulsos dos protagonistas com os quais a música se identifica, *Wozzeck* constitui um drama musical; ele vai, porém, além da forma, que ele faz resplandecer pela última vez por meio de um poema que vem de longa data, ao adaptar-se às palavras com uma confiança nunca antes observada. A indescritível concreção com a qual as sinuosas curvas da poesia são traçadas pela música auxilia aquela diferenciabilidade e qualidade polimórfica que conferem a esta última, uma vez mais, uma estrutura composicional autônoma, estranha ao drama musical anterior. Porque na inteira partitura não há, *grosso modo*, nenhuma inflexão que não tivesse sua estrita referência literária, logra-se, em vez de uma literatura submetida à ópera, uma concreção musical liberta até a última nota, articulada de ponta a ponta e, ao mesmo tempo, eloquente. A condição de recepção de *Wozzeck* consistia justamente no fato de ela conseguir, a um só tempo, preencher e dissolver. A consequência última da tradição revela-se, de maneira oposta, qualitativamente diferente. A ópera *Wozzeck* requenta tão pouco a tradição quanto está disposta a perder o público por meio de traços que ele poderia sentir como muito experimental, comparada ao ideal de plena significação do drama musical. Em *Lulu*, Berg levou sua intenção ainda mais adiante. Assim como nos dramas intencionalmente assustadores de Wedekind, o estilo dos anos 1890 converte-se, surrealística e imaginariamente, em atos circenses, também a música transforma-se, aqui, no gênero com o qual espera condescender. Tal como se dá em *Moisés e Aarão*,

Introdução à sociologia da música

de Schönberg, a obra *Lulu* permanece inacabada, na medida em que nela vigora uma relação semelhantemente tensa entre // o princípio estilístico do drama musical e o princípio do oratório. Isto se ajusta à história do gênero operístico. O ponto de indiferença entre aspectos inconciliáveis que marca *Wozzeck* mal se deixou repetir uma segunda vez. Que *Moisés* não tivesse ficado pronta deve-se, com efeito, a uma dúvida de Schönberg acerca da forma operística, que lhe acometeu, de imediato, após um período de desmesurada pressão composicional. A conclusão de *Lulu* foi prejudicada pelo período de produção proibitivamente longo. Ao que tudo indica, na atual situação, aquilo que é intelectualmente decisivo é condenado como fragmento. O juízo sobre a forma operística foi executado na infinitude do processo produtivo. Esta última sabotou o produto. Se Berg esclareceu enfaticamente que o pensamento acerca de uma reforma da ópera estaria muito distante de suas preocupações, com isso ele terminou revelando muito mais do que talvez quisesse dizer: a saber, que, mesmo por meio de sua grandiosa obra, a história da forma já não se prestava a nenhuma inflexão. Sua dignidade está justamente no fato de ele ter sido pressionado pela impossibilidade da forma, assim como o êxito de Karl Kraus, que em muito se aparenta a Berg, seria impensável sem a catástrofe da linguagem.

As dificuldades de Schönberg e Berg, bem como as rachaduras na massa artificialmente petrificada do *Édipo rei* de Stravinsky, não são de uma espécie meramente individual. Denunciam a crise imanente da forma. Tal crise já havia sido registrada por todos os compositores dignos de nota naquela geração, e, de modo ainda mais cabal, na geração seguinte. Aquilo que a ópera realiza daí em diante, como se nada tivesse ocorrido, por mais que se orgulhe de sua própria ingenuidade, é, de antemão, algo subalterno; se chega a obter êxito, este soa oco e efêmero. Depois de Berg, a resistência à imitação do caráter anímico na ópera tornou-se universal. A produção consciente de si mesma já não conseguia encontrar denominador comum para a exigência de autonomia de uma música que se quer livre de imagens, assim como para o desiderato da ópera segundo o qual a música deveria assemelhar-se à linguagem e constituir, de resto, uma imagem de algo diferente. As palavras ditas pelo servente no prelúdio de *Ariadne* de Hofmannsthal a propósito da "linguagem da paixão vinculada a um objeto incorreto" transformaram-se em veredicto sobre a ópera, que então é pela primeira vez subordinada à ironia por aquela concreção luzente. A partir desse centro se esclarecem todas as idiossincrasias // dos compositores vanguardistas contra a essência da ópera. Enchem-se de vergonha com um *pathos* que insiste em uma dignidade da subjetividade, à qual, em um mundo de total impotência subjetiva, já não corresponde a nenhum indivíduo; são céticos em relação à grandiosidade da *grande opéra*, em cujo conteúdo particular mormente habita, a contrapelo do delírio do poder, o elemento ideológico; desdenham o representativo em uma sociedade deformada e privada de imagens, e que já não tem nada a representar. O dito de Benjamin sobre o declínio da aura aplica-se da maneira mais precisa à ópera que a qualquer outra forma artística. A música, que submerge os acontecimentos dramáticos *a priori* em atmosferas e os engrandece, é totalmente aura. Onde quer que abdique disto de maneira abrupta, a ligação entre música e ação perde a razão de ser. O antagonismo entre essa forma de interioridade extremamente ilusória, que assim permanece mesmo quando toma de empréstimo componentes das chamadas correntes realistas, e o mundo desencantado, pa-

Introdução à sociologia da música

rece muito grande para ser ainda frutífero. Seria inútil para a produção, compreendida a problemática atual de um progresso linear do drama musical, retornar a antigas formas de ópera. Estas não foram vitimadas por uma mera mudança de estilo e tampouco, como se diz desde Riegl, por um desejo artístico modificado, mas por sua própria insuficiência. Aquilo que Wagner escreveu contra elas vale hoje tanto quanto valia outrora. A fuga em direção a uma objetividade pré-subjetiva seria subjetiva e inconsistentemente organizada, e, por isso mesmo, falsa. Teria inevitavelmente como preço o empobrecimento do elemento essencial da ópera, ou seja, da música. As tentativas de salvação por parte da vontade estilística, mesmo aquelas movidas por uma sugestiva força pública e temporária, acabam podando a configuração musical até culminar em sua anulação.

A ópera tornou-se questionável, como bem se poderia pensar, não apenas no interior das obras e por conta dos estímulos do gosto composicional progressista. Entrementes, a permanente crise operística manifestou-se como crise de representação [Darstellbarkeit] das óperas. De modo contínuo, a direção cênica tem de optar entre o tédio empoeirado, aquilo que está precariamente em conformidade com a época – e que, na maior parte das vezes, é infundido como um terceiro elemento das tendências da pintura e escultura – e o constrangedor reavivamento das obras antigas por meio de soluções cênicas que se erguem pelos próprios cabelos. Tais soluções são motivadas pelo // medo em relação aos clássicos que, embora com muita fragilidade, conseguiram preservar-se, tal como *O morcego* e *Barão cigano*, nos quais a idiotia da ação já não se deixa camuflar. Mas, de modo igualmente inútil, o diretor de ópera se aflige com o cisne de *Lohengrin* e com Samiel junto à Garganta do lobo.[3] Pois, aquilo que trata de atualizar não só carece de uma composição material, mas também de uma estrutura intelectual conforme tais requisitos. Se os elimina, os ditosos campos da objetividade não se lhe descerram, e acabam, ao contrário, caindo nas artes aplicadas. O modernismo asfixia a modernidade. Os elementos barrocos e alegóricos da forma operística, intimamente vinculados a sua origem e seu conteúdo,[4] perderam sua auréola luminosa. Nus, desprotegidos e, por vezes, dignos de escárnio, despontam como vítimas de chistes tais como aquele, muito comum no teatro, a respeito de *Lohengrin*: "Quando é a vez do próximo cisne?"

Seria então de se esperar, da geração atual, que lhes fossem insuportáveis as pessoas que procuram cantar como se tal atividade fosse algo natural e que, além disso, agem sobre o palco tal como se fazia há cem anos. É mais indispensável esclarecer por que não fogem todos da ópera do que explicar sua fuga se, de fato, eles tivessem fugido. As necessidades da moderna direção operística assentam-se, em geral, no fato de que o diretor deve tentar fazer jus a modos de reação que, conforme sua pressuposição, talvez sejam demasiadamente óbvios, mas que, no caso, vão violentamente de encontro à própria forma, cujo princípio exige a pessoa empírica estilizada com vistas ao canto. Cantores bons o bastante para o canto ornamental e até mesmo para um autor do passado mais recente tal como Wagner tornaram-se, pois, raridades. Caberia pesquisar as causas disso. Uma delas é, com efeito, a repulsa a um período de formação longo e

---

3 Referência à personagem demoníaca d'*O franco-atirador* [*Der Freischütz*], ópera de Carl Maria von Weber. [N. T.]

4 Ver Walter Benjamin. *Schriften*. v.I. Frankfurt a. M., 1955, p.336. [N. E. A.]

Introdução à sociologia da música

materialmente desvantajoso. Onde um cantor com tais qualificações é descoberto, as instituições financeiramente mais poderosas tratam, sem mais demora, de cooptá-lo. Os pequenos e médios teatros de província, em cujo repertório dormitava a cultura operística na Alemanha, já não reúnem aquilo em que tal cultura se baseava primariamente: os conjuntos firmemente consolidados, ensaiados e confiáveis. Com vistas às vozes principais e mais exigentes, são então obrigados a recorrer ao empréstimo de cantoras e cantores que têm de permanecer mais tempo em aviões que // em ensaios, ao passo que, nos papéis menores, os cantores se saem pior que o mínimo esperado. Na Alemanha, em virtude disso, a ópera converte-se mais e mais em uma consecução lograda *par force* por alguns dirigentes que literalmente atingem o limite físico de sua força, para obter, ao extremo e à base de chicotadas, algumas poucas representações de um conjunto instável. Tais mestres de capela eram forçados a desenvolver capacidades com as quais a atividade operística de estilo antigo nunca sonhou para si. Com isso, eles mesmos se converteram em estrelas de sucesso tanto quanto os cantores convidados, revelando-se, ao mesmo tempo, atuantes e responsáveis em todos os lugares possíveis. São forçados a relegar suas mais belas execuções o mais rápido possível à força das novas gerações, em meio às quais permanece sempre muito pouco de seu falso fulgor. Enquanto a forma organizacional da ópera atinente ao século XIX, i. e., a forma do teatro de repertório, é firmemente conservada nos países de língua alemã, a apresentação operística gravita em torno da temporada de acordo com a possibilidade artística; não é, pois, acidental o fato de que as portentosas organizações dos festivais de Bayreuth, Salzburg ou Viena terminaram por se transformar nas únicas ocasiões em que se pode, em geral, ouvir execuções humanamente dignas. Com frequência, as melhores tardes de ópera são exibidas, em tais cidades, conforme um procedimento seletivo inovador análogo ao do máximo desempenho esportivo. Também isto é um sintoma de que, na relação entre ópera e sociedade, algo foi radicalmente danificado, por menos que tanto aqui como acolá se esteja disposto a aceitá-lo. Reinterpretações adequadas já não são compartilhadas com o público que reflete sobre a ópera, mesmo que este último acabe por aplaudi-la, sendo que isso se deve às mesmas razões sociais — dentre as quais tampouco se pode esquecer do pleno emprego durante o longo período de conjuntura favorável. Entre as contradições mais insólitas que ora se deixam observar, pode-se incluir a de que, a despeito da incessante carência de bons músicos não só no âmbito operístico, aqueles que buscam uma ocupação têm, com frequência, muita dificuldade em encontrar acolhimento, tal como, por exemplo, os residentes de Berlim oriental, que, depois do dia 13 de agosto de 1961, romperam seus compromissos com o lado ocidental da cidade. No mercado musical, a muito aludida lei da oferta e da procura funciona apenas de modo imperfeito; torna-se nitidamente cada vez mais esburacada // à medida que nos afastamos da infraestrutura econômica e da economia prática.

Um sinal visível do aspecto social relativo à crise da ópera pode ser encontrado no fato de que, após 1945, na Alemanha, as novas casas de ópera erigidas no lugar dos teatros destruídos têm, sob muitos aspectos, a aparência de cinemas, destituídas de um dos emblemas característicos do teatro operístico, a saber, dos camarotes. A forma arquitetônica das casas contraria praticamente tudo aquilo que nelas é encenado. Resta saber se a sociedade atual ainda é capaz, em todo caso, daquele *acte de présence* que

Introdução à sociologia da música

se fazia atuante na ópera sob a égide do liberalismo clássico do século XIX. À época, apegava-se de maneira tão conservadora às convenções absolutistas que o proscênio imediatamente sobre o palco, onde frequentadores privilegiados podiam observar a seu bel-prazer, ou, então, receber seus conhecidos, foi conservado em alguns teatros de Paris até 1914. Tais secularizações do estilo cortesão possuíam algo de fictício e autossimulador, à semelhança, de resto, das formas monumentais e decorativas do mundo burguês. Entretanto, durante um longo tempo, uma burguesia consciente de si mesma esteve apta a festejar e regozijar-se na ópera. Sobre os palcos de espetáculos musicais, o simbolismo de seu poder e de seu ápice material unia-se ao ritual da ideia desbotada, mas primordialmente burguesa, de uma natureza liberta. Mas, como bem se sabe, a sociedade subsequente à Segunda Guerra Mundial era, em termos ideológicos, demasiadamente nivelada para que ousasse demonstrar às massas seu privilégio cultural de modo tão chocante. Uma *society* cunhada à moda antiga, tal como a que sustentava economicamente aquelas óperas nas quais lhe era dado reencontrar-se a si mesma, de fato já não existe; o novo luxo furta-se, porém, à ostentação. Malgrado o período de florescimento econômico, o sentimento de impotência do particular, inclusive o medo diante da potencialidade de um conflito com as massas, acha-se, já, excessivamente encarnado.

Não foi, pois, apenas o desenvolvimento da música que se adiantou em relação ao teatro operístico e a seu público a ponto de fazer com que o contato com o novo, a simples fricção que este poderia ocasionar, transformasse-se em exceção inusitada. As condições sociais e, com elas, o estilo e o conteúdo da ópera tradicional também tomaram tamanha distância da consciência dos frequentadores que haveria razões o bastante para duvidar

265 // se a ópera ainda é, de alguma maneira, experienciada. As convenções estéticas nas quais ela se baseia, talvez até mesmo a medida de sublimação que ela pressupõe, dificilmente são esperadas por parte de vastas camadas de ouvintes. Mas aquilo que a ópera do século XIX, ou, antes ainda, das apresentações venezianas, napolitanas e de Hamburgo oferecia de estímulo às massas, quer dizer, a decoração pomposa, o espetáculo imponente, o colorido embriagante e a atração sensual, foi, há muito tempo, integralmente transferido para o cinema. Ele suplantou a ópera materialmente, e no âmbito intelectual foi tão aquém do esperado, que nada que viesse dos bastidores da ópera poderia concorrer com ele. A esse respeito, poder-se--ia suspeitar que justamente a perspectiva introduzida pela burguesia emancipada na ópera, o enaltecimento do indivíduo que se subleva contra o feitiço da ordem – um motivo que Don Juan compartilha com Siegfried, e Leonora com Salomé –, já não encontra qualquer ressonância, mas, em todo caso, consegue a defesa daqueles que renegaram a individualidade ou nem sequer podem pressenti-la. *Carmen*, *Aida* e *La Traviata* até então significavam, em protesto da paixão contra o enrijecimento convencional, a ideia de humanidade, sendo que a música, de seu lado, fazia as vezes da própria natureza mediante o som do imediato. Provavelmente, hoje em dia, os frequentadores de ópera já não se lembram disso – a identificação com a censurada *femme entretenue*, cujo tipo já desapareceu há muito tempo, ocorre tão pouco quanto a identificação com os ciganos da ópera, que continuam a vegetar como máscaras de festa à fantasia. Em suma, entre a sociedade atual, incluindo aqueles aos quais ela delega a função de constituir o público operístico, e a própria ópera abriu-se uma espécie de cova.

Introdução à sociologia da música

Mas, até segunda ordem, pode-se dizer que a ópera conseguiu estruturar-se domesticamente em tal cova. Proporciona o paradigma de uma forma que é consumida incessantemente, e, embora não tenha apenas perdido sua atualidade intelectual, é muito provável que não pode ser compreendida de maneira adequada. Não apenas em um sacro distrito profano tal como o da Ópera da Corte de Viena, mas também em bons teatros de província alemães, os não abonados ou outros não privilegiados têm muitas dificuldades até mesmo para obter um ingresso.[5]

266 Em Viena, como nos meados de 1920, formam-se // por ocasião das apresentações dos astros filas de interessados fanáticos, preparados para passar a noite toda em vigília na esperança de obter, talvez, um bilhete de entrada na manhã seguinte. É provável que o antigo contato entre o público e os preferidos da ópera

---

5 Não obstante, o raio de alcance da ópera, bem como do teatro em geral, deve ser considerado à luz de sua proporção correta, a saber, a partir dos meios de comunicação em massa.

"Sobretudo em uma metrópole, frente às demais instituições culturais tais como o rádio e o cinema, o teatro possui um âmbito de atuação muito pequeno. Com suas transmissões, a rádio de Hesse atinge, por exemplo, quase todos os habitantes de Frankfurt, já que famílias sem rádio constituem rara exceção. Em Frankfurt, as salas de cinema são tão numerosas e oferecem tantas apresentações que todo habitante com mais de 18 anos poderia ir ao cinema cerca de 22 vezes ao ano. Em contrapartida, os palcos da cidade têm tão poucos assentos a oferecer anualmente que cada morador adulto não poderia frequentar o teatro sequer duas vezes ao ano. Os moradores de Frankfurt que não fossem filiados a qualquer organização de espectadores teriam então aproximadamente uma oportunidade e meia ao ano de ir à Grande ou Pequena Casa de Espetáculo." (Manuscrito na seção estatística do Instituto de Pesquisa Social, Frankfurt a. M., p.46.) [N. E. A.]

já não seja tão estrito, mas ainda é possível vivenciar, no *foyer* do teatro, um jovem falando a respeito do tenor de bela e brilhante voz no afetuoso grau diminutivo, valendo-se, de resto, do pronome possessivo "meu". Com uma regularidade decerto duvidosa, o aplauso faz-se ouvir freneticamente nas estreias; aos entusiasmados parece não faltar praticamente nada.

Tudo isso se deixa explicar apenas quando se parte do princípio de que a ópera já não seria recebida tal como ela é ou era, mas como algo inteiramente diferente. Sua predileção rompeu por completo com o conhecimento especializado. Deixa resplandecer, aos adeptos, algo próprio à antiga sobriedade e dignidade da arte elevada. Ao mesmo tempo, oferece-se ao seu gosto, que não é capaz e tampouco pretende proporcionar à mencionada dignidade a dignidade que lhe é própria, e, portanto, constrói seu abrigo a partir dos escombros do século XIX. A força que os seres humanos associam à ópera é a lembrança de algo que já não podem lembrar-se, a saber, os tempos áureos e legendários da burguesia que conquistara, pela primeira vez, em sua era férrea, um brilho que jamais possuíra. O meio para lograr tal recordação irreal é a intimidade com as melodias particulares, ou, como se dá em Wagner, com os motivos repetidos a golpes de martelo. O consumo da ópera converte-se, em grande medida, em uma espécie de reconhecimento, análogo ao do *hit* de sucesso. A diferença é que, // aqui, o reconhecimento não se processa, nem de longe, de modo tão preciso quanto nos *hits*; poucos ouvintes conseguiriam cantar do começo ao fim *"L'amour est enfant de Bohème"*[6], mas, em contrapartida, reagiriam imediatamente ao

---

6 Trecho da célebre ária – composta para *mezzosoprano* – do primeiro ato da ópera *Carmen* (1875), de Bizet. [N. T.]

Introdução à sociologia da música

sinal de "O amor vem dos ciganos", alegrando-se, justamente porque a reconhecem. O atual *habitué* de ópera comporta-se retrospectivamente. Abriga os bens culturais como propriedade. Seu credo corresponde à seguinte frase enunciada em dialeto: "*Aida* ainda é, apesar de tudo, uma bela ópera."[7] O prestígio advém do período no qual a ópera ainda se incluía entre as formas que exigiam rigor. Prendia-se aos nomes de Mozart, Beethoven, Wagner e também ao de Verdi. Mas, atualmente, deixa-se vincular à possibilidade de um modo de percepção desconcentrado, que se nutre do consagrado por meio de uma pseudoformação cultural universal.[8] Mais que qualquer outra forma, a ópera representa a cultura tradicional burguesa àqueles que, ao mesmo tempo, dela não tomam parte.

Extremamente sintomático da atual situação social da ópera é, pois, o papel desempenhado pelo assinante. Em termos proporcionais, este último possivelmente abrange uma participação bem maior de frequentadores que outrora; vale a pena estabelecer a comparação. Isto tem muito a ver com a compreensão da atual situação social da ópera como a recepção de algo que não se entende. O assinante, quando muito apenas vagamente informado acerca do programa de óperas, assina um cheque em branco. Conforme antigas leis do mercado, ele não exerce qualquer controle sobre a escolha do que lhe é ofertado. Dificilmente seria errônea a hipótese de que à maioria dos atuais assinantes de ópera importa muito mais o fato de que assiste a algo que

---

7 No original, "*Aida ist halt immer noch eine schöne Oper*". [N. E. A.]

8 Ver Max Horkheimer e Theodor W. Adorno. *Sociologica II*. Frankfurt a. M., 1967, p.168 (agora também: Theodor W. Adorno. "Gesammelte Schriften". In: *Soziologische Schriften I*. Frankfurt a. M., 1972, v.8, p.93). [N. E. A.]

Theodor W. Adorno

"o que" e "como" o faz. A necessidade emancipou-se da forma concreta da coisa que se deseja. Tal tendência estende-se sobre o consumo cultural organizado em geral; salta aos olhos, em especial, nos círculos de leitores [Buchgemeinschaften]. São dirigidas ou pelas cúpulas organizacionais ou pelas instituições cujos consumidores foram devidamente consolidados. Oferece-se então um certo número de óperas, talvez sem a vontade, mas decerto sem a oposição dos consumidores. Provavelmente, investigações acerca dos ouvintes de ópera // poderiam provar muita coisa sobre isto tudo. Teriam, sem dúvida, de ser levadas a termo a partir de um sentido mais profundo e bem recuado. Obter-se-ia muito pouco com perguntas diretas.

Mediante a participação das organizações com o público de ópera, a imagem de sua recepção social acha-se, em certa medida, anuviada hoje em dia. Pode-se profetizar que os frequentadores regulares de ópera já não são essencialmente recrutados nem entre os intelectuais nem entre a grande burguesia. Descomunalmente grande deveria ser a participação dos idosos – em especial, segundo o conhecimento até agora adquirido, das mulheres –, crentes de que a ópera lhes traria de volta algo de sua própria juventude, embora esta última já estivesse, à época, abalada em si mesma; depois, atestar-se-ia a presença de uma pequena burguesia mais bem situada – de modo algum composta apenas por novos-ricos –, que, por meio de sua frequência assídua nas óperas, espera demonstrar confortavelmente para si e para os outros sua formação cultural. Como uma espécie de invariante, restam-nos momentaneamente alguns adolescentes e jovens entusiasmados; que devem diminuir com a crescente atração do ideal *teenager*. Subjetivamente, a função básica da ópera é o sentimento de pertencimento a um *status* anterior fictício.

Introdução à sociologia da música

Sua recepção atual obedece a um mecanismo de identificação inútil. É frequentada por uma elite que não é elite.[9]

O ódio contra a modernidade, muito mais virulento por parte do público de ópera que entre o público teatral, acha-se estreitamente vinculado ao inflexível elogio dos bons e velhos tempos. No mundo da cultura ressuscitada, a ópera é um dos tapa-buracos, um enchimento nas fissuras resultantes da explosão do espírito. Que a indústria operística continue tagarelando sem variações, embora nela nada mais faça literalmente sentido, eis o que só atesta de maneira drástica em que medida // a superestrutura cultural se tornou inconsistente e, de certo modo, casual. Com a oficial vida operística pode-se aprender mais sobre a sociedade que sobre um gênero artístico que nela sobrevive à sua própria existência e que mal conseguirá sobrepor-se ao próximo impacto. A partir da arte a situação não pode ser modificada. O desanimador nível da maioria das novidades que

---

9 De acordo com uma investigação publicada, em 1949, no informe estatístico trimestral da cidade de Hannover,

"as chamadas camadas 'sociais inteligentes', dentre as quais se incluem [...] profissionais liberais, altos funcionários públicos e cargos de diretoria" preferiam, na condição de assinantes, "unicamente o teatro". "Autônomos, comerciários e industriais, bem como outros funcionários, trabalhadores e auxiliares de comércio estão, em contrapartida, mais interessados em uma assinatura de ópera". (Manuscrito na seção estatística do Instituto de Pesquisa Social, Frankfurt a. M., p.20.)

Poder-se-ia, sem muita violência, interpretar essa dicotomia como análoga àquela que vigora entre a alta burguesia e a pequena classe média. O grupo dos abastados, que o texto abrange, mal pode ser incluído, em rigor, entre a camada com formação cultural conforme os critérios comuns. [N. E. A.]

hoje surgem nos teatros de ópera é forçado pelas condições sociais de recepção. Os compositores que não abdicam, de antemão, da esperança em seu próprio repertório são fatalmente coagidos a fazer concessões, como, por exemplo, àquele par de óperas de sucesso que visa a reaquecer fantasmagoricamente Strauss e Puccini, confundindo, de resto, o anacronismo com o sangue vermelho do teatro; isso quando não preferem, em meio ao barulho das coxias, a posição ocupada pelo diretor--compositor, que se dedica a temas que já obtiveram êxito literário. Hoje, mesmo aqueles que desejam algo melhor, enquanto creem que devam comportar-se em relação ao teatro de modo realista, serão incitados a uma temperança mortal e à diluição da música: o controle social priva o resultado justamente da força impactante que talvez conquistasse a atenção do público insubordinado. Com isso, não se pretende dizer, em absoluto, que os grandes talentos composicionais com ideias dramatúrgicas radicalmente novas não seriam capazes de prestar uma repentina contribuição às casas de ópera. Mas as dificuldades são tão extraordinárias que, mesmo entre os talentos mais brilhantes da jovem geração, até agora ninguém parece ter escrito algo que pudesse ser comparado à melhor música instrumental e eletrônica dos últimos anos.

Para a Sociologia da Música, o resultado geral ao qual somos conduzidos a partir de tais reflexões acerca da ópera seria o de que, caso ela não queira permanecer presa ao mais superficial *fact finding*, não deve se contentar nem com o estudo das simples relações de dependência entre a sociedade e a música nem com o complexo de problemas a respeito da autonomia composicional e autossuficiente face às determinantes sociais. Ela só obtém seu objeto na medida em que traz para seu centro os antagonis-

Introdução à sociologia da música

mos que realmente decidem, hoje em dia, sobre a relação entre música e sociedade. Precisa dedicar a devida atenção a um estado de coisas [Sachverhalt] que até então foi pouco observado, a saber, a inadequação do objeto estético e sua recepção. Em sua abstração, a provisória e automatizada // categoria de alienação já não é suficiente. Cumpre contar com o consumo social daquilo que é socialmente alienado. Como puro para-o-outro [Für anderes], enquanto bem de consumo que adquire algum valor para o público por momentos que não eram, de modo algum, essenciais à coisa, converte-se igualmente em algo diferente de si mesmo. Não apenas as formas estéticas se transmudam ao longo da História, algo, aliás, que ninguém colocaria em questão, mas também a relação da sociedade com as formas já marcadas e estabelecidas, que é, pois, histórica de ponta a ponta. Mas, até hoje, sua dinâmica é a de um declínio permanente das formas na consciência social que as conserva.

// Música de câmera

A fim de depreender da música de câmera seu aspecto sociológico, não tomo como ponto de partida nem o gênero camerístico enquanto tal, cujos limites são escorregadios, nem os ouvintes, mas seus intérpretes. Por música de câmera entendo essencialmente aqueles produtos atinentes à época da sonata, que se estende de Haydn a Schönberg e Webern e que se deixa caracterizar pelo princípio do trabalho temático. Esse tipo de música, devido a sua constituição interna e tessitura, é formado por meio de sua distribuição entre alguns poucos musicistas. Ao menos de início, seu sentido é tão apropriado aos intérpretes quanto a um público ouvinte a respeito do qual, por vezes, sequer pensamos. Nisso, a música de câmera, na qual, aliás, também se deve incluir a maior parte da produção de canções [Liedproduktion] do século XIX, distingue-se tanto do raio de ação eclesialmente definido da arte sacra, mesmo daquela feita para pequenos conjuntos instrumentais, quanto da vaga e abrangente esfera do público dos virtuoses e das orquestras. Cumpre perguntar, pois, o que isso significaria do ponto de vista social. A competência é certamente um pressuposto. A atenção consagrada aos intérpretes, tal como o conteúdo da música de câmera realiza, conta com aqueles que, ao executarem sua própria parte, são conscientes do todo e tratam de orientar a apresentação de suas respectivas partes segundo sua função no interior desse mesmo todo. Quando, já no período tardio da música de câmera, o Quarteto Kolisch de modo algum utilizava partes separadas em seus ensaios, mas apenas partituras completas, tocando as obras de cor, incluindo as peças contemporâneas mais difíceis, dava-se cumprimento, com isso, a uma intenção que desde o início se escondia na relação camerístico--musical entre a partitura impressa e os músicos. Aquele que apresenta corretamente a música de câmera termina por reproduzir, ao mesmo tempo, a composição enquanto um vir-a--ser, formando então seu público ideal, que podem seguir seu movimento mais secreto. Nessa medida, ao tipo de música de câmera autêntica interessa unir o próprio // objeto e o público em um só âmbito social, por mais limitado que este seja. Ambos se afastaram um do outro desde a conversão da música burguesa à plena autonomia. A música de câmera foi o refúgio de um equilíbrio entre arte e recepção, o qual, em contrapartida, a sociedade denegou. Esta última erige tal refúgio por meio da renúncia àquele momento da esfera pública que pertence igualmente à ideia de democracia burguesa, maz no qual também, sob a égide dessa mesma democracia, diferença de propriedade e privilégio de formação se contrapõem. A possibilidade de um tal paradigmático espaço homogêneo é propiciada pela condição de relativa segurança dos cidadãos economicamente independentes, dos empresários, e, em especial, dos membros abastados que integram as chamadas profissões liberais. Ao que tudo indica, vigora uma relação entre o florescimento da

Introdução à sociologia da música

música de câmera e a era do liberalismo tradicional. A música de câmera é específica de uma época na qual a esfera do privado, tida por uma esfera do lazer, separou-se energicamente do âmbito público-profissional. Ambas, porém, nem divergem de modo inconciliável entre si nem o lazer é, tal como ocorre no moderno conceito de tempo livre, sequestrado e convertido em paródia da liberdade. A grande música de câmera pôde surgir, ser executada e compreendida, enquanto à esfera privada ainda correspondia alguma substancialidade, por mais quebradiça que esta fosse.

A ação daqueles que executam música de câmera já foi constantemente comparada, não sem razão, com uma disputa, ou, então, com uma conversa. A própria partitura concorre para tanto: o trabalho motívico-temático, a diminuição das vozes, seu surgimento cambiante e toda a dinâmica que perfaz a música de câmera tem algo de agonal. O processo, que todo tipo de composição representa em si, resolve ativamente alguns contrários; inicialmente, de modo aberto e, não sem ironia, em Haydn e Mozart; mais tarde, às escondidas na estrita técnica. Os músicos acham-se de maneira tão evidente em uma espécie de concorrência que não se pode renunciar, aqui, ao pensamento acerca do mecanismo de concorrência da sociedade burguesa; o gesto da execução puramente musical é, ele mesmo, semelhante ao gesto social visível. E, no entanto, dele também difere. Pois, em nenhum outro lugar a definição kantiana de arte como finalidade sem fim, que fora formulada no início do movimento emancipatório burguês, // vai ao encontro de seu objeto de modo mais preciso que na música de câmera. Durante justamente o período relativo às primeiras obras do gênero, quando ainda não visavam a algo extremo, vigorava não raro um árduo maquinismo, como se os quatro instrumentos do quarteto de cordas levassem a cabo um trabalho socialmente útil, sendo que, no entanto, tratavam apenas de fornecer uma cópia debilitada e inocente de tal trabalho; um processo de produção sem produto final: eis a única coisa que ocorreria na música de câmera. A razão disso está no fato de que os intérpretes não fazem senão interpretar [dass die Spieler (...) bloss spielen], e isso conforme o duplo sentido do termo. Em verdade, tal processo de produção é objetificado na estrutura que ele se limita a repetir, ou seja, na composição; a atividade se transformou em um fazer puro e emancipado da autoconservação. Aquilo que parece ser a função primária dos intérpretes já foi, de antemão, executado pelo próprio objeto interpretado, sendo-lhes, por assim dizer, apenas devolvida por este último. A relação social de finalidade é sublimada sob a forma de um em si estético sem fins a cumprir. Nessa medida, a grande música de câmera também precisa pagar seu tributo ao primado da coisa; o horário de seu nascimento coincide com a supressão do baixo cifrado e, com isso, dos módicos restos da espontaneidade irracional dos intérpretes, i. e., da improvisação. Arte e jogo fazem, juntos, sua estreia: a música de câmera não passa de um instante; parece quase um milagre o fato de sua época ter durado tanto tempo. Não obstante, essa espiritualização de um inconfundível processo social modela sua própria aparição, quer dizer, a competição mesma. A disputa na música de câmera é, pois, negativa, e, nessa medida, crítica a disputa é real. O primeiro passo para executar corretamente a música de câmera consiste em aprender não a se exibir, mas a se retrair. O todo não se constitui por meio da autoafirmação alardeante das vozes individuais — a qual daria à luz um bárbaro caos —, mas mediante a autorreflexão limitante. Se a grande

Introdução à sociologia da música

arte burguesa transcende sua própria sociedade por meio da lembrança transformadora de elementos feudais que acabaram sendo vitimados pela marcha do progresso, a música de câmera cuida então de manter a *courtoisie*[1] como corretivo do cidadão insolente e preocupado apenas consigo mesmo. Até o gesto de emudecimento de Webern, a virtude social da polidez, concorreu para a efetivação da mencionada espiritualização da música, cuja arena era a música de câmera — e, possivelmente, apenas ela. Os grandes intérpretes de música de câmera, // que, em segredo, consagram-se ao gênero, tendem a se colocar com tamanha intensidade à escuta dos outros que se restringem a marcar sua própria parte. Revela-se, como consequência de sua práxis, o emudecimento, a transição da música rumo a uma leitura inaudível, ponto de fuga de toda espiritualização da música. A analogia mais acertada com o modo de comportamento relativo à música de câmera está no ideal de *fair play* do antigo esporte inglês: a espiritualização da concorrência, seu deslocamento em direção à imaginação, prenuncia uma condição na qual a disputa estaria curada da agressividade e da maldade; enfim, antecipa a condição do trabalho enquanto jogo.

Quem se comporta desse modo é representado como alguém que se desobrigou da pressão do trabalho, qual um amador; os primeiros quartetos de corda do Classicismo vienense, até mesmo os três últimos que Mozart escreveu para o rei da Prússia, foram concebidos para músicos não profissionais. Hoje já não é tão fácil visualizar músicos amadores que fossem capazes de dominar tecnicamente tamanhas exigências. A fim de compreender o *pathos* consoante a essa ideia de músico amador, há

---

1 Do francês, "cortesia", "polidez", "civilidade". [N. T.]

de se lembrar de um motivo do idealismo alemão que veio à tona em Fichte, e, em especial, em Hölderlin e Hegel, a saber, a contradição entre a determinação do homem – em Höderlin, seu "direito divino" – e o papel heterônomo que lhe é atribuído no processo burguês de lucro. Ademais, o Hölderlin doente tocou flauta; pode-se farejar algo do espírito da música de câmera em sua lírica como um todo. Os músicos de câmera particulares eram aqueles que, por serem nobres, não tinham necessidade de desempenhar uma profissão burguesa, ou, então, mais tarde, aqueles que não reconheciam a profissão burguesa como medida de existência e buscavam a melhor parte desta última fora do horário de trabalho, que, no entanto, marcava-os a tal ponto que tampouco podiam ignorá-lo mesmo lá onde lhes era dado possuir um reduzido reino de liberdade. Essa constelação poderia esclarecer o que há de específico no músico de câmera. Reservava à sua vida privada uma ocupação que, caso não desejasse permanecer uma risível inabilidade para o ofício, requeria uma plena qualificação profissional, algo que, hoje em dia, denominar-se--ia *professional standards*. O admirador de música de câmera que se sentia à altura de sua tarefa poderia ser um músico profissional; até o passado mais recente, não faltam exemplos de músicos amadores que // se transformaram em concertistas. O amor e a capacidade sempre persistentes dos médicos em relação à música de câmera talvez pudessem ser decifrados como protesto contra uma ocupação profissional burguesa que exige do intelectual que a abraça muito mais do que aquilo que ele pode oferecer, tornando-o vítima daqueles de quem se exige trabalho corporal: tocar no que desperta nojo e não dispor de tempo próprio, mantendo-se, ao contrário, à espera de alguma chamada. A sublimação musical na música de câmera compensa isso. Seria

Introdução à sociologia da música

a atividade do espírito pela qual o médico se deixa encantar de modo irresistível. O preço consiste em que ela não interfira na realidade e tampouco a ajude – assim como indica Tolstoi, que, na obra que leva o nome de uma grande música de câmera,[2] rejeitou esta última com plena consciência de sua dignidade estética. A relação da música de câmera com o idealismo alemão, entendida como a fundação de um invólucro no qual se poderia ir ao encontro da determinação humana, revela-se, ademais, no fato de que esse tipo de música se achava limitada, em sentido enfático, ao âmbito austríaco-alemão. Espero não levantar, aqui, a suspeita de nacionalismo com a afirmação de que os mundialmente conhecidos quartetos de Debussy e Ravel, obras de mestre em sua espécie, não eram propriamente compreendidos a partir desse conceito próprio. Isso pode ter a ver com o fato deles mesmos terem sido escritos em uma fase na qual tal conceito estava desestabilizado. Seus quartetos são percebidos de modo essencialmente colorido, como se fossem transposições inventivamente paradoxais de cores, seja da paleta orquestral, seja do piano, para os quatro instrumentos de corda a solo. Sua lei formal é a justaposição estática de superfícies sonoras. Falta-lhes, pois, justo aquilo em que a música de câmera encontrava seu elemento vital, a saber, o trabalho motívico-temático, ou, então, seu eco, aquilo que Schönberg chamava de desenvolvimento por variação: o espírito dialético de um todo que se nega e se engendra a partir de si mesmo, mas que, em geral, confirma-se a si mesmo de novo. Em tal espírito, a intimidade radicalmente camerístico-musical mantém sua relação com a efetividade so-

---

2 Trata-se do pequeno romance de Tolstoi, publicado em 1889, intitulado *A sonata a Kreutzer*. [N. T.]

cial diante da qual, com aversão, ela recua. A grande Filosofia e a grande música de câmera se acham profundamente irmanadas na estrutura do pensamento especulativo. Schönberg, o músico de câmera *par excellence*, sempre atraiu para si a acusação de excessiva especulação. A música de câmera decerto tinha // algo do esoterismo dos sistemas de identidade. Nela, assim como em Hegel, toda plenitude qualitativa do mundo foi removida para dentro.

É o que basta para determiná-la como música da interioridade. No entanto, sua ideia mal toca o fenômeno histórico-social. Não é por acaso que ela se converteu justamente em um meio de apologia acolhedora e reacionária do gênero àqueles que, contra a civilização técnica, agarram-se à música como se nela estivessem protegidos frente ao sistema externo, comercial, e, conforme sua linguagem, decadente. Aquele que, como admirador de música de câmera, pretende conservar ou restaurar provincianamente estádios obsoletos em termos estéticos e econômicos sequer consegue ultrapassar esse sistema. Aliás, depois da Segunda Guerra Mundial, veio a lume um livro cujo título era *A discreta felicidade do quarteto de cordas*. A grande música de câmera está livre dessa aberração ideológica da interioridade. Em verdade, tal ideologia tem como substrato uma concretude extremamente abstrata, a saber, o indivíduo que existe puramente para si mesmo. Mas, segundo sua própria estrutura, a música de câmera é algo objetivo. Não se esgota, em absoluto, na expressão do sujeito alienado. Nisto ela se converte apenas ao final, assumindo uma postura polemicamente extremada que dificilmente convém àqueles que se autocomprazem com serenidade. Mas, em seus primórdios, desenrolou a imagem não figurativa de um todo que se move antagonicamente sempre avante, desde que ainda fosse comensurável à experiência do privado.

Introdução à sociologia da música

Tal ressurreição da objetividade perdida em um âmbito subjetivamente limitado definia tanto a essência social quanto metafísica da música de câmera. Mais adequada que a palavra "interioridade", bolorenta e farisaica, é a habitação burguesa, na qual a música de câmera estava essencialmente localizada devido a seu volume sonoro. Em ambas, não se pressupõe qualquer distinção entre aquele que toca e aquele que escuta. À primeira vista triviais, tais formas da doméstica práxis camerístico--musical do século XIX e do início do século XX não devem ser ignoradas, bem como a figura daquele a quem cabia virar as páginas da partitura para o pianista, ou, então, de um ouvinte capaz de acompanhar, com precisão, a progressão musical, pois todas elas são imagens sociais da música de câmera. Tal como esta última, o *interieur* burguês de estilo antigo // tencionava constituir novamente o mundo a partir de si mesmo. Com isso decerto se formou, desde o início, uma contradição. Aquilo que, seja mediante seu cenário, seja por meio de seus executores, era relegado à esfera privada, transcendia-a simultaneamente por meio de seu conteúdo, da realização do todo. A falta de consideração em relação ao efeito mais abrangente, que, em princípio, achava-se contido em tal privacidade, estimulava o desenvolvimento autônomo da música justamente por causa de tal conteúdo. Isto deve ter causado a explosão de seu espaço social, bem como da esfera dos intérpretes. Mesmo antes que o gênero relativo à intimidade musical estivesse plenamente estabelecido, já não se sentia mais tão à vontade em casa. Sobre a derradeira forma dos *Seis quartetos op. 18*, a primeira obra na qual dispôs soberanamente de seus meios composicionais, Beethoven afirmou que só então havia aprendido verdadeiramente a escrever quartetos. A sentença requer uma atenção par-

Theodor W. Adorno

ticular, porque tal *opus* não possuía, em rigor, nenhum modelo prévio; seu modo de proceder tem pouco a ver, inclusive, com os grande quartetos de Mozart dedicados a Haydn. Ocorre que Beethoven derivou o critério do verdadeiro quarteto de cordas das exigências imanentes do gênero, e não de modelos deixados em herança. Mas, justamente isso, a elevação da produção camerístico-musical para além de seus arquétipos, à época ainda muito novos, impediu a interpretação adequada por músicos amadores. E consequentemente, em princípio, a execução em aposentos. Os músicos profissionais dependiam de uma audiência cada vez maior e, por isso, da forma do concerto. Mesmo aqueles quartetos de Mozart, nos quais a dedicatória feita a um grande compositor atesta, já, a precedência da composição frente à interpretação musical, não poderia ter sido diferente; pertencem às produções que Mozart deixou em quase todo gênero composicional e que pretendiam colocar-se como espécies de paradigmas da verdadeira atividade de composição, como se protestassem contra a miscelânea das composições por encomenda e as limitações da técnica e da fantasia que estas últimas impunham ao gênio. Em virtude disso, há muito que se poderia falar, na música de câmera, de um antagonismo entre as forças produtivas e as relações de produção, mas não em decorrência da produção de uma desproporção exterior entre sua forma e 278 // sua recepção e sim de um antagonismo artisticamente imanente. Essa contradição continuou a atuar e rompeu o último espaço seguro da recepção musical, embora tenha favorecido o desenvolvimento do gênero e de sua grandeza. Sem ficções harmônico-totais, adequava-se à condição em si antagônica de uma sociedade organizada pelo *principium individuationis*, e, ao mesmo tempo, sobrepujava sua adequação a tal sociedade

Introdução à sociologia da música

mediante aquilo que exprimia. À medida que seguia puramente sua própria lei formal, aguçava-se criticamente contra o sistema musical pautado no mercado, bem como contra a sociedade à qual tal sistema estava disposto a servir. Também essa contradição encontrou sua respectiva *imago* visível, a saber, a do pequeno salão. Salas pequenas já existiam, outrora, nos palácios; mas, por uma necessidade burguesa, foram então planejadas nas grandes casas de concerto, que se destinavam à produção sinfônica, quer dizer, em espaços que ainda correspondiam, em certa medida, à intimidade camerístico-musical do ponto de vista acústico e em termos de sua atmosfera, mas que a tornavam pública e a organizavam sob as condições do mercado. A pequena sala – eu mesmo conheci o inteiro repertório tradicional para quarteto, e, em especial, Beethoven, mediante a interpretação de Rosé[3] no auditório camerístico de Frankfurt, acusticamente ideal – era o lugar de um cessar-fogo entre a música e a sociedade. Não deveria causar espanto o fato de que, após os catastróficos bombardeios da Segunda Guerra, tais pequenas salas não tivessem sido reconstruídas, ou, então, que tivessem sido recuperadas em mínima escala. O cessar-fogo camerístico-musical entre a arte e a sociedade não durou: o contrato social foi dissolvido. Desde então, no mundo burguês já não são mais possíveis, de fato, quaisquer salas pequenas. Se estas são construídas por amor à arte, e não como no feudalismo por exigências finalísticas reais dos palácios, o paradoxo passa então a encobri-las com sua sombra. Na ideia burguesa de salão, que não pode ser separada de suas associações com grandes reuniões políticas, ou, no

---

3 Trata-se do célebre quarteto de cordas formado por Arnold Rosé em 1882. [N. T.]

mínimo, com o Parlamento, a monumentalidade está sempre pressuposta. A música de câmera e a eclosão capitalista não se davam bem. A tendência da música de câmera, que então criava uma concordância efêmera entre todos os partícipes da música, dissociou-se da recepção antes de todos os demais tipos musicais. A evolução da nova música teve início precisamente em tal âmbito. As inovações // decisivas de Schönberg não teriam sido possíveis, caso não tivesse renunciado à pompa dos poemas sinfônicos de sua época e se não tivesse escolhido, enquanto modelo, o rigoroso movimento do quarteto de Brahms.

A forma musical que melhor se ajusta à grande sala é a sinfonia. Não se deve subestimar o lugar-comum de que seus esquemas arquitetônicos correspondiam aos da música de câmera e que ambas foram irmanadas ainda mais pelas diretrizes de Brahms e de Bruckner, quando a concepção de poema sinfônico havia-se apartado de tais referências. Este último rebelou-se muito antes, mas de modo bem menos radical que o acervo camerístico-musical e o repertório consagrado ao piano solo, instâncias em que a crítica produtiva apoderou-se da forma canônica até a sua fibra, atingindo seus mais ínfimos elementos. Na pré-história do Classicismo vienense, em Mannheim, a fronteira entre sinfonia e música de câmera não era rigidamente demarcada, sempre permaneceu escorregadia. O estilo de escrita camerístico-musical presente no primeiro movimento da *Quarta sinfonia* de Brahms é tão pouco dubitável quanto o traço sinfônico de suas sonatas para piano – característica, aliás, que já havia sido percebida por Schumann em sua famosa recensão –, o que valeria tanto mais para o primeiro movimento do *Quarteto em fá menor op. 95*, de Beethoven. O tipo da sonata deve ter sido, em especial, bem apropriado à apresentação de uma totalida-

Introdução à sociologia da música

de subjetivamente dinâmica e mediada. Por ter sido criada a partir do fundamento de sustentação social, sua ideia – como que extraída da própria música, e não da relação com seus receptores – afirmava o primado da distinção, mais drástica, porém secundária, entre espaço público e esfera privada. Essa distinção não podia exigir para si mesma uma substancialidade plena, haja vista que o espaço musical público não constituía nenhuma espécie de *ágora* ou comunidade legítima no sentido de uma democracia direta, mas uma reunião de indivíduos que, por ocasião de eventos festivamente sinfônicos, tencionavam livrar-se subjetivamente do sentimento de separação, sem que seu fundamento fosse abalado. Havia algo profundamente comum entre o conteúdo das músicas sinfônica e camerística: a dialética entre o particular e o todo, a síntese que advém de interesses contraditórios. Às vezes, a escolha de um ou outro meio parecia quase arbitrária. Por certo, // também foi responsável pelas semelhanças estruturais entre a música sinfônica e a camerística o fato de que, após uma longa pré-história, o burilado movimento da sonata e os tipos a ela irmanados terminaram por favorecer a segurança daquilo que era em um âmbito universal conhecido e ofereceram, ao mesmo tempo, bastante espaço para o impulso espontaneamente musical. Faziam-se presentes, achavam-se protegidos e artesanalmente provados. No entanto, a força de gravidade das formas existentes, um momento essencial e artístico-sociológico também na música, não teria sido o suficiente para ligar, em termos estruturais, as mesmas precondições formais de tipos tão diferentes conforme seu espaço, em sentido literal ou metafórico, tal como as músicas sinfônica e camerística. Se Paul Bekker falava da afiguradora força comunitária, que, diga-se de passagem, sempre tivera algo de ideológico, como uma espécie de humanidade que se formou em face da sinfonia e que, mesmo que esta última tivesse sido a *Nona sinfonia*, permaneceria algo estético e jamais atingiria a real existência social, então também o microcosmo da música de câmera visava à integração, renunciando, porém, à fachada enfeitada e representativa da sonoridade expansiva. Apesar disso, Bekker tinha razão quando se defendia contra a definição formalista de sinfonia como sonata para orquestra. Em suas conversas, Schönberg contestou tal visão de maneira obstinada, e, sob a indicação da prevalência da sonata aqui e acolá, persistiu na identidade imediata de ambos os gêneros. A isto foi conduzido pela vontade apologética que não contava tolerar, sequer estilisticamente, lacunas e contradições na obra dos grandes e sacrossantos mestres; eventualmente, chegou até mesmo a denegar as distinções de grau no interior da obra dos compositores individuais. Mesmo assim, a distinção entre sinfonia e música de câmera é inquestionável. Pode-se lançar luz sobre a natureza contraditória da consciência musical mediante o fato de que, justamente na obra de Schönberg, a produção das peças orquestrais difere totalmente de sua música de câmera. Ele mesmo, por ocasião das *Variações para orquestra op. 31*, discutiu o problema gerado quando empregou, pela primeira vez, a técnica dodecafônica em grande aparato orquestral e fez-se necessário, por conta do material sonoro, ir muito mais além na combinatória polifônica do que até então já havia ousado com a nova técnica. No entanto, a diferença inicial entre a sonata camerístico-musical // e a sinfônica era precisamente oposta à diferença que dominava na era da crise da forma sonata. Em princípio, malgrado seu aparato substancialmente pródigo, as sinfonias de Beethoven são mais simples que a música de

Introdução à sociologia da música

câmera e justamente isso permitiu aos numerosos ouvintes se encontrarem no interior do seu edifício formal. Por certo, isso não tinha nada a ver com adequação ao mercado; mas, acima de tudo, com o propósito de Beethoven de "ativar, no homem, o fogo da alma". Objetivamente, as sinfonias de Beethoven constituíam discursos populares proferidos à humanidade, sendo que, ao exibir a esta última a lei de sua vida, tencionavam conduzi-la à consciência inconsciente daquela unidade que, de outro modo, continua velada aos indivíduos em sua existência difusa. As músicas camerística e sinfônica eram, pois, complementares. A primeira, atuando em boa medida sob a renúncia à gestualidade patética e à ideologia, ajudou a dar expressão ao estatuto do espírito burguês emancipador, sem falar, contudo, imediatamente à sociedade; a sinfonia, de seu lado, arcou com a consequência de que a ideia de totalidade seria esteticamente nula, caso deixasse de se comunicar com a totalidade real.

Mas, para tanto, ela desenvolveu um momento decorativo e também primitivo que forçava o sujeito a uma crítica produtiva. A humanidade não canta vitória. É isso que pressentia um dos mestres mais geniais, Haydn, quando caçoava do jovem Beethoven chamando-o de "o grande mongol" [den Grossmogul]. A irreconciliabilidade dos gêneros semelhantes representa, em grau tão drástico que a teoria mal pode superá-la, a derrota da não conciliação do universal e do particular em uma sociedade burguesa desenvolvida. Na sinfonia de Beethoven, o trabalho detalhista, a latente riqueza em figuras e formas internas, recua diante da pulsante força rítmico-métrica; as sinfonias esperam ser escutadas de ponta a ponta simplesmente em seu curso e em sua organização temporais, enquanto a dimensão vertical, a simultaneidade e o espelho permanecem intactos. A abundância de motivos no primeiro movimento da *Eroica* – que decerto constitui, sob uma determinada ótica, a mais elevada promoção da música sinfônica de Beethoven em geral – permaneceu uma exceção. É claro que seria inexato denominar polifônica a música de câmera de Beethoven e homofônicas suas sinfonias. Também nos quartetos a polifonia se entremeia com a // homofonia; nos últimos quartetos, a homofonia tende a uma unanimidade nua e crua às custas justamente daquele ideal de harmonia que impera nas sinfonias altamente classicistas, tais como, por exemplo, na *Quinta* e na *Sétima*. As músicas sinfônica e camerística de Beethoven são tão pouco idênticas que se deixa ilustrar pela mais efêmera comparação da *Nona* com os últimos quartetos, ou, então, com as últimas sonatas para piano; face a elas, a *Nona* volta-se para o passado, orientando-se no tipo classicista de sinfonia próprio ao período intermediário e não fornece nenhum ensejo às tendências dissociativas do estilo tardio propriamente dito. Isso dificilmente pode ser divorciado da intenção daquele que se dirige aos ouvintes dizendo "oh, amigos" e que, fazendo coro com eles, tenciona cantar "sons mais agradáveis".

Entre aqueles que se imaginam indivíduos musicais, toma-se por certo que a música de câmera é o gênero musical mais elevado. Esta espécie de *convenu* decerto serve, em grande medida, à autoafirmação elitista; infere-se, a partir do caráter limitado do círculo de pessoas envolvidas, que a coisa que lhes é reservada está acima daquilo que alegra a *misera plebs*. A proximidade de tal comportamento com as fatais pretensões culturais de liderança é tão patente quanto a inveracidade de tal ideologia de formação musical. Que a tradicional música de câmera se coloca acima da grande música sinfônica apenas por renunciar aos tambores e aos trompetes, demonstrando, assim, menos eloquência, eis

Introdução à sociologia da música

algo que está longe de ser convincente. De Haydn até Webern, os compositores relevantes e aptos a resistir sempre estenderam a mão em direção à sinfonia, ou a seus derivados. Pois, todos estavam cientes do preço que a música de câmera tinha de pagar pelo abrigo concedido a uma subjetividade que não se vê obrigada a substituir nenhuma esfera pública e que permanece, por assim dizer, ilesa junto a si mesma: um momento do privado no sentido negativo, da felicidade pequeno-burguesa quieta em seu canto, de um autoconsentimento que é colocado mais do que em perigo pela resignação diante do idílio. Apesar de sua beleza fulgurante, isto salta aos olhos na música de câmera dos compositores extremamente românticos, sendo que, até mesmo em Brahms — cujas obras camerísticas começam a objetivar-se energicamente a partir de si mesmas por meio da consolidação construtiva — é possível encontrar rastros disso; algumas vezes, com uma // secura desencantada, e, noutras, com um tom colorido *à la* Spitzweg.[4] Para uma música que nasce da condição cindida e problemática do todo e incapaz de ir para além desse estado, tal limitação também se tornará, com necessidade social, uma limitação da coisa mesma, e isso igualmente lá, onde tal música não ambiciona ser nada mais do que o aparentemente atingível, como se o sofrimento por tal condição tivesse adquirido forma em seu próprio interior. A falsa condição social vinga-se, pois, na qualidade das obras de arte, insensível à posição que estas terminam por assumir em relação a ela.

Mas, em contrapartida, aquele juízo que glorifica a música de câmera é verdadeiro, bem como o aceite de que seus adep-

---

4 Referência a Carl Spitzweg (1808-1885), pintor e poeta alemão. [N. T.]

tos efetivamente suplantam os demais ouvintes no que tange ao conhecimento do assunto. Ocorre que, enquanto tal, essa superioridade é menos uma precedência dos sempre aludidos valores internos que uma primazia das obras individuais sobre as obras sinfônicas comparáveis. Tal primado tem seu lugar, antes do mais, na linguagem musical, ou seja, em um elevado grau de domínio do material. A redução do volume sonoro, assim como a renúncia a um efeito mais abrangente no gesto da música camerística, permite moldar a estrutura em suas mais íntimas células, atingindo até as menores variáveis. Por isso, a ideia da nova música amadureceu a partir da música de câmera. Aquilo que concebeu como sendo sua tarefa, a saber, a integração do horizontal e do vertical, já se podia pressentir na música camerística. Em Brahms, o princípio do trabalho temático universal já havia sido prematuramente logrado em obras tais como o *Quinteto para piano*. E, nos últimos quartetos de Beethoven, é precisamente a recusa à monumentalidade que possibilita uma estrutura interna elaborada com detalhes em cada um de seus elementos particulares, o que os tornam inconciliáveis com o estilo "afresco" da sinfonia. Tal técnica compositiva foi beneficiada pela música de câmera, pelas vozes singulares autonomamente emergentes e, ainda assim, condicionadas umas em relação às outras. Como resistência contra o elemento expansivo e decorativo, ela era essencialmente crítica, "objetiva", e, no último Beethoven, anti-ideológica inclusive. Eis o que fundamenta, antes de mais nada, a superioridade camerístico--musical. Do ponto de vista social, ela se deve à limitação dos meios, na medida em que esta última possibilita sua autonomia mediante o ascetismo perante a aparência. Estende-se da mera dimensão sonora até sua fatura [Faktur], organizada de tal

Introdução à sociologia da música

modo que todas as ligações e relações se justificam plenamente em termos de sua efetividade composicional, // compostas de fio a pavio e sem permanecer como mera fachada musical. Essa organização completa permitiu à música de câmera, já no Classicismo, desviar-se dos esquemas de uma forma mais profunda que a música sinfônica. Não só os últimos quartetos, mas também alguns movimentos dos quartetos do Beethoven intermediário, tal como o segundo grande movimento do *op. 59*, n.1, bem como o movimento lento do *op. 95*, são construídos de maneira irregular, algo de que Erwin Ratz já havia advertido de modo enfático. Foi por meio disso que a música, pela primeira vez, emancipou-se de forma radical em tais movimentos, e não mediante a ousadia na condução das vozes; peças desse tipo seriam impensáveis em qualquer sinfonia de Beethoven. A consequência disso tudo é paradoxal. Enquanto a música de câmera se dirige menos à integração externa — o mesmo é dizer, à integração ilusória dos ouvintes — que a música sinfônica, do ponto de vista interno, em contrapartida, permanece mais integral e recolhida em si, graças a uma rede de relações temáticas espessa e sofisticadamente urdida; mas, devido a uma individuação mais estimulada, continua igualmente mais livre, menos autoritária e truculenta. Aquilo que ela perdeu em domínio aparente por conta de seu recuo em direção à esfera privada, ela reintroduz por sua restrição autônoma e, por assim dizer, sem janelas. Ao longo de quase cem anos, isso lhe foi benéfico até mesmo no que tange à recepção.

A nova música veio à luz a partir da grande música de câmera no estilo especificamente cunhado pelo Classicismo vienense. Nunca se duvidou de que Schönberg deitasse suas raízes na polifonia do quarteto de cordas. O salto qualitativo deu-se em seus dois primeiros quartetos. No primeiro, ainda tonal, o trabalho motívico-temático terminou por adquirir onipresença. Disso resultou uma harmonia ampliada e um contraponto impremeditadamente espesso. Em si mesmo, o segundo quarteto levou a cabo de maneira nítida o inteiro processo de uma tonalidade tensionada ao máximo mediante expedientes que iam desde os meios-tons cromáticos independentes até a atonalidade livre. Em termos sociais, com isso se desfez o consentimento dado pelo público. A consequência do princípio camerístico-musical, a total arquitetura estrutural, foi a renúncia a toda consideração à sua receptividade; por menos que Schönberg quisesse fazer jus a isso, ele permaneceu ao longo de sua vida ingênuo em relação à sociedade. Os primeiros escândalos da nova música irromperam após os // seus quartetos em ré menor e fá sustenido menor, embora neles não ocorresse, em rigor, nada mais que a penetração recíproca da exigência de Brahms de um procedimento pantemático e as inovações harmônicas wagnerianas. Nisso, ambas tendências acabaram intensificando-se tal como em um condutor: a harmonia tornou-se mais brusca, sendo que as dissonâncias mais afiadas se justificaram mediante a condução das vozes e por meio do trabalho motívico-temático autônomo, de sorte que este último podia movimentar-se na esfera tonal ampliada de maneira incomparavelmente mais desprendida do que lhe era permitido no interior da conservadora harmonia de Brahms. Mas, na síntese dialética dos meios compositivos, oriundos dessas duas escolas conflitantes ao final do século XIX, dissolveu-se igualmente a dicotomia social entre o espaço musical interno e a esfera pública da música. As exigências da música camerística de Schönberg já não se podiam coadunar com o fazer musical doméstico e tampouco com o ambiente

Introdução à sociologia da música

familiar. Também eram explosivas no que concerne ao conteúdo e no que tange à tecnologia. Com elas, a música de câmera viu--se forçada a se mudar, em definitivo, para a sala de concerto. E, inversamente, por meio de sua mera existência, desabonou--se o elemento decorativo e lapidar da música pública. Como herança de uma música lançada para fora da intimidade, tais exigências trouxeram consigo uma profusão de procedimentos composicionais que só puderam prosperar sob seu abrigo. Nesse aspecto, a invenção da forma da sinfonia de câmera, da qual decorrem até hoje todos os produtos para orquestra de câmera, é central. Schönberg deixou-se comover por tal concepção, que, ademais, era extremamente ousada em termos de sonoridade e sempre difícil de ser realizada, sobretudo porque a polifonia emancipada no *Primeiro quarteto* já não se podia contentar com o habitual contraponto a quatro vozes do movimento próprio ao quarteto. Tendo desgarrado-se por completo, a polifonia passou a reivindicar uma maior variedade de vozes, de sorte que Schönberg dosou ininterruptamente a medida da polifonia de acordo com o aparato que se achava à disposição, a contra-pelo, portanto, da tendência diretiva da música sinfônica do Classicismo vienense. Em sua condução, a sinfonia de câmera suplanta todo o efetivo contraponto polifônico desde a Idade Média, mesmo o de Bach, ao passo que o *Segundo quarteto* parece, antes, limitar novamente a polifonia // em prol dos aconteci-mentos harmônicos. Mas, com isso, à *Primeira sinfonia de câmera* une-se um traço em direção ao exterior. Segundo a descrição de Webern, a peça possui um caráter completamente enérgico e movente. Reza a tradição que Schönberg teria esperado justa-mente dela, para o seu ledo engano, um enorme sucesso junto ao público. Dentre os secretos impulsos sociais da nova música decerto não era o mais fraco o de diluir a antítese tangivelmente coagulada na forma de uma música pública verdadeiramente exteriorizada, transformando-a na música programática de Strauss. Uma expressão livre de travas e que caberia associar ao esoterismo artístico traz consigo o desejo de ser apreendida. Aquilo que no Expressionismo, com o qual, aliás, o jovem Schönberg tinha muito em comum, denominou-se "o grito" não consiste apenas em algo que se subtrai à comunicação por meio da recusa das lustrosas articulações linguísticas de sentido, mas, sob uma ótica objetiva, igualmente na tentativa desesperada de atingir aqueles que já não mais escutam. A tese até hoje afirmada de maneira demasiadamente inflexível sobre a associabilidade autossuficiente da nova música também carece, por isso, de revisão. Suas primeiras manifestações seriam mais bem compreendidas como uma espécie de devir público sem esfera pública. Por último, mas não menos importante, irritava na nova música o fato de que ela não se retirava pura e simplesmente rumo à dimensão camerístico-musical, mas voltava sua armadura impenetrável em direção àqueles que aparentemente não queriam saber nada a seu respeito. Desde o início, não representava uma mera submersão em si mesma, mas sim um ataque ao consentimento que os extrovertidos estabelecem entre si.

Aquilo que se dá a conhecer na *Primeira sinfonia de câmera* de Schönberg foi, porém, alcançando aos poucos, o fim da música de câmera como uma maneira de compor centrada no quarteto de cordas. Depois do *Quarto quarteto* de Schönberg (1936), não se escreveu mais nenhum quarteto de cordas de alto nível. O relativamente contemporâneo *op.* 28 de Webern (1937-8) soa um pouco como se o gênero, no qual ele, como seu mestre,

Introdução à sociologia da música

sentia-se em casa, tivesse renunciado ao espírito vital; a rigidez da exposição do primeiro movimento desmente tudo aquilo que a música de câmera havia anteriormente granjeado para si, inclusive no magistral *Trio de cordas* do próprio Webern. A esse mesmo contexto talvez pertença o fato de que a mais célebre // obra musical camerística de Berg, a *Suíte lírica*, mesmo aplicando economicamente os meios consoantes ao quarteto de cordas, em seu decurso se assemelha a uma "ópera latente", ou, de modo mais drástico, a uma música programática tal como a *Noite transfigurada*. Na era da burguesia tradicional, a música de câmera situava-se no polo contrário da ópera. Mesmo arruinada objetivamente, esta última encontrava e ainda encontra seu público; a música de câmera, de longe mais adequada à forma objetiva da sociedade, encontrava, por isso mesmo, cada vez menos público; uma complementa a outra. Com Berg, os gêneros começam a flutuar e modificar-se, como se o ideal autossuficiente próprio à música de câmera se lhe apresentasse de modo tão desbotado como, às avessas, sua crença na ópera se fiasse apenas no fato de ela ser verdadeira e integralmente composta. De qualquer maneira, durante os últimos quinze anos, o quarteto de cordas, bem como seus gêneros familiares, desapareceu. Aquilo que até agora se podia escutar do *Livre à quatour* de Boulez não tem a mesma origem de berço que *Le marteau sans maître* — concebido posteriormente —, o qual pode ser considerado como descendente da ideia de Schönberg de orquestra de câmera, e, em especial, do *Pierrot lunaire*. A razão do declínio do quarteto de cordas ou da idiossincrasia dos compositores contra ele é, antes de mais nada, tecnológica. A incorporação da dimensão das cores à construção, que decerto foi promovida nos dois primeiros quartetos de Schönberg, mas recuou no *Terceiro* e igualmente

Theodor W. Adorno

no *Quarto* por trás de uma justiça material quase repulsiva do puro movimento do quarteto em sua forma normal, exaspera--se obstinadamente contra sua relativa homogeneidade, contra a pobreza em timbres. Mas, é sobretudo o fazer musical serial, o qual desdenha o motivo como material e tenciona recorrer apenas ao som individual e aos seus parâmetros, que denega a tradição camerístico-musical enquanto domínio próprio ao precedimento motívico-temático. Se isso se deterá aí ou não, a depender de quão mais críticos se tornarem os compositores em relação ao modo de proceder serial, de sorte a reatualizarem os reprimidos expedientes camerístico-musicais, eis algo que dificilmente se deixa profetizar. O crescente interesse de Stockhausen pelo material sonoro do piano solo presta testemunho a esse respeito.

Na crise da música de câmera, a história composicional imanente do gênero afina-se uma vez mais com a mudança das condições sociais. Determinantes de níveis de abstração completamente diferentes, que vão desde a // tendência social geral até circunstâncias extremamente palpáveis, podem ser especificadas. Primariamente, a crise da música de câmera lembra a crise do indivíduo, sob o signo do qual ela se colocava. Os pressupostos de autonomia e independência, que penetram até as veias composicionais da música de câmera, acabaram enfraquecendo--se; caiu no esquecimento a rígida ordem de propriedade, em cujos grupos privilegiados uma atividade tão frágil quanto o fazer musical camerístico podia sentir-se segura. Basta lembrar o papel desempenhado pelo funcionário [des Angestellten] enquanto um tipo social para perceber como ele ocupa mais e mais o lugar daquilo que outrora se chamava classe média. Funcionários saem para se distrair; desde a *Haus Vaterland* de Berlim,

Introdução à sociologia da música

toda uma oferta cultural é talhada ao seu molde; seu tempo livre não é ócio, mas algo institucionalmente administrado de modo aberto ou velado; sendo que, sem fronteiras fixas, a cultura dos funcionários se alastrou para além do grupo profissional. A monotonia do trabalho mecanizado, também daquele que se efetua no escritório, supostamente exige correlatos distintos dos requeridos pelo prolongado, exigente e árduo trabalho de execução de quartetos e trios; e os modelos condutores da vida moderna fornecidos pela indústria cultural tacham essas ocupações sérias e desconfortáveis, aos olhos daqueles que engenuamente se colocam diante de tais ofícios, com o ódio do *old fashioned* próprio de um albergue não renovado em comparação a um bar sintético e iluminado com luzes de neon. Aquilo que conta afastar-se da interioridade deteriorada visa à indústria e ao *gadget*,[5] sendo que, aqui, o progressivo e o regressivo terminam por se cruzar. Os reflexos disso recaem sobre a composição. O que há de insatisfatório nas possíveis combinações sonoras de toda sorte de música camerística equipara-se, com frequência, ao espanto diante da espiritualização: esta pretende levar a cultura a bom termo a partir daquilo em que ninguém mais acredita. Lá onde se esgota a produção, o cuidado da reprodução

---

5 Nos Estados Unidos, em seu sentido idiomático mais estrito, *gadget* é um pequeno artefato técnico empregado, em especial, na esfera privada e que supostamente deveria poupar ou facilitar o nosso trabalho. Conforme uma tendência sociopsicológica variegadamente observada, tais *gadgets* são utilizados afetivamente por inúmeros indivíduos que, vez ou outra, agrupam-se de forma organizada, sendo que a diversão com tais utensílios converte-se, em geral, em um irracional fim em si mesmo. O termo que se dá a isso é, segundo o jargão informal, *"gadgeteering"*. [N. E. A.]

Theodor W. Adorno

também mal pode sobreviver. Justamente no estrato social em que // outrora se desenvolveu, tal cuidado se tornou uma exceção, como se confirma cada vez mais. Já se lamentou muito a esse respeito; caberia pôr à prova a tese a partir de investigações empíricas para, aí então, verificar e avaliar as causas.

A tese do retrogresso quantitativo da música de câmera, reiterada diversas vezes, é decerto difícil de ser controlada. Faltam números comparáveis com vistas ao passado, sendo que precisamente os admiradores da música no estilo antigo contam fazer oposição às enquetes estatísticas feitas sob medida para os consumidores dos meios de comunicação de massa. Pode-se imaginar que o número de musicistas privados diminuiu apenas proporcionalmente, mas não de forma absoluta; isso se deixa verificar somente de modo indireto, e, sobretudo, mediante a sondagem dos professores particulares de música e por meio da comparação de sua atual porção numérica com a de trinta anos atrás, com base nas listas dos membros das organizações profissionais. Provavelmente, a mudança é mais qualitativa que quantitativa; desde o liberalismo tradicional, o peso do fazer musical doméstico tornou-se menor para a vida musical em geral. A jovem moça que toca Chopin é algo tão pouco característico quanto os músicos amadores que se reúnem a fim de formar um quarteto de cordas; ainda assim, saber em que medida se canta com menos privacidade que outrora, eis uma questão que não é tão indubitável como se poderia inferir do fato de que, hoje, raramente alguém é convidado a *soirées* musicais privadas. Dentre as tarefas de uma Sociologia da Música empírica se acharia igualmente a de pôr à prova, mediante aguçadas problematizações, opiniões que se converteram em bens comuns como expressão da ideologia cultural dominante. Em contrapartida,

Introdução à sociologia da música

poder-se-ia muito bem dizer que a predisposição à organização administrada, ainda que não oficial, apropriou-se em grande medida da prática musical privada na Alemanha, conforme o jargão do mundo administrado. Em termos institucionais, essa tendência da vida musical cultivou, pela primeira vez, o tipo de ouvinte do ressentimento. O veemente anseio de imersão, bem como de uma qualidade musical específica e de um posicionamento singularmente desenvolvido, cede terreno à adequação uniforme e à bem-disposta participação em conjunto. Ante a alegria dos intérpretes da música de câmera, aos quais a beleza de uma obra determinada vem subitamente à tona, a relação com a coisa mesma adquire, talvez, algo de abstrato; no lugar daquilo que impera no *Geistertrio* de Beethoven, ou, // então, no lento movimento do *op. 59*, n. I, entram em cena os "amigos da música antiga", sem pretender, com isso, discriminar de forma exagerada, pois, de fato, hoje é problemático ou bastante difícil perceber as distinções qualitativas na música pré-bachiana. O gosto, aquilo que outrora constituía a base de uma escuta boa e adequada da prática musical privada e camerística, atrofia-se e cai, a um só tempo, em descrédito. Não era, por certo, a mais elevada categoria da experiência musical, mas era indispensável para se elevar acima da experiência.

A decadência das aulas domésticas de música pode ter contribuído para o declínio da música de câmera. A inflação que se seguiu à Primeira Guerra Mundial tornou as qualificadas aulas particulares algo exorbitantemente caro à comedida classe média; mas, de acordo com uma observação assistemática, também a boa conjuntura dos anos 1950 não lhe proporcionou nenhuma recuperação econômica, em que pese o fato de que, ao menos nos últimos tempos, mais pianos tenham sido com-

Theodor W. Adorno

prados. É grande a tentação de imputar a culpa aos meios de comunicação de massa. Entretanto, estes últimos divulgam o conhecimento do acervo musical e, em si mesmos, estariam aptos a recrutar novos membros da música camerística doméstica, sendo capazes, do mesmo modo, de dispensar outros tantos do esforço de executá-la por si próprios. A maior responsável por isso tudo é, portanto, a mentalidade do ouvinte, que, uma vez mais, acha-se ela mesma integralmente mediada em termos sociais. Provavelmente, a influência dos meios de comunicação de massa teria de ser buscada, antes do mais, naquilo que o jargão sociopsicológico chama de "sobrecarga de estímulos". Mais importante, porém, que a constatação de que os obcecados por rádio tenham perdido o costume de sua própria atividade musical, talvez seja o fato de que aquilo que eles mesmos poderiam tocar possa parecer-lhes muito monocolor e despretensioso em relação às ordinárias sonoridades *de luxe* que os alto-falantes lhes oferecem. O declínio da interioridade cultural, ou, em alguns países, sua completa falta, é concomitante à fome de estímulos sensuais mais toscos; sua ausência é esquecida apenas por aquele que, de antemão, experimenta a música como algo espiritual, sendo que justamente isso é impedido por sua preparação como bem de consumo. Isso reduz o potencial da atividade camerístico-musical. Trata-se, em todos os lugares, de formas coletivas de reação; seria de pouca serventia, por conseguinte, apregoar a grande música de câmera aos indivíduos particulares. Dever-se-ia dar-se por satisfeito com o simples fato de que estes últimos conheçam, em geral, o repertório consoante à música de câmera, // de sorte a perceber o motivo pelo qual se enganam. As condições mal lhes permitem dedicar-se a ela. Uma vez mais, algo exterior faz as vezes de algo interno.

Introdução à sociologia da música

Nos apartamentos populares de pequenos cômodos e paredes finas, nos quais os recém-casados se apressam para morar, um quarteto de cordas já seria algo praticamente impossível em termos de sua acústica, ao passo que o *blues* a pulsar do alto-falante se deixa diminuir acusticamente à vontade, sendo que os vizinhos de tal apartamento, habituados a isso, sentem-se menos incomodados do que com o grande *Trio em si bemol maior* de Beethoven. De qualquer maneira, falta-lhe o piano, mais caro que o toca-discos e que não encontra espaço no pequeno apartamento. O piano de armário que poderia substituí-lo não convém, porém, à música de câmera.

Esta última ainda é possível, no entanto, não como preservação de uma tradição há muito esburacada, mas como uma arte de especialistas, a título de algo totalmente inútil e perdido, que tem de estar ciente de si mesmo, caso não queira degringolar em uma espécie de "enfeite sua casa" [Schmücke-dein-Heim]. Não encontraria, ademais, nenhuma guarida contra a crítica da *l'art pour l'art*. E mesmo nesse princípio algo se modificou em um período no qual todos são unânimes quando se trata de vituperá-lo como um resquício do neorromantismo e da *art nouveau* [Jugendstil]. Em uma sociedade que subsume tudo o que é espiritual sob a rubrica dos bens de consumo, o condenado pela tendência histórica é o precário esconderijo daquele possível que ainda está por vir, mas é vetado pelo domínio universal do princípio de realidade. O que possui uma função pode ser substituído; insubstituível é apenas aquilo que não serve para nada. A função social da música de câmera é a de não possuir função. Mas ela não é mais desempenhada nem mesmo pela música de câmera tradicional.

215

// Regente e orquestra
Aspectos sociopsicológicos[1]

As ponderações sobre o regente, a orquestra e a relação entre os dois justificam-se, não apenas em função da relevância social de seu papel na vida musical, mas, sobretudo, porque elas formam em si algo semelhante a um microcosmo no qual as tensões da sociedade ressurgem e deixam-se estudar concretamente; de modo comparável, por assim dizer, à *community*, à comunidade citadina, um objeto de pesquisa sociológico que permite extrapolações para a sociedade que, como tal, jamais seria imediatamente assimilável à primeira. Por mais que algumas observações sobre o regente e a orquestra queiram parecer casos especiais de uma Sociologia universal de grupos, não se trata de relações de grupo sociológicos formais, que seriam independentes dos conteúdos sociais específicos. Apenas de maneira ar-

---

1 O presente texto foi há muito formulado e proferido publicamente diversas vezes, antes que o semanário inglês *Observer* trouxesse a lume, em junho de 1962, a entrevista concedida por Igor Stravinsky a Robert Craft acerca do mesmo tema. A consonância entre vários resultados críticos aos quais chegaram pensadores tão diferentes fala por si mesma. [N. E. A.]

bitrária poder-se-ia discutir separadamente os caracteres sociais do regente e da orquestra, sua atual função na sociedade e sua respectiva problemática estética. Sob uma ótica estética interna, aquilo que distorce a atividade musical da orquestra sob a tutela de seus líderes são sintomas de uma inverdade social.

Dificilmente se questiona, entre músicos, o fato de o prestígio público do regente superar, de longe, a habilidade de reprodução musical da maioria. No mínimo, há um descompasso entre o prestígio público e o efetivo trabalho artístico. O dirigente não deve sua fama, ou, pelo menos, não unicamente, à capacidade de apresentação das partituras. Ele é uma *imago*, uma // imagem de um poder que incorpora visivelmente enquanto figura de destaque e mediante uma gestualidade impactante. Elias Canetti já apontou para isso.[2] Na música, esse momento de modo algum se limita aos regentes. O virtuose, o pianista, digamos, que tipifica o estilo de Liszt, mostra traços semelhantes. Na identificação com ele, fantasias de poder desenfreiam-se de modo impune, já que, como tais, não se deixam consumar objetivamente. Em dada ocasião, referi-me ao contexto atinente a uma peça de salão muitíssimo famosa de Rachmaninoff e sugeri, com vistas a esse fenômeno, o nome de "complexo de Nero".[3] Além disso, o regente demonstra nitidamente seu papel de liderança: a orquestra tem de tocar, de fato, tal como ele ordena. Ao mesmo tempo, essa *imago* tem algo de epidêmico e, em termos simplesmente estéticos, algo de nulo: os ares do governante violento desatam uma espécie

---

2 Ver Elias Canetti. *Masse und Macht*. Hamburgo, 1960, p.453. [N. E. A.]
3 Ver Theodor W. Adorno. *Quasi una fantasia*. Frankfurt a. M., 1963, p.60. [N. E. A.]

Introdução à sociologia da música

de *crescendo*, e não uma guerra, sendo que a pressão que exerce assenta-se sobre uma espécie de acordo. Aquilo que serve a uma finalidade irreal se porta como algo real, e o regente, de seu lado, como se lograsse isto aqui e agora. Desse modo, envenena tudo aquilo que leva objetivamente a cabo. Enquanto o gesto do curandeiro se impõe aos ouvintes que reputam tal atitude imprescindível para apreender artisticamente aquilo que os músicos têm de melhor, algo que, aliás, é confundido com o extremo desempenho corporal, a qualidade das execuções musicais, o aspecto do regente voltado à orquestra, é de longe independente daquilo em que este último leva o público a acreditar. Diante do público, o regente tem *a priori* algo de propagandístico-pedagógico. Isso faz lembrar aquele antigo chiste em que a espectadora de um concerto na *Gewandhaus* que, recorrendo à vizinha de assento, muito bem versada no assunto, pede para lhe avisar o momento em que Nikisch[4] começa a fascinar. Eis como se distinguem entre si a avaliação social do elemento musical e sua própria estrutura. Às vezes, os bons desempenhos que o júbilo fascinado atribui ao regente não são, de modo algum, realizados por ele. Em uma grande cidade alemã, vivia um filho doente mental de uma família abastada, o qual se imaginava um regente genial. A fim de curá-lo, a família alugou-lhe a melhor orquestra e deu-lhe a chance de interpretar a // *Quinta sinfonia* de Beethoven de ponta a ponta. Embora o jovem fosse um absoluto leigo, a execução não foi pior que outras habitualmente em voga; a orquestra, que sabia a peça de

---

4 Arthur Nikisch (1855-1922), regente húngaro de grande renome, dirigiu a *Gewandhaus Orchestra* em Leipzig de 1895 até a sua morte. [N. T.]

cor e de olhos fechados, não se preocupou com as investidas equivocadas do diletante. Sua loucura viu-se, pois, confirmada. Um sentido semelhante a esse têm as tentativas dos psicólogos sociais americanos de tocar, para pessoas postas à prova, discos com as etiquetas trocadas, como, por exemplo, os de Toscanini, ou, então, de algum desconhecido regente da província, de sorte que as reações acabam correspondendo apenas aos nomes, seja porque os ouvintes não conseguiam distinguir as qualidades, seja porque as diferenças eram incomparavelmente menores que a ideologia da vida musical oficial gostaria que fossem.

À medida que age como domador da orquestra, o regente visa também o público, conforme um mecanismo de transferência que não é isento de demagogia política. Substitutivamente, atende à necessidade sadomasoquista, desde que nenhum outro líder esteja à disposição para ser aclamado. Por mais ingênuos, musicalmente falando, que fossem os experimentos com orquestras sem regência no despertar da Revolução Russa, eles foram lamentados apenas pelo regente, que lhes culpava permanentemente em termos sociopsicológicos. Ele também simboliza o domínio mediante o traje, que une a vestimenta da camada senhorial com a do domador de circo brandindo o chicote; e, por certo, igualmente com a do *maître*, sempre lisonjeiro para os ouvintes: é isso que o inconsciente destes últimos talvez possa registrar, a saber, a figura de um senhor que é, ao mesmo tempo, nosso serviçal. O deslocamento da essência senhorial para a distância do espaço estético possibilita, a um só tempo, fornecer ao mestre de capela qualidades mágicas, que inexistiriam perante a prova da realidade: justamente aquela encantadora capacidade de fascinação. Até mesmo isso pode encontrar algum amparo no fenômeno; no fato de que, para comunicar de alguma maneira

Introdução à sociologia da música

algo de suas intenções sob as condições presentes, o dirigente tem de desenvolver determinadas capacidades sugestivas. Que, à primeira vista, ele se saiba comprometido com a coisa mesma e esteja despreocupado com o público – virando-lhe as costas, inclusive –, eis algo que lhe atribui aquela ausência de relação e afeição para com os fãs que Freud, na *Psicologia das massas // e análise do Eu*, dizia fazer parte dos constituintes da *imago* do líder. A dissociação do estético é redimensionada sob a forma do ritual no qual ela mesma outrora surgiu. O exagero, o demandado fanatismo, a exibição de uma paixão supostamente voltada apenas para o interior lembra o comportamento afetado dos líderes que proclamam não querer nada para si próprios. Tal como o ditador, acredita-se que o histrião sobre o púlpito é capaz de produzir espuma em sua boca ao bel-prazer. É assombroso que os nacional-socialistas não tenham perseguido, como concorrentes de seu próprio carisma, os regentes e os videntes.

Não que a atividade do regente abjurasse sua legitimação e a necessidade artísticas. A inteira música mais recente acha-se sob o signo da integração de uma multiplicidade. Por certo, essa ideia não é tão inalterável quanto sugere sua familiaridade; aliás, a ignorada combinatória polifônica da *ars nova* florentina não se parece dobrar por completo à unidade do simultâneo e, se na atualidade a obra integralmente composta é invalidada nos grupos incentivados por John Cage, ressurge, com isso, algo que se conservou encoberto pelos procedimentos racionalmente dominadores da natureza da música artística europeia, mas que não foi de todo aniquilado. Contudo, assim que a música a várias vozes – seja a efetivamente polifônica, seja a homofônica com "disseminação motívica" – tenciona lograr uma unidade do múltiplo, também passa a carecer, com vistas à sua direção, de uma consciência unitária que primeiro produza a integração espiritual para, aí então, tratar de realizá-la, ou, no mínimo, vigiá-la. Mesmo em pequenos conjuntos, nos quais vigora a mútua e cordial compreensão entre os participantes, a atividade é inexequível sem a presença de tal consciência. No quarteto de cordas, a apresentação qualificada requer uma autoridade apta a decidir acerca das controvérsias, bem como diferenciar e coordenar os desempenhos individuais dos intérpretes de acordo com a ideia do todo; na maior parte das vezes, essa tarefa recai sobre o *primarius*.[5]

No entanto, a música camerística, bem como toda constituição musical de conjunto, sofre de uma profunda contradição. Os conjuntos são alegorias de uma multiplicidade produtiva, desde si espontânea e capaz de engendrar o todo, e que aguardam tal multiplicidade produzir-se a partir de si mesma. Mas, do ponto de vista estético, // o ato sintetizante só pode ser consumado por um autor, sendo que a multiplicidade, que em si já é uma aparência estética, vai novamente a pique sob a forma de uma aparência. Em bons quartetos de cordas, cada um de seus integrantes precisa ser, em rigor, um solista altamente qualificado, mesmo que não tenha o dever de sê-lo. As típicas rivalidades nos quartetos de cordas, que põem calamitosamente termo à duração, não se devem apenas às relações financeiras, mas também a uma antinomia: no quarteto, exige-se tanto a atividade autônoma dos indivíduos isolados quanto a sua subordinação heterônoma a uma vontade individual que representa uma espécie de *volonté générale*. Em tais conflitos surgem, de maneira pura e internamente musical, conflitos sociais. O princípio de uni-

---

5 Primeiro violinista. [N. T]

Introdução à sociologia da música

dade, que, de fora, imigrou da sociedade rumo à música como um traço autoritário-senhorial, dando-lhe, de modo imanente, sua primeira consistência, também exerce uma certa repressão no contexto estético-musical. O espinho social medra uma vez mais no interior da arte. A música age como se cada um tocasse para si e disso resultasse o todo; mas este último só advém efetivamente a partir de um centro ordenador e equalizante, que nega, de novo, as espontaneidades individuais. A necessidade dessa coordenação intensifica-se, é claro, na orquestra, na qual então se forma um "vazio social", haja vista ser impossível que cada um dos inúmeros participantes possa atinar com os demais tal como ocorre nos grupos camerísticos. Além disso, no repertório orquestral tradicional, as vozes individuais de acompanhamento não são inteiramente articuladas a ponto de fazer com que sua execução não dirigida pudesse garantir, a partir de si, um todo coerente. O aparato orquestral está tão alienado em relação a si mesmo – pois nenhum membro jamais escuta com precisão tudo aquilo que se passa simultaneamente a seu redor – quanto da unidade da música a ser apresentada. Isso esconjura a instituição alienada do regente, em cuja relação com a orquestra a alienação se prolonga mais e mais, quer do ponto de vista musical quer sob a ótica social. Essa problemática restitui à sociedade, por assim dizer, aquilo que ela mesma fez afundar como um segredo obscuro na música de conjunto. Os pecados do regente revelam algo acerca da negatividade da grande música enquanto tal, de seu elemento violentamente impactante.

297 // Não são meras deformações, mas características que decorrem da situação do regente; do contrário, dificilmente se deixariam observar com tamanha frequência. É claro que são continuamente intensificadas mediante a tentação extramusical

Theodor W. Adorno

de capturar o público. Porque a música necessita do regente, enquanto este é a um só tempo o avesso daquilo que pretende ser polifônico, haja vista ser o único a se destacar isoladamente; e porque na organização musical imperante a integração sob uma só vontade continua sempre precária, o regente se vê obrigado a desenvolver, como uma forma de compensação, propriedades estranhas ao objeto em questão e que facilmente degeneram em charlatanice. Sem um excedente irracional de autoridade pessoal, o corpo sonoro apartado do imediatismo de sua representação musical dificilmente chegaria a constituir unidade. Com tal irracionalidade, certas necessidades sociais encontram-se inseridas em uma harmonia preestabelecida, sobretudo a necessidade de personalização,[6] de síntese ideológica das funções técnico-objetivas em uma só pessoa visível; qual uma sombra, essa tendência acompanha a alienação social realmente crescente. O regente transforma-se na figura daquele que se relaciona de modo imediato com o público, mas cuja própria atividade musical está, ao mesmo tempo, necessariamente dele distante, porquanto ele mesmo não toca nenhum instrumento; converte-se, então, como músico, em ator, sendo que justo isso contradiz a apresentação tecnicamente qualificada. A teatralidade não surte efeito, em absoluto, apenas sobre aqueles que são avessos à música. É célebre a afirmação do jovem Wagner: não ser nem imperador nem rei, senão que se passar por um regente.[7] O modelo do regente que a todos vê e conduz é algo

---

6 Ver Theodor W. Adorno et al. *The Authoritarian Personality.* Nova York, 1950, p.664, 669. [N. E. A.]

7 Ver Theodor W. Adorno. *Versuch über Wagner.* 2.ed. Munique/Zurique, 1964, p.26 (agora também: Die musikalischen Monographien. In: *Gesammelte Schriften*, v.13. Frankfurt a. M., 1971, p.27). [N. E. A.]

Introdução à sociologia da música

imanente à estrutura de importantes composições, as quais se estendem de Wagner a Mahler, e, talvez, também até Richard Strauss; é igualmente cúmplice do caráter de *como se* consoante à música do Romantismo tardio. Em contrapartida, no fim do século XIX, a relevância do regente de orquestra aumenta em proporção à complexidade das obras. O insulto "música de mestre de capela", que serve // para tachar a ausência de autonomia de diversas peças pretensiosas, reprova como fracasso individual um fato bem mais objetivo e que cumpre ser apreendido em termos sociomusicais. Quando a esfera de circulação aflorou economicamente, o intermediário musical por excelência, o regente, tornou-se o centro dos interesses; mas, porque em rigor detinha tão pouco o poder de decisão quanto o seu protótipo econômico, nele sempre se misturava algo de enganoso. Aliás, aquele que não se deixa aterrorizar pela ideologia da autenticidade no âmbito da aparência estética deveria perscrutar a fundo a afinidade entre a arte teatral e a música; ela decerto não é um sintoma de declínio, tal como Nietzsche acreditou ter reconhecido-a, senão que dá a conhecer a unidade das artes temporais no impulso mimético. Assim como nos períodos pré-capitalistas pouco se diferenciava, do ponto de vista social, o saltimbanco do músico itinerante, assim também hoje poderiam intercalar-se nas mesmas famílias talentos teatrais e musicais, coadunando-se, inclusive, imediatamente entre si. Em uma decifração sociológica da música, não se deveria passar ao largo o fato de ela constituir uma esfera mimética privilegiada; o uso linguístico que por "interpretar"designa tanto a prática do mímico quanto a do instrumentista evoca tal parentesco. Ela predestina a música, em certa medida, a ser uma "ideologia do inconsciente".

Tal afinidade também ajuda a entender o motivo pelo qual as orquestras não são indiferentes, em muitos casos, aos atributos dos regentes, sendo que se poderia pensar, desde logo, que elas deveriam rejeitar como irrealistas e irracionais a racionalidade artesanal daqueles que produzem os sons. A orquestra respeita, no regente, a figura do *expert*; quem é capaz de cavalgar o cavalo indomável, e desde que esteja apto a fazê-lo, parecerá de saída o contrário de um *socialite* [Salonlöwen]. Mas, à sua competência profissional também pertencem as próprias qualidades não técnicas. O diretor do circo também é capaz de cavalgar. Quem não possui em geral tais qualidades é excluído, por conta da pureza estética, de toda arte e converte-se, de resto, em um funcionário filisteu da música; do mesmo modo que, conforme uma expressão de Horkheimer, pertence igualmente ao respeitável médico um resíduo de charlatanice, um excedente de fantasia sobre a racionalidade científica própria à divisão do trabalho. Lá onde o gosto extinguiu o último vestígio // do risco espontâneo, nenhuma música vive. As orquestras também esperam que o dirigente conheça a partitura com exatidão e escute cada nota errada, bem como cada imprecisão, como se dispusesse da capacidade de manter a orquestra em conjunto com um só movimento da mão e sem nenhuma reflexão que se lhe interpusesse, dando ensejo à interpretação correta e colhendo da orquestra, tanto quanto isso é possível, sua imagem da música, o que não torna patente se as capacidades sugestivas já bastam para tanto, ou, então, se elas apenas nos iludem quanto a isso. No entanto, a resistência afetiva da orquestra dirige-se contra tudo aquilo que faz alguma mediação, tudo o que não é nem técnica nem transposição direta. O regente que fala muito parece suspeito de ser incapaz de concretizar drasticamente aquilo que tem em mente; e também de,

Introdução à sociologia da música

por meio do bate-papo, alongar os odiados ensaios. Como uma espécie de herança, a aversão ao discurso foi transferida aos músicos de orquestra pelos trabalhadores físicos. Suspeitam que o intelectual os engana, i. e., justamente aquele que detém o poder da palavra da qual eles tanto se esquivam. Mecanismos arcaicos e inconscientes poderiam concorrer para tanto. O hipnotizador silencia-se; mas, em todo caso, dá ordens, e não explicações. A palavra racional romperia o encanto da transmissão. Assim que a palavra propicia a comunicação, transmuda potencialmente o receptor das ordenações em sujeito autônomo, enquanto se dissolveria a solidão narcisista da qual tanto depende sua própria autoridade. Tudo se passa como se o masoquismo do receptor da ordem oferecesse resistência aos modos de comportamento de seu chefe, os quais teriam um efeito nocivo sobre seu papel tradicional. Se aquele que dá as ordens fere os tabus vinculados aos papéis dos quais estava investido na pré-história de seus arquétipos, então isso passa a ser creditado, a partir de uma racionalização, à sua incapacidade objetiva. O anti-intelectualismo das orquestras é aquele que diz respeito aos coletivos intimamente ligados entre si e que se acham, ao mesmo tempo, limitados em sua consciência. De maneira análoga, os atores desconfiam do dramaturgo como de um Sr. Doutor [Herrn Doktor].

É de modo ambivalente que a orquestra se coloca diante do regente. Enquanto aquela, pronta para mostrar um desempenho brilhante, deseja ser controlada com rédeas curtas por este último, o próprio regente é, ao mesmo tempo, suspeitosamente tido por um parasita, já que não tem de tocar nenhum violino ou soprar qualquer instrumento, exibindo-se às custas daqueles que de fato tocam. Repete-se, aqui, *en miniature*, a dialética hegeliana do senhor e do escravo. O conhecimento e // a primazia que qualificam o regente a exercer sua condução afastam-no do imediatismo sensível do processo produtivo; é raro as duas coisas andarem juntas; àquele que sabe como a coisa deve ser feita de modo correto raramente é dado realizá-la igualmente do ponto de vista físico; historicamente, ambas funções foram apartadas entre si durante demasiado tempo. Não é em vão que os músicos de orquestra, quando do momento de julgar os regentes, prestam atenção, desde logo, nas capacidades sonoras; estas são com facilidade supervalorizadas em relação às capacidades estruturalmente espirituais. Em termos concretos, todos eles têm uma repulsa àquilo que, na música, é impalpável e incontrolável. O ceticismo esposado pelo músico de orquestra — "a nós, velhas lebres, ninguém é capaz de enganar" —, que nas corporações sonoras de renome mundial pode ascender ao nível de uma arrogância desmedida e sabotadora, é a um só tempo justificado e injustificado. Justifica-se contra o espírito rebaixado à condição de palavrório inútil, contra aquela reflexão estética que não se consagra à coisa mesma, senão que a desfigura. Em alvo de muitas gargalhadas converteu-se aquele regente com ares de sargento que, certa vez, parafraseou o dito de Wagner sobre a *Sétima sinfonia* de Beethoven: "meus senhores, esta é a *Apothese* da dança"; "*Apotheke*", corrigiram-no.[8] Tal atitude é injustificada porque limita a música à sua fachada sensual e difama aquilo através do qual ela se torna música. Pois seus elementos estruturais não se deixam perceber sensivelmente e na íntegra a partir da técnica de entradas e cortes utilizada pelo regente, mas necessitam de um esclarecimento, tal como encontramos na prá-

---

8 Palavra inexistente em alemão, meio do caminho entre Apotheose (apoteose) e Apotheke (farmácia). [N. T.]

Introdução à sociologia da música

tica progressista da música de câmera. A procedência social do músico de orquestra, normalmente a pequena burguesia à qual faltam as precondições culturais para a autocompreensão de seu próprio trabalho, reforçam a ambivalência psicológica, mas suas raízes também atingem a situação objetiva. Essa ambivalência poderia levar o regente à autocrítica. No entanto, a partir do conflito latente e sempre ameaçador, muitos regentes assumem silenciosamente a consequência de ter de se adequar de modo incondicional ao espírito da orquestra. Em vez de aprenderem, deixam-se adorar; e é a música que tem de pagar por isso.

Descrever o modo de comportamento do músico de orquestra é algo que nos conduziria a uma fenomenologia da renitência [Renitenz]. De saída, há a relutância em se submeter. Esta deve ser particularmente aguda naqueles que, por meio do material e da forma de seu // trabalho, sentem-se artistas, e, com isso, indivíduos livres. Mas, pela submissão a uma pessoa ser tecnologicamente requerida pela própria coisa; pelo fato de no regente se misturarem de forma obscura as autoridades pessoal e profissional, a resistência primordial vê-se obrigada a procurar fundamentações. Estas últimas se oferecem copiosamente. Quando se observa como os dirigentes, após execuções exitosas, incitam a orquestra a se levantar, pode-se entrever igualmente a tentativa inabilidosamente diligente de corrigir a relação enviesada rumo ao exterior, bem como a renitência persistente que desdenha tal correção, porque ela em nada altera a relação basilar. Mas os renitentes estão dispostos a se subjugar assim que farejam a força. A Psicologia Social do músico de orquestra é a do caráter edípico, oscilando entre amotinar-se e rebaixar-se. A resistência contra a autoridade deslocou-se: o que outrora era rebelião e ainda se faz sentir como tal terminou por se apegar a tais momentos da autoridade, nos quais esta última se expõe ao vexame por não se mostrar suficientemente autoritária. Lembro-me em minha juventude de um músico, mais tarde tornado célebre, que provinha de uma orquestra. Deleitava-se, em sua fase recalcitrante, com o fato de pintar um bigode na máscara mortuária de Beethoven. Profetizei, ao nosso professor comum, que haveria de se tornar um ferrenho reacionário, e, de fato, ele não frustrou minhas expectativas. Típicas do hábito da renitência são todas as anedotas nascidas da orquestra e que acusam os compositores modernos das mais diversas escolas de não conseguirem perceber quando um instrumentista de sopro teria deixado intencionalmente de transpor seu tom e tocado a voz errada. O conteúdo de verdade dessas histórias é questionável; mas não aquilo que dizem acerca do espírito da orquestra. O edípico está inclinado a ser hostil contra a modernidade; os pais devem ter razão diante dos filhos. O ato de sabotagem, a ação de tocar propositalmente errado, elege seu objeto de maneira que tenha atrás de si, de antemão, a autoridade mais forte, a saber, a da *communis opinio*: a música moderna. De fato, deve-se questionar as autoridades, mas só aquelas que não tiveram sua autoridade confirmada: elas seriam incompetentes. As histórias remontam a demasiadas fontes, de sorte que seria difícil acreditar no êxito do experimento humorístico; // além disso, àquele que a escuta pela primeira vez, inclusive o compositor, a sonoridade orquestral de uma obra complexa é tão impressionante, e, em virtude de sua intensidade, tão diferente da mais exata imaginação, que, mesmo que terminem por ocorrer, os erros de escuta significam pouca coisa. A confiabilidade do ouvido externo não é, em absoluto, obrigada a se harmonizar com a exatidão da representação interna.

Introdução à sociologia da música

O humor sádico do músico de orquestra autoriza conjecturas sobre o chiste musical em geral. Aparentemente, pertence à profissão a tendência ao chiste, ao trote, à piada indecorosa, e, sobretudo, ao jogo de palavras. É evidente que tudo isso aflora muito menos nas ocupações propriamente burguesas, nas quais as proibições são mais intensas. Mas, mesmo entre artistas e intelectuais, os quais, por assim dizer, a sociedade é mais indulgente, os músicos aparentemente batem o recorde. O âmbito de seu humor vai da piada bem contada à zombaria, ou então, à nua e crua obscenidade. A tendência poderia estar condicionada pela introversão, pelo *a priori* do modo musical de comportamento. Afinal, em termos psicoanalíticos, a libido está dirigida para dentro; todavia, no espaço desprovido de imagens da música, muitas sublimações lhes são denegadas. Por vezes, tais chistes caçoam muito mais do que apenas das manifestas capacidades intelectuais dos músicos em questão. Suas associações de palavras têm algo a ver com o caráter linguístico da música, a vingança contra uma linguagem que permanece velada aos próprios falantes. Quanto maior a espiritualização musical, mais baixo é, por vezes, o chiste, tal como ocorre nas cartas de Mozart a Bäsle de Augsburger. Também as cartas de Wagner teriam sido vexatórias; Nietzsche ofendeu-se com elas. O rancor do músico de orquestra encontra seu abrigo no jogo de palavras. No material orquestral de uma peça que se chamava *Fanal*, o que era, já de si, suficientemente grave, o título foi alterado para "banal". Sobre a peça *Pli selon pli* de Boulez, propagandeou-se em Paris a alcunha "A tarde de um vibrafone" [L'après-midi d'un vibraphone], na qual reúne-se um pouco de tudo: o tributo a Mallarmé, a doçura do som de Debussy, a preferência por tal instrumento, pela longa duração, e, sobretudo, o fato de a tecnologia finalmente

Theodor W. Adorno

ter caçoado o fauno neorromântico e vitalista de 1890. Muitas vezes, chistes desse gênero provêm de diretores de ensaio [Korrepetitoren], tipos intermediários na hierarquia da orquestra. Mesmo os mestres de capela, // que trazem consigo algo dos músicos de orquestra, produzem tais chistes. Eles lembram os chistes de conferencista [Conférencier-Witze], no meio do caminho entre o espírito dos músicos e dos atores.

Na esfera da Psicologia do Eu, a mentalidade coletiva do músico de orquestra, que, é claro, não corresponde de modo algum à mentalidade de todos os indivíduos, tem como causa, antes de mais nada, a desilusão com a própria profissão. Originariamente, muitos dentre eles não queriam se tornar o que são, o que decerto vale para a maioria dos músicos de corda; apenas hoje em dia tal situação poderia ter mudado, já que músicos jovens prestam serviços, sob o amparo sindical. Que a integração imediata da música na sociedade pode vir a prejudicá-la, eis algo que salta aos olhos a partir da instituição social que protege a orquestra contra a exploração social, a saber, o sindicato. Contratos tarifários, as limitações do horário de trabalho, os acordos que inibem as exigências injustas reprimem inevitavelmente o nível artístico sob as formas atuais de organização. Nelas se objetiva a renitência daquele percussionista que, durante a execução de uma obra de Wagner, sentou-se junto à área da orquestra e começou a jogar cartas, apressando-se para atacar o seu triângulo e, logo depois, continuar a jogar seu *skat*,[9] como se a música importunasse sua ocupação. A proteção trabalhista, da qual os artistas necessariamente carecem em meio

---

9 Muito popular na Alemanha, jogo de cartas para três pessoas semelhante ao trunfo.[N. T.]

Introdução à sociologia da música

ao sistema de lucro, restringe ao mesmo tempo a possibilidade de algo determinado, não pelo tempo de trabalho abstrato, mas pela qualidade daquilo mesmo que é indispensável à música e que seria efetivamente realizado por aquele que elegeu a música como sua profissão. Ele já se revoltou uma vez contra o sistema de autoconservação, embora isso não lhe tenha sido, em absoluto, algo consciente. Tenciona ganhar seu pão por meio de uma arte que não lhe dá pão nenhum, fazendo troça, desde o início, da sociedade racionalizada. Os rapazes dos romances de formação da virada do século, entregues à maquinaria da escola, buscam a música como um antípoda do mundo [als Gegenwelt]; Hanno Buddenbrook é o protótipo. Mas a sociedade reclama por aquilo que é seu. Reserva o reconhecimento e uma existência cômoda para uma minoria que tende a desaparecer, formada, em geral, por pessoas excepcionalmente talentosas em termos técnicos; há décadas, a sociedade gratifica apenas aqueles que, dentre eles, são selecionados com um certo grau de arbitrariedade pelos institutos monopolistas, como, por exemplo, as grandes agências de concerto, ou, então, as dependências // da indústria radiofônica e discográfica. A título de exceção, as estrelas confirmam tanto a precedência do trabalho útil quanto o fato de que o *establishment* não tem nada contra o espírito, desde que este se conforme às regras do jogo imposto pelo sistema de concorrência ou a sua imitação. Todavia, aqueles que comandam a vida musical dão de ombros à maioria. A verdade segundo a qual o desempenho mediano não constitui nenhum critério, contrariando, inclusive, o próprio conceito de arte converte-se em ideologia. Os músicos que contam atingir algo da ordem do absoluto, por mais vago que isto seja, são quase que necessariamente punidos pela sociedade, que lhes faz os cálculos

Theodor W. Adorno

justamente a fim de tornar patente o seu malogro. Por isso, a Psicologia Social, que se imagina superior ao ressentimento do músico de orquestra, também se acha do mesmo modo limitada: não reconhece o direito a tal ressentimento. Aos músicos de orquestra é demonstrado nitidamente aquilo que vigora às escondidas, como bem sabia Freud, na cultura burguesa inteira: os sacrifícios que esta impõe aos integrantes e que estes realizam, seja com vistas à própria autoconservação, seja por predileção a alguma coisa, permanecem em vão; ou, no mínimo, sua contrapartida continua sendo acidental. Os sacrifícios são tão irracionais como o são nos mitos. De acordo com sua importância intelecto-musical e conforme a satisfação obtida por cada indivíduo, aquilo que um músico de orquestra tem de fazer – eles o denominam "serviço" – é isento de toda relação com a utopia à qual cada um outrora se entregava; a execução rotineira, a banalidade, ou, então, a mínima qualidade da maior parte dos desempenhos individuais que desaparecem no *tutti*, e, por fim, igualmente a primazia apenas fictícia do regente levam ao tédio: "*I just hate music*". O Positivismo dos músicos de orquestra que se prendem àquilo que é controlável: acordes bem-sonantes, entradas precisas, a capacidade de instituir ritmos complexos de modo inteligível, tudo isso não constitui apenas um reflexo meramente aparente de seu concretismo. É nesses momentos, encarnação do que acreditam realizar, que encontra refúgio o amor à coisa que outrora os animava. Humilhado, tal amor sobrevive apenas enquanto rabugice dogmática de especialistas. Sua aversão ao espírito, que, diga-se de passagem, ele comunga com todos coletivos mutuamente integrados pela identificação contra o individual, também possui seu quinhão de verdade, a saber, a experiência contundente e irrefutável daquilo que

Introdução à sociologia da música

305 há de usurpatório no espírito // sob as dominantes relações sociais de produção. Por vezes, estas são ressarcidas mediante *hobbies* tais como, por exemplo, a leitura fanática ou o ímpeto a fazer coleções. Da comoção originária causada pela música, do sonho de que as coisas poderiam ser diferentes, resta ainda a boa vontade, tão logo deparam com esta alteridade constituída como proficiência técnica, a qual já não se coloca, pois, como alteridade. Quando os músicos de orquestra, em vez de se entusiasmarem tal como fazem os consumidores culturais, deixam-se absorver com mau humor e impertinência nas semínimas e semicolcheias, acabam prestando honras uma vez mais à própria música, na qual não vigora objetivamente nenhum espírito que não tivesse, já, transformado-se em uma configuração de notas. À utopia que outrora lhes dizia respeito pertence um sedimento de insensatez, ofuscamento e deformidade; ela despreza o normal. Torna-se então visível como monumento de sua derrota permanente. Os músicos de orquestra têm algo do *Artista da fome*, de Kafka, ou, então, daqueles artistas que, em virtude de seus ordenados preocupantemente baixos, aprendem por si mesmos a criar as mais temerárias peças de arte. O disparate de tais obras de arte mantém, como que em protesto, um espelho frente ao sentido que em si nada é senão o mecanismo que se mantém vivo. Sem comemorar expressamente a orquestra, grandes poemas do século XIX salvaram isto em suas imagens, como, por exemplo, Grillparzer na incomparável novela sobre o pobre violinista[10] e Balzac com os amigos Pons e Schmucke,[11]

---

10 Trata-se do conto *Der arme Spielmann*, de 1848. [N. T.]

11 Personagens de *O primo Pons* (1847), romance que, junto com *A prima Bette* (1846), constitui o subgrupo "Os parentes pobres" d'*A comédia humana*. [N. T.]

Theodor W. Adorno

personagens insólitas e socialmente mutiladas que vão a pique em meio à vulgaridade da sociedade normal. A título de índices representativos, tais figuras excêntricas denunciam mais e melhor aquilo que acomete a música na sociedade. À medida que o idealismo filosófico se viu obrigado a declinar, ele passou a manter, ainda assim, algo de sua verdade no uso mais vulgar do termo, quando chamamos de "idealista" aquele que, por amor ao *spleen* socialmente condenado, rejeita o papel que está à sua espera. Os defeitos de seu rebaixamento encarnam aquilo que seria mais elevado, mas prejudicam a arte à qual ele, para a sua desgraça, mantém-se fielmente atrelado.

A resultante musical da relação entre dirigente e orquestra é um compromisso contrário à música. A medida do embrutecimento só pode ser comparada àquela de um texto dramático encenado sobre o palco; até mesmo a tão vangloriada precisão é, aqui, precária. Enquanto as orquestras // pouco querem saber dos compositores regentes, por conta de sua falta de rotina, que, no caso, seria uma vantagem, tais compositores são frequentemente superiores no que há de decisivo, na experiência interna com o objeto, àqueles supostos especialistas em seu próprio domínio: assim é que se dá com Anton von Webern enquanto regente de Mozart, bem como de Schubert, Bruckner e Mahler. Aparentemente, dele não há nem discos nem fitas, apenas porque não foi socialmente etiquetado como grande regente. Também Richard Strauss, que se entediava com a atividade de regência, e, supostamente, com toda música, era capaz, quando queria, de empreender execuções extraordinárias, pois penetrava nas composições com o olhar de compositor; e de igual modo Stravinsky, mesmo em idade avançada. Em que pese seu hábito senhorial, Strauss sempre conviveu bem com a orquestra, por

Introdução à sociologia da música

conta daquilo que, na América, é denominado *intelligence*, uma espécie de solidariedade tecnológica, o que Veblen chamava de *instinct of workmanship*. Ele dava a impressão de que estava à disposição de todos, sempre preparado para jogar o *skat* tanto com aqueles músicos da orquestra que eram exímios no jogo quanto com amigos financistas. Enquanto grupo fechado, a orquestra corresponde a um tipo determinado e não bajulador de coleguismo, que se une solidariamente contra instâncias musicais exteriores à prática imediata, e, sobretudo, contra os críticos. O sempre mencionado coleguismo entre os músicos, que de modo algum se limita aos membros de orquestra, pode transformar-se fácil e rapidamente em ódio ou intriga. Entre aqueles que se desconhecem entre si e que concorrem uns com os outros, permanecendo iguais apenas mediante a forma de trabalho, tal coleguismo converte-se em substituto da amizade, marcada pelo estigma da inverdade. Mas o espírito corporativista, amplamente questionável e aparentado à síndrome de devoção à autoridade, conglomera vez ou outra a camaradagem entre regentes e orquestras.

Nem mesmo enquanto conjuntos sonoros, como se costuma dizer, as orquestras são tão homogêneas quanto simula o coletivo de colegas que a constituem. Sua configuração atual é o resíduo musical da produção anárquica de mercadorias, e, nessa medida, constitui igualmente um microcosmo da sociedade. O instrumentário habitual não se desenvolveu de forma consciente e organizada, como um meio adequado da fantasia compositiva, senão que como um tipo de processo espontaneamente natural. // Com efeito, os instrumentos inaproveitáveis, mal-ajeitados e grotescos foram eliminados em termos darwinianos, mas o resultado continuou suficientemente acidental e irracional. A propósito das carências com maior destaque: os compositores sempre se queixaram, em vão, da falta de um contínuo balanceado dos timbres, bem como de sopros de madeiras graves efetivamente adequados. A harpa ainda não dispõe de plenas possibilidades cromáticas. As tentativas de inovação, como, por exemplo, a admissão do heckelfone por Strauss, a instituição de um terceiro grupo de violinos em *Elektra*, assim como a combinação pouco usual presente no *op.* 22 de Schönberg, não tiveram quaisquer consequências sobre a construção da orquestra; mesmo o clarinete contrabaixo não se tornou atuante e tampouco o portentoso trompete baixo do *Anel*, de Wagner. É patente a discrepância entre o arcaico inventário da orquestra, totalmente resistente às inovações e definido por convenção social, e aquilo que é exigido do ponto de vista composicional; sem mencionar os modos ultrapassados de tocar. A emancipação da orquestra de câmera frente à grande orquestra não decorre apenas de razões composicionais, tal como a repulsa à infinitude aurática do *tutti* de cordas e a necessidade de vozes distintas para fins polifônicos. A orquestra não satisfez, em princípio, as necessidades tímbricas. Os pequenos conjuntos se acomodam a elas de modo muito mais ajustado. Mesmo enquanto totalidade frágil, a orquestra permanece um microcosmo da sociedade, imobilizada pelo peso morto daquilo que uma vez veio a ser, mas que não se transformou mais em nenhuma outra coisa. Hoje, as orquestras são como os arranha-céus de Manhattan, a um só tempo imponentes e destroçados.[12]

---

12 Não gostaria de ocultar, aqui, a observação de que, recentemente, um tipo mais jovem de músico de orquestra tem adquirido destaque, o qual se distancia do tipo acima descrito. [N. E. A.]

308

// Vida musical

Sabe-se que a concepção de Bayreuth acalentada por Richard Wagner não se reduzia simplesmente à de um recinto para execuções exemplares de suas obras, mas também visava a uma reforma cultural. Houston Stewart Chamberlain, um dos arautos da ideologia nacional-socialista, apresentou-se jubilosamente a Cosima valendo-se da fórmula segundo a qual ele não seria wagneriano, mas bayreuthiano. Wagner esperava o auxílio da obra de arte total para viabilizar aquilo que imaginava ser uma regeneração do povo alemão, uma comunidade popular de cunho fascista. Em meio à sociedade reconstituída, os seres humanos ligados pela ideia teuto-racista deveriam, em virtude da obra de arte total, agrupar-se a partir de todas as camadas sociais, de sorte a formar uma espécie de elite para além das diferenças de classe; estas mesmas, porém, sequer foram roçadas. Mas o pensamento de um tal poder real por parte da arte possuía algo de quimérico no sentido da *art nouveau* – todavia, o que Wagner esperava erroneamente do espírito, Hitler também procurou atingir com sua política realista [Realpolitik]. A realidade social de Bayreuth ridicularizava, já, a concepção de uma comunidade popular. Não fez valer nenhum dos impulsos populistas que o desiludido de 48 anos acalentou até sua velhice. Em Bayreuth reunia-se aquela *international society* que se viu fatalmente execrada pelo nacionalista popular. À Wahnfried[1] foram convidadas pessoas de renome, envergadura e posse; delas constavam nobres e notáveis. Ao povo dos *Mestres cantores*, em todo caso, dava-se alguns ingressos de graça. Os membros das confrarias wagnerianas mostraram-se nitidamente contrários a isto; trata-se de pequeno-burgueses bebedores de cerveja e comedores de salsicha cuja visão deu a Nietzsche seu primeiro grande choque; homens que não entendiam coisa alguma acerca da sempre problemática ideia de Bayreuth e que eram atraídos tão somente pela algazarra na qual, desde os anos de 1870, o Império alemão reverberava indefectivelmente, tal como Nietzsche reconhecera de imediato. O aglomerado de pessoas finas e filisteus desabonou a representação wagneriana de um povo alemão como pura elevação de si retrospectiva. Aliás, se algo semelhante a isto tivesse chegado a existir, a organização dos festivais dramáticos não teria conseguido atingir tal objetivo. A constituição do público era determinada de forma pura e simplesmente econômica: levando em conta os grandes investidores potenciais ou as conexões atuantes em sua esfera, bem como os pequeno-burgueses organizados, que juntavam suas migalhas.

A Sociologia da vida musical poderia deduzir algumas de suas doutrinas a partir das experiências de Nietzsche no ano de 1876. De saída, a empírica, conforme a qual a força formadora de comunidades que se dá a conhecer no gesto de tantas músicas não ultrapassa, no capitalismo tradicional, o âmbito de

---

1 Residência dos Wagner em Bayreuth. [N. T.]

Introdução à sociologia da música

sua recepção estética: ela não muda o mundo. Depois, o fato de que também as formas da vida musical que se julgam livres do mercado capitalista permanecem a ele ligadas, bem como à estrutura social que o sustenta. A vida musical não é nenhuma vida consagrada à música. O renascimento do teatro ático planejado por Wagner também não alterou isto em nada. À exceção do âmbito que designa os meios de comunicação de massa, a participação na vida musical depende essencialmente, até hoje, de condições materiais; não apenas da imediata capacidade financeira do ouvinte potencial, mas do mesmo modo de sua posição na hierarquia social. Ela se acha emaranhada ao privilégio e, com isso, à ideologia. Atualmente, tal participação tem tanto a ver com a ideia de arte quanto o apresentador de espetáculo barrigudo e com pescoço taurino tem a ver com *Tristão e Isolda*. A música realiza-se na vida musical, mas a vida musical contradiz a música.

Erich Doflein descreveu o atual estado da música de forma pluralista, a saber, como uma concomitância de funções divergentes, das quais muitas vezes uma nega a outra, e em cuja multiplicidade teria dissolvido-se a efetiva ou suposta unidade daqueles períodos, detentores de estilo no sentido de Riegl. Isto tem razão de ser do ponto de vista descritivo, como inventário das circunstâncias dadas, mas não em termos estruturais e dinâmicos. Não há nenhum "Atlas social" inofensivo da vida musical; tampouco um "Atlas da sociedade". Sob a ótica interna da música, os setores da vida musical não se deixam justificar de modo equânime. A benevolência conciliadora, que // outorga ao tocador de cítara do campo o mesmo direito que ao sagaz ouvinte das complexas peças do último Bach, ou, então, da modernidade, não apenas suprime as diferenças qualitativas,

Theodor W. Adorno

mas igualmente a exigência de verdade da própria música. Se tais obras de Bach ou quaisquer outras da grande música são verdadeiras, então, em termos objetivos, segundo seu conteúdo, não consentem com as outras obras que não habitam a "terra do elevado e austero gênio" de Hölderlin. Se o tocador de cítara e Bach possuem o mesmo direito, ou seja, se tudo resulta apenas do gosto individual, a grande música é privada justamente daquilo que a torna grande e que lhe faz gozar de tal prestígio. Depravando-se em bem de consumo para os mais exigentes, perde exatamente aquilo em que, de todo modo, tal exigência resultava. No entanto, o pluralismo deixa-se sustentar tão pouco musicalmente quanto em termos sociológicos. A convivência entre diferentes formas de música e a prática musical é o oposto da multiplicidade conciliada. O sistema hierarquizado de oferta de bens culturais ilude os seres humanos mediante tal multiplicidade. Mesmo as respectivas constituições humanas que predestinam um a ser tocador de cítara e outro a ser um ouvinte de Bach não são de modo algum naturais, mas se baseiam em relações sociais. Aquilo que para o olhar catalogante parece ser um colorido reino de aparentes formas musicais é, de antemão, uma função do privilégio de formação socialmente determinado. Se, tal como Doflein reputa indiscutível, já não há caminho que conduza de uma esfera musical à outra, então vem à luz um estado geral desmembrado que não se deixa conciliar nem pela vontade artística nem por meio da mera pedagogia ou de algum decreto imperativo; esse estado geral marca a ferro e fogo qualquer fenômeno musical. Mesmo os esforços mais consequentes e genuínos, como os da vanguarda musical, estão expostos ao perigo de transformarem-se em mero jogo consigo mesmo em virtude de seu necessário desapego da sociedade,

Introdução à sociologia da música

sem que pudessem fazer qualquer coisa a fim de evitar isto. A perda da tensão e a neutralização da modernidade radical não são culpadas por seu caráter associal [Asozialität], senão que lhe são impostas socialmente: os ouvidos se fecham tão logo escutam aquilo que lhes diria respeito. A relação deficitária de uma arte com aquilo que lhe é exterior, com aquilo que, em si, não é arte, ameaça-a em sua constituição interna, ao passo que **311** // a vontade social, que lhe assegura curá-la disto, prejudica fatalmente o que há de melhor nela: sua independência, consequência e integridade. Enquanto grandeza extensiva, a vida musical decerto não leva isso minimamente em conta. De modo rude e limitado, vale para a vida musical o princípio segundo o qual aquilo que na oferta aparece como qualidade cumpre ser medido a partir do *status* material e social dos receptores, sejam indivíduos ou grupos. Apenas lá, onde esse princípio é violado, a música e, de igual modo, os ouvintes, recebem o que merecem.

Não, porém, na vida musical oficial. Esta é formada pelos concertos públicos, e, sobretudo, pelas associações musicais instituídas e casas de ópera, bem como pelo teatro de repertório e de temporada. As fronteiras com os demais âmbitos musicais são intangíveis; seria ocioso questionar se manifestações como: "Das Neues Werk", "Musica Viva" ou *Die Reihe*,[2] análogos bem-sucedidos das exposições da arte moderna, fazem ou não parte da vida musical oficial. Entretanto, muitos concertos litúrgicos, apresentações públicas de orquestras de câmera e círculos de cantores convertem-se imperceptivelmente naque-

---

2 Os dois primeiros são grandes festivais de música contemporânea da Alemanha. Já *Die Reihe* foi um influente jornal musical alemão, editado por Herbert Eimert e Karlheinz Sotckhausen. [N. T.]

Theodor W. Adorno

las atividades que, na Alemanha, são encobertas com o nome de movimento jovem e popular; o qual, deixando de reconhecer a separação entre intérpretes e público, introduzida com a grande música, sente-se em franca oposição à vida musical oficial, e, em especial, ao tradicional concerto sinfônico e de solistas. Em linhas gerais, à vida musical oficial incluem-se as formas de prática musical herdadas do século XIX. Elas pressupõem um público contemplativo. Fundamentalmente, *d'accord*[3] com a cultura, tais formas não são problemáticas enquanto diretrizes culturais. Tencionam administrar os tesouros conservados. Do repertório que vai de Bach à moderada modernidade do século XIX e do início do século XX, poucos foram aqueles que, de ambos lados, foram além disto. Lá onde isso ocorre, trata-se apenas de preencher o âmbito assaz pequeno e desgastado das obras padronizadas; ou, então, executa-se um punhado de novidades radicais, sem entusiasmo e com consentimento abalado de um público hostil, para esquivar-se da acusação de ser reacionário e, ao mesmo tempo, para provar astutamente que, se // os modernos não encontram nenhum público, isso não resulta das instituições que de fato lhes dão alguma chance, mas deles mesmos. É sintomático o fato de que, na vida musical oficial, a maioria das execuções das obras sobriamente modernas é insatisfatória; interpretações adequadas são logradas quase que exclusivamente pelos grupos vanguardistas.

A vida musical oficial articula-se conforme os setores internacionais e locais, e com tangíveis diferenças de nível. A vida musical internacional tem seu centro de gravidade em grandes cidades, como Nova York e Londres, ou, então, em antigos

---

3 Em francês, no original. [N. T.]

Introdução à sociologia da música

centros como Viena; ou, ainda, em localidades festivas como Bayreuth, Salzburg, Glyndebourne e Edimburgo. O que ocorre em tais lugares é algo reservado, se não à antiga grande sociedade, ao menos, porém, às camadas monetariamente mais poderosas, que festejam em tal vida musical o encontro com os resíduos da antiga *society*. Investigações acerca da participação dos grupos seriam frutíferas, em especial, no que diz respeito à recorrente declaração de que já não existiria qualquer *society*, afirmação que soa demasiadamente diligente para que se deva, sem mais, aboná-la. É um traço característico de nossa era o fato de a exclusividade envergonhar-se de si mesma, assim como, no século XIX, a riqueza hesitava em colocar-se livremente à plena vista em Paris ou na Riviera. A vida musical oficial sobrevive de modo tão pertinaz, porque permite, quiçá, um pouco de ostentação, mas sem que o público, que por sua mera presença em Salzburg se reputa cultivado, exponha-se à acusação de exibicionismo e esbanjamento.

Os atuais programas não deveriam destoar muito daqueles que estavam em voga por volta de 1920. Talvez o estoque aprovado de peças se reduza ainda mais; com certeza, as obras mais repetidas, sobretudo as grandes sinfonias, serão mais e mais exploradas. Com isso, o interesse se desloca necessariamente rumo à reprodução; quando se trata da mesmice, dificilmente se dá atenção àquilo que se apresenta, mas, em todo caso, ao modo como é apresentado. Essa tendência faz coro com o irrelevante culto ao instrumental, ao desempenho artístico brilhante, que, herdado da era absolutista, beneficiou a presença de estrelas e virtuoses ao longo de toda a era burguesa. E justamente a mesmice é, de preferência, repreendida como sendo a excrescência da época, já que // a crítica cultural que crê na cultura não é rica

Theodor W. Adorno

em motivos. O princípio da ostentação também é, ao mesmo tempo, o princípio do fazer musical; o virtuose, quer seja o do púlpito, quer seja o da voz ou do instrumento solo, reflete em seu *glamour* o próprio *glamour* do público. Além disso, por meio daquilo que o mercado denomina "performance de ponta", celebra-se o incremento das forças produtivas técnico-industriais; de forma inconsciente, os critérios da prática material são transferidos para a arte. De modo algum, porém, é admirável apenas o papel desempenhado pelos regentes e pelos estupendos virtuoses, mas também por algumas figuras sacrossantas às quais na América são chamadas, com precisão e desprendimento, de *sacred cow*. Senhoras mais velhas, que, com semblante de vidente, tocam seus programas ao piano como em um culto divino, são aplaudidas fanaticamente até mesmo por ocasião das interpretações contestáveis. Convenções inconscientes dessa espécie refletem sobre os intérpretes. A vida musical não é propícia à interpretação estrutural. Na prática, mesmo segundo critérios próprios, a idolatria daquilo que se pretende primeira classe – imagem distorcida da qualidade estética – ocasiona mal-entendidos absurdos. Na *Metropolitan Opera* de Nova York, por exemplo, os exorbitantes proventos das estrelas de canto deixavam tão poucos fundos para os regentes e para a orquestra que o nível geral da execução oscilava lamentosamente por trás da qualidade dos cantores e das cantoras. Contudo, isso parece ter-se equilibrado gradativamente sob o influxo de proficientes regentes e instrumentistas advindos da Europa durante a era hitlerista; a cultura musical burguesa também pode resolver, de tempos em tempos, aquilo de que ela mesma se queixa desde sempre. Hoje, assim como no passado, a vida musical internacional recusa a formação de tradições rígidas. Reúne os artistas

Introdução à sociologia da música

como números de um circo monstruoso. As audições são apoteoses ilusionistas. A insistência no sensivelmente agradável e na interpretação impecável suprimem qualquer apresentação adequada ao sentido real. Esta última precisaria apenas da única riqueza que o sistema rico lhe denega: o desperdício de tempo.

As usuais objeções à vida musical oficial dizem respeito tanto à comercialização, i. e., ao aceite de que a coisa propagada é apenas um subterfúgio de interesses puramente materiais e // de necessidades de poder dos capitães da música, quanto ao efeito almejado, não raro, muito distante da legítima compreensão sobre o assunto, e, por fim, às carências musicais de um sistema que, em função das condições sociais, segue a direção de um perfeccionismo em estilo *technicolor*, ao qual, fascinada por Toscanini, a maioria das autoridades presta invariavelmente homenagem. Diante de todos esses argumentos, nos quais, *hélas*, os vanguardistas estão de acordo com a elite farisaica da interioridade e que se integraram à vida musical oficial, seria herético lembrar o fato de que, devido aos meios econômicos que nela se concentram, tal vida é quase sempre superior às correntes opostas. Raramente as correntes que se rebelam contra as orientações estabelecidas satisfazem plenamente seus padrões. Aquele que seguisse a produção cinematográfica de Hollywood optaria, de preferência, pelos filmes despretensiosos, cínica ou honestamente calibrados a partir do consumo em massa e que vigoram como películas *classe B* ou *C*, em vez dos altissonantes desperdícios espirituais, apetrechados com falsa psicologia e coisas semelhantes que se destacam como filmes *classe A*. Quando se assiste, porém, a um "velho oeste", a grosseira estupefação de seu acabamento então parecerá, possivelmente, mais insu-

Theodor W. Adorno

portável que o enlatado premiado.[4] Nada muito diferente do que ocorre na vida musical oficial internacional, na qual decerto habitam teleologicamente os ideais musicais de Hollywood: o que nela se torna operatório suplanta o que dela difere, aquilo que é divergente e não foi levado tão longe, e isso justamente mediante a perfeição imperturbável que, uma vez mais, vulga-riza o espírito da própria música. Se, atraído pela vida musical internacional, um regente excepcional é retirado de um posto de trabalho mais módico, no qual poderia, por assim dizer, fazer música respeitável a seu bel-prazer, não é apenas em virtude do ordenado mais baixo ou do prestígio ligado às posições inter-nacionais que será difícil mantê-lo em seu posto, mas porque tal regente pode, com razão, invocar as chances muito maiores de exercer sua atividade e o fato de que os meios artísticos que se acham à sua disposição nos centros internacionais suplantam de longe os meios disponibilizados fora de tal esfera. A música não se acha acorrentada apenas pela economia, mas as condições econômicas também se convertem, a um só tempo // e dentro de certos limites, em uma qualidade estética. Caso o regente acabe por enfatizar que, nos meios internacionais, os sopros de metal soam com mais precisão e beleza; que o coro de violino reluz mais plenitude e entusiasmo; que uma orquestra formada por virtuoses permite trabalhar de maneira mais frutífera, quer dizer, de modo mais adequado à própria representação do que diante de um aparato no qual questões técnicas elementares, o funcionamento no sentido pré-artístico, consomem um gasto inapropriadamente desmedido de energia e força de trabalho,

---

4 Em alemão, *der preisgekrönte Schinken*; literalmente, "o presunto pre-miado". [N. T.]

Introdução à sociologia da música

cumpre dizer que tudo isso é verdade. Certa vez uma senhora disse que o mundo no qual ninguém se entedia não é tão entediante quanto imginam aqueles que nele não adentram. O mesmo se dá com a vida musical oficial. Matadores[5] dos quais se desconfia tanto por suas ambições artisticamente totalitárias quanto por seu comportamento conservador no âmbito cultural são, uma vez que ascendem aos postos de comando mais elevados, em geral bem mais qualificados e melhores músicos do que os bons músicos estariam dispostos a aceitar. Há alguns anos, a contragosto e com má vontade, assisti à execução de uma obra regida por um músico que todos reputavam particularmente ruim, além de seus opositores acreditarem possuir um monopólio sobre tal obra. A execução não só superou aqueles erros que em geral se imputam aos mestres de capela inadequados e amigos da modernidade, mas também se mostrou plena de sentido até mesmo em seu derradeiro detalhe, musicada de forma tão consciente e burilada que o próprio Webern não teria nada do que se envergonhar enquanto intérprete. Muitas vezes, a crítica à vida musical oficial está conjugada ao ressentimento daqueles que são economicamente mais debilitados. Dentre todas as contradições da vida musical não falta aquela mediante a qual a esfera em que se concentra ao extremo o aspecto ruim, a saber, o caráter mercadológico, suga tanta força produtiva que o não corrompido, o em si verdadeiro acaba por se fragilizar devido a sua menor força de realização, sua precisão insuficiente e sua miséria sensível. O sintoma mais evidente disto pôde ser constatado no âmbito dos cantores. Entre as duas guerras, as belas vozes e os cantores soberanamente com-

---

5 No original, *Matadore*. [N. T.]

petentes foram usurpados pela vida musical oficial, bem como pelos seus respectivos programas de temporada, ao passo que à modernidade restaram apenas os intérpretes sem voz, ou, então, os que já haviam cantado à exaustão; aqueles que, // orgulhosos de sua inteligência musical, em geral inexistente, farejavam, ali, a chance de popularizar seu nome em meio às pessoas, embora prejudicassem, com seus berros, aquilo em prol do que se insurgiam de modo supostamente heroico. Sob uma ótica sociológico-musical, poder-se-ia formular tal estado de coisas, em termos mais gerais, referindo-se ao fato de que, por meio da confluência com a real tendência social e sua violência, a vida social musical impele tudo aquilo que diverge da força produtiva e da crítica fidedigna a uma posição sectarista e desagregadora, enfraquecendo o que é objetivamente legítimo. De maneira análoga, grupos que em si defendem a forma mais rígida e avançada da teoria política, que "tem razão" tão logo começam a nadar contra a principal corrente do centrismo detentor do aparato, transmudam-se frequentemente em minorias impotentes e desacreditadas, cujo direito teórico é desmentido pela práxis. Os posicionamentos do Hegel tardio concretizam-se de modo similar nos fenômenos sociológico-musicais. Mas, assim como sua tomada de partido em nome da força que se impõe não deve induzir àquele que não iguala os vencedores ao espírito universal a denegar a verdade do dissidente, tampouco há algo a ser mitigado na crítica intransigente à vida musical oficial. Não existe qualquer bênção na plenitude dos meios disponíveis. Toda riqueza cultural continuará falsa enquanto a riqueza material for monopolizada. O aspecto requintado e cintilante que as execuções dos centros internacionais adotam e, por meio do qual, podem qualificar de provincianismo tudo o que delas

Introdução à sociologia da música

difere, volta-se contra a "consciência da penúria" e o trabalho imanente das obras, que é determinado em si mesmo como processo e perde seu próprio sentido tão logo se apresenta como puro resultado. Aquilo que a lei de mercado honorifica incondicionalmente, mas que sempre será atacado pela obra de arte, termina por eliminar, mediante sua lisura imaculada, o frescor [die Frische] daquilo que "vem a ser". A obra já não abandona as qualidades mensuravelmente calculadas para alcançar aquilo que não se deixa compreender. No entanto, ela só realiza seu próprio conceito quando não corresponde totalmente ao seu decurso mas, transcendendo-se, consegue atingir algo que ainda não foi pré-formado. A isso se adere aquilo que, na cultura, é mais que uma rede social. Contudo, o que menos penetra na constituição interna das execuções são as chamadas // qualidades naturais, como, por exemplo, as belas vozes nutridas pela vida musical oficial. São fachadas que contam camuflar o celofane com maior ou menor êxito. Aquilo que é essencialmente convencional sempre se traveste de natureza; sendo que esta última é honorificada somente no fenômeno [im Phänomen], o qual se acha tão sovado que já não se entende por si mesmo.

Em sua ingenuidade versada, o público da vida musical internacional mostra-se homogêneo: uma cultura à qual nada é demasiadamente caro e cujo aparato publicitário se incute na humanidade é, sem muitos questionamentos, degustada como a única coisa que se lhe tem a oferecer. De modo fetichista, a segunda natureza aparece como se fosse a primeira. Méritos culinários providenciam constantemente uma sólida fundamentação ao consenso geral. Os hábitos de escuta tornam-se, por certo, menos conservadores quando estão em conluio com o padrão tecnológico. Eventualmente, tal como se dá em Bayreuth, a isto se juntam momentos ideológicos específicos; todavia, após a Segunda Guerra, a ideologia nacionalista foi justamente ali a tal ponto rejeitada como mostram os textos que, pelo que sei, até hoje não foram retocados. A vida musical internacional age de modo reacionário menos em função de seus conteúdos específicos que por sua incapacidade de discutir a cultura e o mundo no qual ela floresce. De acordo com as regras do jogo de tal mundo, tudo tende para as coisas certas. Aqueles que financiam também determinam o preço do mercado. Em caso de conflito, os artistas atuantes, transformados em especialistas entre o poder econômico e a exigência do objeto, veem-se obrigados a se submeter à vontade de outrem, pois poderiam ser postos para fora caso o poder econômico assim o desejasse, simplesmente porque o fraque não lhes cai bem. Seja no âmbito internacional, seja na esfera local, o caráter de classe se afirma por meio da riqueza daqueles que detêm a última palavra. Mas quão mais puramente uma sociedade se organiza de acordo com o princípio de troca, tanto menos estes últimos permitem que os representantes da cultura autônoma intervenham; e tanto mais fútil se converte a compreensão especializada para a condução da vida musical. Na América, é característica a figura daquele que a oposição chama de *culture vulture*,[6] i. e., senhoras idosas com excessivo tempo livre e sem muito conhecimento que, com uma certa ira, debruçam-se sobre a cultura como se houvesse uma satisfação substitutiva, confundindo seu fervor e

318 // suas contribuições com competência. Entre os *culture vultures* e os artistas que por eles se deixam paparicar formam-se vez ou outra nebulosas ligações transversais. Apenas uma visão alheia

---

6 Em inglês, significa literalmente "abutre da cultura". [N. T.]

Introdução à sociologia da música

ao mundo enxergaria os músicos e os patrocinadores financeiros em uma oposição pura e simples. A dependência e o desejo legítimo de felicidade exigem, nesses músicos, sempre atributos próprios ao tipo da terceira pessoa. Mas, o imediatismo do artista em relação a seu objeto dificulta-lhe tanto entrever qual a sua função social — isto causa dor — quanto saber em que consistiria, de fato, a arte. O encantamento da vida musical oficial intensifica-se integralmente mediante a consciência e a inconsciência dos artistas.

O caráter representativo, o controle oligárquico e um certo *cultural lag*[7] em relação à modernidade são, pois, elementos que os centros internacionais da vida musical têm em comum com os grandes centros locais. No entanto, quanto mais provincianos se tornam os centros locais, tanto maior é a possibilidade de se destacar e intensificar diferenças típicas. Aqui, a oligarquia consiste menos na força do capital que nas notabilidades tradicionalistas, embora ambos os grupos acabem frequentemente se fundindo entre si. A política atinente aos programas não se acha determinada tanto pelo mercado, mas por uma postura expressamente conservadora; músicos praticando a música avançada são mantidos planejadamente de fora; prefere-se, antes de mais nada, celebridades envoltas com o halo dos bons e velhos tempos, sendo que, na Alemanha, não raro são cultuadas sacerdotisas cuja interioridade é feita de lantejoulas. O público é muitas vezes recrutado do patriciado [Patriziat], de famílias que se estabeleceram em dado local há gerações; os *habitués*[8] sentem-se como que pertencentes a tal camada social. Mas tais

---

7 Do inglês, "atraso cultural". [N. T.]
8 Do francês, "frequentador assíduo". [N. T.]

Theodor W. Adorno

normas não são fixas e, *sauf imprévu*,[9] talvez sejam gradativamente suavizadas. As preferências do sistema constituem certa capacidade crítica de um público longamente educado, assim como do padrão bem experimentado de orquestras e conjuntos, que, às vezes, são supervisionados durante décadas pelo mesmo regente. Também na ortodoxa reprodução feita em casa,[10] o espírito estagnante é algo ruim. O ideal das instituições locais é o daquilo que se mantém sólido. O gosto converte-se em um meio de defesa, mesmo em relação àqueles compositores mais antigos que não se harmonizam com categorias do gosto, tal como, por exemplo, Mahler. Diante de peças incomuns ou mesmo radicais, os guardiões do Graal preferem abandonar // a sala; por isso, tais peças são relegadas, ainda que de modo absurdo, à parte final do programa. Com razão, detém-se em sua limpeza e claridade, ensaiando-as com asseio, mas a contrapelo da força da fantasia que, de fato, descerra a música; a contrapartida do *glamour* internacional é o tédio local. A categoria da solidez [Gediegenheit] foi tomada de empréstimo da antiga vida burguesa, em especial, do código de honra das cidades comerciais, e transposta para a arte; nos pequenos países musicalmente muito ligados à tradição local, como a Suíça e a Holanda, tal categoria poderia ser particularmente bem estudada. Já que nos grandes centros locais ainda vigora alguma unidade entre a vida social da classe superior e a vida musical, as representações da primeira terminam por adentrar de modo intacto nesta última. E isso dificilmente para o bem da música. É certo que a norma da solidez assegura um momento que, desde o triunfo da nova

---

9 Do francês, "salvo imprevisto". [N. T.]

10 Em alemão, *hausbacken*; "assado em casa", "caseiro". [N. T.]

Introdução à sociologia da música

escola alemã, sente-se falta na vida musical: a reprodução responsável, precisa e despreocupada com o efeito. Tal momento foi assimilado e desviado de sua função justamente pela fanática prática de execução da extrema modernidade. Contudo, sem o fermento desta última, a solidez artística converte-se em austeridade prosaica, inconciliável com a própria ideia de arte. Os tabus eternizados pela norma da solidez asfixiam a liberdade e a espontaneidade da reprodução exigida pelo objeto e à serviço da qual se sabe a solidez. O pregnante nome que se dá a isso é academicismo; raramente a oficial vida musical local consegue elevar-se para além disso. Talvez seja sintomático disto, nas cidades maiores, o fenômeno da segunda orquestra, que leva em consideração o crescimento das massas ouvintes e a necessidade democrática, contra a qual se opõe o sistema de notáveis. Os concertos da segunda orquestra são mais baratos e acessíveis que os promovidos pelas orquestras filarmônicas oficiais, e também mais afeiçoados à modernidade; aliás, não raro, são menos frequentados, já que lhes falta a aura elitista. O ganho em liberdade que eventos desse tipo têm sobre os eventos acadêmico-filarmônicos é muitas vezes prejudicado por aquilo que a vida musical oficial tacha como execuções de segunda categoria. Uma dada instituição comete arbitrariedades por conta de sua teimosia e arrogância cultural; // uma outra mediante sua indiferença, seu descomprometimento com as apresentações e um certo *deficit* da capacidade de diferenciação dos ouvintes, o qual termina por reverberar, uma vez mais, sobre o nível.

Em termos quantitativos, e conforme o número de ouvintes, os meios de comunicação de massa preponderam com folga em relação à vida musical oficial, e, em alguns países, provavelmente a ponto de tornar insignificante a frequentação dos concertos.

Theodor W. Adorno

Isto bem que poderia introduzir uma nova qualidade na relação entre os seres humanos e a própria música. Entretanto, tal qualidade se torna nítida na produção, inclusive na chamada produção séria. A música já não constitui, tal como na festa feudal e absolutista, ou, então, no concerto burguês, um estado de exceção, mas logra uma ubiquidade por meio da qual se alinha ao dia a dia; os grandes festivais parecem ser mais uma antítese sintética disto que algo que contrariasse verdadeiramente tal cotidiano. Na tradicional música oferecida, bem como na maior parte das músicas recentemente compostas, ainda vivem, porém, atributos musicais tais como a seriedade, a grandeza e a alegria, que dormitam sobre a precondição de uma situação de exceção e que a contêm em si. O que até hoje se deu na grande música não podia separar-se de tais atributos; onde quer que se renuncie a isso, a música resigna-se a sua própria exigência. Satisfeita com uma arte disponível a qualquer momento, regride à condição de mediocridade. Todavia, tais qualidades assumem algo de fictício na atual vida musical, para além de toda aparência estética convencional. Para a fatalidade da hodierna vida musical concorre o fato de a exceção ser praticada como regra. Fenômenos musicais que denegam o elemento artístico na arte e que se assemelham a alguma atividade prática, ou, ao menos, esportiva, tal como o jazz, atestam não apenas a impotência para manter a distância da existência empírica que a música estabeleceu para si desde que começou a ressoar, mas trazem igualmente à tona o embuste de uma condição desdenhada pela frase de Hölderlin: "pois, doravante, o sagrado jamais se prestará a algum uso". Os adolescentes, bem como os que já possuem vinte anos de idade, respondem renitentemente à incongruência das tentativas de ajustar a música elevada àquela operosidade que,

Introdução à sociologia da música

nesse ínterim, a música realmente engoliu. Por meio da perniciosa identidade entre situação banal e música banal, furtam-se à contradição; mas, com isso, ao menos denunciam esta última.

321 // Os próprios meios de comunicação de massa participam da ampliação da vida musical oficial mediante, por exemplo, a afiliação da segunda orquestra à rádio que a subsidia e pode melhorá-la muito por conta de sua força financeira. Apesar disto, na Europa, aquele que fala acerca da vida musical sem muita reflexão mal pensará, de imediato, nos meios de comunicação de massa,[11] embora apenas por meio deles seja dado a milhões de seres humanos o ensejo de conhecer, de algum modo, uma música de pretensões mais duradouras. A razão disso está na "estrutura de mão única" [Einbahnstruktur] da rádio, à qual já se aludiu vezes sem-fim e que também não poderia ser muito modificada mediante concertos feitos por encomenda. Tampouco se deveria, em tal dimensão, subestimar as distinções no interior de uma estrutura musical inteiramente coisificada; o ouvinte filarmônico médio dificilmente exercerá muito mais influência sobre os programas de sua sociedade — os quais, entra ano, sai ano, permanecem idênticos em sua essência — do que o homem que escolhe, em seu quarto, o programa que melhor lhe convém. Se a presença imediata nas atuais apresentações musicais ainda garante uma relação mais viva com a música que os meios de comunicação de massa, eis algo que deveria ser apura-

---

11 Algo diferente se passa na América; lá é possível encontrar cientistas aos quais custa muito esforço conceber o fato de que a música pode ser experimentada de outro modo que não pelo rádio. A indústria cultural transformou-se muito mais em uma segunda natureza que no velho continente. As consequências sociológico-musicais disto deveriam, pois, ser averiguadas. [N. E. A.]

do, antes de mais nada, mediante investigações cuidadosamente planejadas e qualitativamente acentuadas. Mesmo assim, alguns estudos norte-americanos terminaram por demonstrar o que, provavelmente, tem validade universal: que o gosto musical dos seres humanos atraídos em direção à música mediante execuções ao vivo é, conforme critérios um tanto rudes, melhor que o daqueles que escutam música sobretudo por meio dos meios de comunicação de massa. À pesquisa resta o problema de saber se, em realidade, as distinções advêm das fontes das impressões musicais, ou, então, do fato de que, na América, os ouvintes da assim chamada música ao vivo já formam, de antemão, por meio de sua condição familiar e social, um grupo selecionado que traz algo a mais consigo. No que diz respeito à experiência musical, poder-se-ia pensar que não é decisivo saber se foi constituída pelo rádio ou no concerto, mas se a escolha // entre ambos depende, já, da estrutura da experiência musical. Contudo, permaneceria verdadeiro o aceite de que a situação passiva e relaxante do ouvinte de rádio é pouco conveniente à escuta estrutural. É evidente que, neste caso, certas preferências de escuta também se deixam determinar, mas, em geral, irão proceder no sentido do padrão cultural oficial, apetrechadas com diferenças que, em certa medida, refletem a camada social. Tal como há muito tempo comprovou a *Radio Research* norte-americana, as cartas enviadas pelos ouvintes possuem, em termos sociológicos, um valor epistemológico assaz questionável; aqueles que as escrevem constituem um grupo com traços específicos, formado, muitas vezes, por pessoas que tencionam provar narcisisticamente que são importantes e das quais constam encrenqueiros, e, por vezes, autênticos paranoicos. O nacionalismo exacerbado e a ira contra a modernidade não são, aqui, raros. Salta aos olhos o

Introdução à sociologia da música

gesto de uma agressiva indignação em relação à cultura, a forma de expressão "eu, em todo caso" [ich jedenfalls], acompanhada da alusão aos numerosos e valiosos homens com os quais aquele que protesta crê estar de acordo e com cujo poder potencial ele ameaça. Comparada a essa minoria, que se confessa adepta da positividade mediante uma predileção pelo negativo, a maioria menos articulada acha-se predisposta a consumir, no interior de certos limites, aquilo que lhe é oferecido, sobretudo quando a escolha dos programas lhe assegura alguma margem de variação. A necessidade de preencher as horas de transmissão com música sem interrupção impele, de qualquer modo, a uma riqueza de programas onde a maioria encontra o que procura. Os programas organizam-se, *a priori*, de maneira análoga à presumível organização dos ouvintes; aqui é difícil discernir quem é o ovo e quem é a galinha, após quarenta anos de radiodifusão institucionalizada. A situação dos diretores de programa condiciona uma visão geral meticulosa e bem planejada. Sob a exigência de uma demanda que, do ponto de vista quantitativo, é totalmente desproporcional àquela que outrora a produção composicional satisfazia, e que qualitativamente continua em acordo com esta última, o acervo musical transmuda-se em um magazine cultural de dimensões restritas no qual nos remoemos. Contra a vontade expressa daqueles que planejam, isto apenas intensifica o dominante caráter de fetiche da música. Com vistas a uma suposta correção, desenterra-se do passado um vasto número de mediocridades e // coisas ruins. A própria redução das obras padronizadas a uma quantidade ínfima submete-se a uma necessidade fatal: muitas delas são, efetivamente, as melhores peças. Em termos quantitativos, como as direções das emissoras bem puderam censurar aos denunciantes reacionários, as emissões de concertos vanguardistas praticamente não têm peso. Preenchem uma fração mínima do tempo de transmissão; as encomendas de composição também são extremamente limitadas. No entanto, sob uma ótica qualitativa, esse aspecto do rádio tem uma enorme importância. Sem tal auxílio, por mais moderado que venha a ser, a produção — que só tem importância sob um ângulo objetivo — ver-se-ia obrigada a morrer abandonada ao mercado e à ideologia do consumo. Com o apoio do conhecimento especializado dos meios de comunicação de massa, confirma-se à música moderna algo daquela relevância que lhe é denegada pelo mercado ou pseudomercado. Do ponto de vista sociológico, uma curiosa mudança de função deixa-se determinar. Se do século XIX até o advento do século XX, ou seja, no decorrer do liberalismo tradicional, as instituições livres eram mais progressistas em relação àquelas dirigidas pela mão pública, hoje, sob condições do consumo em massa monopolista, o suposto mercado livre tende ao estrangulamento de tudo o que se move; no entanto, mediante a margem de independência que elas mesmas professam, as instituições estatais ou economicamente mistas transformam-se em refúgios daquilo que há de avançado e incômodo, com todos os frutíferos paradoxos que isso envolve. De modo semelhante, na vida universitária norte-americana, as universidades estatais conservam espíritos mais livres que aqueles mantidos pela economia privada. Compreende-se, pois, que justamente esse momento dos meios de comunicação de massa forneça subterfúgios àqueles que, conforme modelo já experimentado, tratam de explorar as regras formais da democracia com vistas à sabotagem da própria democracia.

Em linhas gerais, o levante contra a suposta era das massas transmudou-se em um artigo de consumo para as próprias

Introdução à sociologia da música

massas, instigando-as a fazer oposição às formas politicamente democráticas. Assim é que se tornou hábito imputar aos meios de comunicação de massa a culpa pelo declínio da formação musical. Dispensaram os ouvintes, que em casa se abastecem de tais meios, de sua atividade própria. Porque eles mesmos não engendraram literalmente aquilo que escutam, a experiência concernente à interioridade da obra teria deles se apartado. // Isso soa assaz convincente, sendo que a observação daqueles que não se sentem bem sem a presença de uma música de fundo ou não conseguem trabalhar sem ela, mas que, ao mesmo tempo, neutralizam-na ao bani-la sob a forma de um pano de fundo, parece confirmar tal veredicto. No entanto, a mecanização do argumento contra a própria mecanização tornou a situação cada vez mais suspeita. A identificação da musicalidade como execução ativa ao fazer musical prático e pessoal é demasiadamente simples. Aquele que se queixa do declínio da atividade musical doméstica tem e não tem razão. Por certo, quando se tocava música de câmera, disseminava-se o húmus da musicalidade de grande estilo, ainda que isso fosse feito com uma certa inépcia; Schönberg tornou-se compositor dessa maneira, quase sem atentar para o fato. Mas, em contrapartida, tal prática musical caseira revela-se superficial, quando as execuções que podem ser escutadas no rádio superam aquilo que é acessível ao músico amador doméstico, o que acaba por dilacerar sua substância objetiva. Os porta-vozes de tal revitalização da música caseira esquecem-se de que esta última, tão logo interpretações autênticas encontrem-se à disposição em discos e no rádio — interpretações, aliás, que tanto hoje quanto outrora contam entre as mais raras exceções em ambos meios —, torna-se nula, uma repetição particular de atos que, graças à divisão social do

Theodor W. Adorno

trabalho, poderiam ser executados alhures, de maneira melhor e com mais sentido. Não mais se legitimam por ter assenhorado--se de algo que, do contrário, permaneceria inalcançável, mas na medida em que são rebaixadas à condição de um fazer deficitário, com vistas unicamente ao próprio fazer e àquele que faz. Seria no mínimo digno de reflexão indagar se o conceito de fazer não foi tomado muito ao pé da letra a partir da assim chamada vida prática, ou, até mesmo, dos ídolos romanticamente artesanais do trabalho concreto, apegado à esfera material. Permanece igualmente verdadeiro o posicionamento filosófico de acordo com o qual, no mundo, com nada mais se estabelece uma relação tão veraz quanto com aquilo que foi ativamente experimentado; e conforme o qual a contemplação tranquila e supostamente pura passa ao largo daquilo que imagina ser seu objeto seguro, de sorte que tal experiência ativa também não deve ser confundida com a produção física. O processo de interiorização, ao qual a grande música em geral deve sua origem como algo liberto do mundo objetivo exterior, tampouco se deixa evocar pelo conceito de práxis musical, // exceto se esta última regredir a estágios primitivos e ultrapassados. A experiência musical ativa não consiste no ato de friccionar ou fazer retinir as cordas de um instrumento, mas em uma imaginação qualificadamente apropriada, em uma escuta capaz de fazer com que as obras pelas quais nos deixamos passivamente embalar venham à tona uma vez mais mediante tal entrega. Se a música dos meios de comunicação de massa dispensa o cansaço físico, então a energia que com isso se torna livre poderia ser empregada em prol de uma atividade espiritual e sublimada. Talvez possa permanecer em aberto a questão pedagógica de saber se tal sublimação não requer uma dada porção de exercício físico prévio no fazer mu-

Introdução à sociologia da música

sical, do qual, aí então, termina por se separar posteriormente; de modo algum, porém, a práxis cega deveria tornar-se um fim em si mesmo. Nas padronizadas jeremiadas da interioridade contra os meios de comunicação de massa também continua vegetando algo daquele fatal *ethos* do trabalho [Arbeitsethos], ao qual não há nada mais temível que uma ordenação do mundo na qual o trabalho árduo e alienado fosse algo frívolo, tratando igualmente de eternizá-lo por meio de um controle pedagógico da cultura. A atividade artística baseada no trabalho memorizado, com racionalizações morais, é contrária à própria ideia de arte, cujo distanciamento da práxis social de autoconservação contém em si a indicação a uma condição liberta do trabalho. A plena ocupação não é, em absoluto, uma norma da arte, por mais que a meia verdade ou verdade inteira sobre as atuais relações afirme, sempre com presunção, que os homens não saberiam o que fazer com o suposto excesso de tempo livre. Se a música de rádio tencionasse arcar com as consequências disso, bem como da crítica à efetiva perda de experiência ocasionada pela conversão das obras de arte em bens de consumo, então teria de educar metodicamente com vistas à imaginação ativa, contribuindo, de seu lado, para ensinar às massas ouvintes uma escuta adequada, quer dizer, estrutural, de sorte que corresponda, pois, ao tipo do "bom ouvinte". A este também seria o caso de atribuir certa reviravolta, haja vista que a eficiência sociopedagógica dos meios musicais de comunicação de massa deveria consistir no fato de ensinar verdadeiramente seus ouvintes a "ler", ou seja, torná-los aptos a uma apropriação silenciosa dos textos musicais mediante a pura imaginação; uma tarefa que não é assim remotamente tão difícil quanto faz supor a reverência frente ao profissional // tido por um curandeiro.

Theodor W. Adorno

Deste modo, os meios de comunicação de massa poderiam lutar efetivamente contra aquele analfabetismo ao qual tende, em geral, o espírito objetivo de nossa época, como se fosse um segundo espírito adquirido.

Outro meio musical de comunicação de massa, o disco fonográfico, está mais próximo do ouvinte mediante alguns de seus atributos. Não se acha ligado a programas preestabelecidos, mas está disponível; os catálogos possibilitam uma maior liberdade de escolha; além disso, o disco possibilita uma repetição contínua e, com isso, uma intimidade mais profunda em relação ao que é executado que as transmissões radiofônicas, que, em geral, ocorrem uma só vez. A forma do disco fonográfico permite, pela primeira vez na música, algo análogo ao hábito de colecionar nas artes plásticas, e, em especial, nas artes gráficas; sabe-se muito bem quanto o hábito de colecionar, a mediação do objeto estético por sua posse literal, contribuiu à incorporação, ao conhecimento especializado. Isso também seria de se esperar dos discos que, nesse meio tempo, aperfeiçoaram-se imensamente do ponto de vista técnico, sobretudo desde que a extensão da gravação rompeu o limite de tempo que reduzia os antigos discos a peças [Piècen] mais curtas, e, com frequência, à música de gênero, excluindo as grandes formas sinfônicas e igualando os discos aos bricabraques musicalmente manuseáveis. Que hoje o completo acervo musical possa, em princípio, estar à disposição do ouvinte sequioso mediante o disco fonográfico, eis o que poderia, a título de uma potencial abolição do privilégio de formação musical, sobrepujar socialmente as desvantagens que a escuta de discos enquanto *hobby* de ouvintes consumistas traz consigo sob as atuais relações; a pergunta por aquilo que de fato se passa com a música, segundo seu próprio conteúdo e em função da

Introdução à sociologia da música

reprodução em massa, é algo que deverá, aqui, permanecer sem a devida consideração.[12] Mas os discos precisam pagar, por assim dizer, uma taxa à alfândega social por meio da escolha daquilo que é gravado, bem como da qualidade da reprodução. A política atinente aos programas tem de ser, muito mais do que a política consoante à programação do rádio, bastante cautelosa com as vendas. Em grande medida, o princípio de seleção baseia-se na proeminência, nos grandes nomes de obras e intérpretes de sucesso; a produção discográfica reflete a vida musical oficial sob sua forma mais convencional. Com isso, // o disco, que poderia modificar produtivamente a consciência musical, reproduz os juízos comumente aceitos com tudo aquilo que estes trazem de questionável. Faz-se necessário um catálogo daquilo que falta; tanto é assim que, até hoje, apenas a menor parte da obra de Schönberg acha-se disponível na Alemanha. Ademais, as limitações internacionais obstaculizam a compra de discos. Diversas gravações importantes da modernidade artística só existem na América, sendo que pode levar um tempo infindável até que se consiga, por fim, obtê-las na Alemanha. Eis por que, na América, a venda de discos está desenfreadamente orientada a partir da corrente demanda de *popular music*. Até pouco tempo atrás, fora de Nova York, era possível encontrar uma loja de discos que se recusava a encomendar um disco genuinamente moderno, porque a aquisição de um único exemplar não valia a pena; tais costumes se alastram por todo o planeta. Em poucos fenômenos se torna drasticamente tão patente o modo como as relações de produção social sabotam a cultura musical como em

---

12 Ver Theodor W. Adorno. The Radio Symphony. In: *Radio Research 1941*. Nova York, 1941, p.110. [N. E. A.]

fatos brutos desse tipo; em que pese todo discurso acerca do consumo de massa, um critério para medir a crescente barbárie pode ser vislumbrado — e isso não apenas na música — no fato de que, hoje, as produções espiritualmente relevantes são praticamente inacessíveis. No entanto, a escolha de execuções das obras modernas a ser gravadas não corresponde em absoluto, e, em parte, por causa do preço baixo, àquilo que se almeja; os primeiros discos das óperas de Berg eram, pois, caricaturas, o que necessariamente intensifica o preconceito social contra a modernidade. Tais carências também podem ser constatadas junto aos artistas mais antigos. A maior parte dos discos disponíveis de Mahler é totalmente insatisfatória em termos de execução e, muitas vezes, também à luz de qualidade puramente técnica; não há um só disco minimamente aceitável de sua *Terceira sinfonia*. Todavia, alguns desses *deficits* poderiam aplanar-se tal como doenças de criança, assim que a grande música nova se estabeleça em um nível similar ao da pintura que lhe é afim. Aí então, possivelmente, a ambição do colecionador de possuir os melhores discos irá estimular a produção. Por enquanto, a máxima "o melhor dos melhores" ainda obstrui o que é bom. É claro que àquilo que está em voga nos títulos culturalmente comprometidos é adicionado um pouco de tudo, e, dentre outras coisas, o que há de frívolo e requentado. O que o comercialismo se // esforça para conquistar permanece deformado pelo interesse comercial que tenciona demonstrar seu sentido como algo elevado, submetendo-se, justamente com isso, à consciência reificada.

A hostil ausência de relação entre os setores da vida musical é um indício do antagonismo social. Uma observação feita por ocasião de uma aula acadêmica marcou-me de modo pregnante.

Introdução à sociologia da música

As preleções de estética eram certificadas por alunos ouvintes ou aqueles cujos programas de ensino contivessem cadeiras sobre música. Perguntei-lhes então: "Vocês são músicos?". Em tom levemente contestador, como se indicasse o desejo de não possuir nada em comum com a música, mas também de evitar as exigências impostas pelo ofício[13], obtive a seguinte resposta: "Não, somos músicos de escola". O âmbito pedagógico--musical usurpa algumas leis que não querem ter a ver com a própria música. Esta última se torna um meio, aliás, um meio pedagógico, e não um fim. Virtualmente, a passagem de uma esfera à outra é interceptada e a unidade da música é negada com a arrogância própria ao subalterno. Isto se estende à relação que as escolas da modernidade estabelecem entre si. As lutas travadas pelas correntes artísticas de outrora acabaram por degenerar em uma divergência infrutífera. Certa vez, Kurt Weill disse-me que só reconhecia duas possibilidades para a atual atividade composicional, a saber, a da música dodecafônica e a sua. Ele não duvidava do fato de que ambas pudessem coexistir; não considerava, porém, que aquilo que denominava pura e sumariamente música dodecafônica baseava-se na crítica da tonalidade, por mais arranjada que esta fosse. Se estilos há muito apregoados se oferecem à escolha, isso significa que a vida musical está, já, desintegrada. A expressão "música dodecafônica" é produto de uma nomenclatura reificada, não um sinal que designa a coisa mesma. Tal como ocorre na produção contemporânea de superlativo nível formal, inclusive na produção da Escola de Viena, apenas uma parte, e que sequer é, no fim das contas, a de maior peso, lança mão do procedimento compositivo com

---

13 No original, *métier*. [N. T.]

doze sons relacionados exclusivamente entre si – tal como o definia Schönberg; do mesmo modo, tudo o que se deixa agrupar sob a égide desse *slogan* não representa nenhum gênero especial de música, mas um procedimento técnico que racionaliza, por assim dizer, aquilo que adquiriu forma na dinâmica da linguagem musical; em uma escuta ao vivo, torna-se muito difícil ao leigo diferenciar as composições livremente atonais das dodecafônicas, tais como, por exemplo, as do Webern do período intermediário. // Apesar disso, o termo música dodecafônica tornou-se corrente para descrever de maneira indiferenciada tudo o que não é tonal, qual uma fórmula para o acolhimento daquilo que não é acolhido. De maneira análoga, a expressão "eletrônica", que subsume os mais díspares elementos, desde a rígida construção desenvolvida a partir de condições sonoras eletrônicas até a inclusão meramente colorista de sonoridades eletronicamente engendradas, terminou assumindo o papel de tudo aquilo que, ao ouvinte, produz um som "astronáutico". Em tais questões de nomenclatura aparentemente indiferentes sedimenta-se a tendência a se evadir da experiência viva mediante nomes genéricos, que encerram o assunto de modo automático e o esgotam positiva ou negativamente. Em vez de rastrear o específico, dispõe-se, aqui, daquilo que já existe. Aquele que diz "a música dodecafônica", ou, então, "o eletrônico", demonstra possuir, potencialmente, o mesmo tipo de espírito de quem fala "do russo" ou "do americano". Tais clichês acabam por subsumir e falsificar elementos inconciliáveis, na medida em que tiram proveito disso em favor da comunicação.

De fato, tais fenômenos são inconciliáveis. A pluralidade das linguagens musicais atualmente existentes e de tipos de vida musical, e, sobretudo, do nível enrijecido de formação, incorpo-

Introdução à sociologia da música

ra diferentes estágios históricos que se excluem reciprocamente, enquanto a sociedade antagônica impele-os forçosamente a uma simultaneidade. As forças musicais produtivas só podem desenvolver-se com liberdade nos âmbitos socialmente particulares; noutras esferas, são reprimidas, inclusive em termos psicológicos. Nenhuma riqueza qualitativa das possibilidades torna-se efetivamente real na multiplicidade, haja vista que a maior parte delas só existe, porque não acompanhou os mesmos passos das demais. Em vez da obrigatoriedade objetiva dos ideais musicais, escolas, formas composicionais e tipos de vida musical, o mais decisivo é a situação sempre dada daquilo que é universalmente incompatível, a qual é alcançada de modo anárquico e conservada mediante sua força de gravidade, mas sem que a pergunta pelo direito ao divergente sequer chegasse a ser empreendida. A vida musical é uma mera aparência da vida. Por meio de sua integração social, a música foi corroída por dentro. A seriedade, desdenhada pela música de entretenimento, foi deixada inteiramente de lado pela integração. Do ponto de vista social, as formas extremas nas quais se esbarra o consumidor normal da vida musical são // tentativas desesperadas de assegurar tal seriedade, ou, então, de restabelecê-la; nesta medida, seu radicalismo é conservador. Mas a vida musical, a quintessência de uma produção cultural de mercadorias ordenada conforme a apreciação valorativa dos clientes, desmente aquilo que cada som propriamente diz, que ressoa e conta ir além da engrenagem à qual a vida musical espera incorporá-lo.

// Opinião pública, crítica

O problema da relação entre a opinião pública e a música coincide com a questão acerca da função desta na atual sociedade. Em diversos casos, aquilo que se pensa, se fala e se escreve sobre música difere muito de sua real função, daquilo que ela de fato cumpre na vida dos seres humanos, seja em sua consciência, seja em seu inconsciente. Tal função, porém, de modo adequado ou distorcido, acaba por penetrar na opinião; e, inversamente, esta última reage sobre a função, e, se possível, pré-formando-a: o papel fático da música fia-se consideravelmente na ideologia dominante. Caso se pretendesse isolar o elemento puramente imediato contido na experiência musical coletiva da opinião pública, então se passaria ao largo do poder de socialização, da consciência reificada; que se lembre apenas da massa de desmaios ensejados pelo surgimento de alguns cantores de sucesso — algo real — que dependem, pois, do "faz de conta publicitário" [publicity-Mache], da opinião pública. À luz dessa interdependência, as considerações que aqui teço sobre a música e a opinião pública não são mais que complementos.

Theodor W. Adorno

Conforme a concepção habitual, decerto questionável e bastante desacreditada devido aos resultados da psicanálise, a música acha-se vinculada a um dom especial. Para compreendê-la, seria preciso ser "musical"; no que se refere à poesia ou à pintura, não se requer nada análogo. Caberia investigar as próprias fontes de tal concepção. Sem dúvida, ela parece indicar algo sobre a diferença específica entre as artes, que se torna invisível por meio de sua subsunção ao conceito universal de arte. Vincula-se à irracionalidade, suposta ou real, da música o dom especial como se tratasse de um tipo de carisma, uma cópia posterior do carisma sacerdotal apto a distinguir aquele que se abre a esse distrito musical específico. Algumas peculiaridades psicológicas // da música favorecem essa crença: de acordo com critérios cientificamente aceitos, observou-se seres humanos psiquicamente normais, mas incapazes de perceber, em termos acústicos, diferenças elementares tais como a distinção entre os sons altos e baixos, ao contrário da relação que se estabelece com o mundo visual, o qual se coaduna bem mais rapidamente com o mundo das coisas empíricas; até mesmo os daltônicos veem o que é claro e o que é escuro. A representação da musicalidade enquanto graça [Gnade] particular poderia encontrar amparo em tais observações. No entanto, ela própria se nutre de momentos arcaicos, psicológico-irracionais. São bastante nítidos os afetos com os quais se assegura, ou, ao menos, assegurou-se tal carisma ou privilégio da musicalidade, quando ainda se esperava uma compreensão musical por parte dos membros das classes mais educadas. Caso alguém questionasse o privilégio do dom musical, isso era visto como blasfematório tanto pelos indivíduos musicais, que com isso se sentiam degradados, quanto pelos não musicais, que já não podiam se convencer, diante

Introdução à sociologia da música

da ideologia cultural, de que a natureza havia privado-lhes de algo. Isto aponta, porém, para uma contradição no conceito do sentido musical caro à opinião pública. Dificilmente se duvida do direito e da própria necessidade da música; muito menos lá, onde o princípio de racionalidade, do qual, conforme a ideologia, a música se acha desconectada, e o princípio da sociedade de troca florescem ao máximo. Em nenhum outro local a vida musical é tão fomentada e a música tão louvada como parte integrante da cultura quanto na América, terra não apenas da postura positivista, mas também do Positivismo real. Na opereta de Ernst Krenek intitulada *Schwergewicht oder die Ehre der Nation*, o pugilista, convencido por sua mulher e pelo amante desta de que o treino com vistas a um recorde de dança exigiria certa intimidade entre os dois, diz: "sim, sim, precisamos do recorde". A música é, em boa medida, aprovada segundo esse tipo de lógica, ainda que não se possa discernir muito bem a razão pela qual as coisas têm de ser assim. Para a consciência reificada, aquilo que aí está possui um alto preço de mercado, simplesmente porque está aí. Dificilmente seria possível levar mais adiante a contradição em relação à essência da música como algo que não se deixa fixar, que se eleva literalmente para além da mera existência. Ao mesmo tempo, nessa ingenuidade típica de alguém bastante endurecido, há de igual modo a necessidade da música como necessidade de // outra coisa; isto não deve ser totalmente eliminado do mecanismo de autoconservação. Mas, a convicção geral acerca da necessidade da música e do mérito em apoiá-la atua, antes de mais nada, de forma ideológica. Ao afirmar implicitamente a cultura existente, da qual, aliás, a música também faz parte, termina-se por agradecer a esta última por aquilo que ela mesma afirma. Face à difusão generalizada da música, que reduz cada vez mais sua distância em relação à existência cotidiana e, com isso, solapa-a mais e mais, a abstinência e um certo período de trégua seriam convenientes. Eduard Steuermann certa vez disse, com razão, que nada era tão prejudicial à cultura quanto o seu cultivo. No entanto, a ascese é impedida não só pelo interesse econômico por parte daqueles que vendem música, mas também pela ganância dos clientes. O ofuscamento da opinião pública diante da música acaba blindando-se contra esse tipo de compreensão; para ela, a música e a arte em geral constituem uma espécie de fato natural. Justamente aquele que se detém no conteúdo de verdade da música não irá se convencer, em absoluto, de sua necessidade, senão que procurará observar o tipo de música em questão, como, onde e em que momento ela veio à tona. A repugnância nada infrequente diante da música, da qual já tratei no contexto atinente ao regente e à orquestra, não consiste apenas na rebelião dos musicalmente insensíveis [Amusischen], ou, então, no rancor dos especialistas enfadados com aquilo que são obrigados a fazer em detrimento do que fariam por liberdade. Frente à inflação musical, esse *taedium musicae* também cumpre com aquilo que seu conceito promete. A abstinência de música pode tornar-se sua forma correta. A contínua propensão da escola de Schönberg a evitar execuções de suas próprias obras, ou, então, a sabotá-las no último instante não tinha, pois, nada de quixotesco.

A complexa relação entre racionalidade e irracionalidade da música se inscreve em uma grande tendência social. A progressiva racionalidade burguesa não abole, sem mais nem menos, os momentos irracionais do processo vital. Muitos são neutralizados, deslocados para segmentos especiais e, aí então, reincorporados. E não saem incólumes apenas; muitas vezes,

Introdução à sociologia da música

as zonas irracionais também são socialmente reproduzidas. A pressão exercida pela crescente racionalização, que, a fim de não se tornar insuportável àqueles por ela atingidos, vê-se obrigada a cuidar racionalmente dos seres de coração afetuoso, // requer tanto isto quanto a irracionalidade, invariavelmente cega, da própria sociedade racional. A racionalidade exercida de forma meramente particular necessita, para manter-se como algo particular, de instituições irracionais tais como as igrejas, os exércitos e a família. A música, bem como toda arte, a elas se alinha e, com isso, conforma-se ao contexto funcional global. Para além deste último, a música dificilmente conseguiria manter-se na existência em termos materiais. Mas, também do ponto de vista objetivo, em si, ela se transforma naquilo que é, ou seja, em algo autônomo, apenas por meio da relação negativa com aquilo de que se separa. Se é assimilada ao sistema de funções, desaparece então o momento constitutivo de seu protesto contra a única coisa que, uma vez mais, constitui sua *raison d'être*;[1] mas, se não se deixa assimilar, então se ilude quanto à sua onipotência e, desta maneira, torna-se agradável. Trata-se de uma antinomia não só da música, mas de toda arte na sociedade burguesa. Apenas de forma esporádica esta última se declarou radicalmente contrária à arte, e, ainda assim, em geral não no espírito das tendências racionais, progressivas e burguesas, senão que no espírito corporativo-restaurador [ständisch-restaurativer], como aquele d'*A República* de Platão. No século XX, conheço apenas um ataque enfático à arte, a saber, o livro de Erich Unger contra a poesia.[2]

---

1 Do francês, "razão de ser". [N. T.]

2 Ver Erich Unger. *Gegen die Dichtung. Eine Begründung des Konstruktionsprinzips in der Erkenntnis*. Leipzig, 1925. [N. E. A.]

Theodor W. Adorno

Reporta-se à interpretação mitológico-arcaizante da religião judaica de Oscar Goldberg, tornada famosa por meio da figura de Chaim Breisacher no *Doutor Fausto*, de Thomas Mann. Em linhas gerais, contra a arte que se arvora em representante do Esclarecimento opõem-se, antes de tudo, as teologias ortodoxas, e, sobretudo, as que esposam diretrizes protestantes e judaicas. Em comunidades isoladas, preconizadoras de antigas crenças luteranas ou calvinistas, pode reputar-se até mesmo pecaminoso o fato de crianças que se consagrem a ocupações artísticas, inclusive à música. O sempre citado motivo da ascese diante do mundo parece ser mais enérgico nas formas iniciais, rígidas e patriarcais do protestantismo que no capitalismo plenamente desenvolvido. Este último se mostra, pois, mais tolerante em relação à arte, unicamente porque esta se oferece ao processo de valorização: quanto menos fronteiras restarem, tanto mais a arte atrairá investimentos. Isto esclarece a quantidade de vida musical na América, que suplanta tudo o que atualmente
335 // se acha presente na Europa. No entanto, foi justamente na América que às vezes pude observar, em meios conservadores e estratificados, um declarado antagonismo contra a música, algo estranho à consciência esclarecida, a qual, também no que se refere à arte, tende ao *laissez-faire* sob a égide do liberalismo. Em uma grande universidade norte-americana, ainda que localmente afastada dos centros metropolitanos, os professores consideravam no mínimo frívolo o hábito de assistir a óperas, de sorte que alguns membros da faculdade emigrados da Europa, com os quais tencionava ver *Salomé*, não se arriscaram a tanto. Em todo provincianismo, essa espécie de opinião pública, ao apontar para além das ordenações impostas do existente – Ernst Bloch denominava-o a pólvora do mundo –, presta mais

Introdução à sociologia da música

honra à música que à conciliação descomprometida. Esta última passa a ser iluminada como sintoma da contrariedade por parte da opinião pública em circunstâncias tais como, por exemplo, a do positivismo lógico, o qual, em muitas de suas diretrizes, menospreza todo pensamento que não é coletado dos fatos, como a arte e a poesia conceitual; mas que, ao mesmo tempo, não exercita qualquer crítica em torno do conceito de arte, aceitando-a sem hesitação como um ramo da vida diária. Com isso, a arte é despojada, de antemão, de toda pretensão à verdade; a tolerância teórica confirma a obra de destruição que, seja como for, a práxis trata de providenciar e que engole a arte como entretenimento. Assim como frequentemente ocorre na vida do conceito, no interior da contradição filosófica aparece a real contradição de uma sociedade que insiste no fato de que não deve existir nenhuma utopia[3] e que, no entanto, ela mesma não poderia perdurar sem a imagem invariavelmente desbotada da utopia.

Pelo fato de a música ter pura e simplesmente de existir, a maioria das pessoas também possui uma concepção a seu respeito. A depender dos círculos dos interessados em diferentes tipos de música, existem opiniões públicas referentes aos assuntos musicais implícitos, mas muito eficazes. Sua larga difusão justifica seu caráter estereotipado, e vice-versa. Ela não deveria se estender unicamente sobre formulações, mas predeterminar as formas de reação aparentemente primárias, ou, ao menos, constituir uma de suas componentes: isto // precisaria ser testado. Inúmeros são os seres humanos que escutam, possivel-

---

3 Ver Theodor W. Adorno, et al. *The Authoritarian Personality*. Nova York, 1950, p.695. [N. E. A.]

Theodor W. Adorno

mente, segundo as categorias que a opinião pública lhes fornece de modo direto; o imediatamente dado é, já de si, mediado. Tal opinião pública reluz em determinado consenso firmado entre aqueles que falam sobre música. Provavelmente, a opinião é tanto mais articulada quanto mais profundamente a música, bem como a relação com ela, estiver fundida com uma consolidada ideologia cultural, tal como, por exemplo, com o âmbito das conservadoras instituições da vida musical oficial. Se fosse dado perscrutar suas variantes a partir disso, poder-se-ia quiçá reconhecê-las como casos especiais ou cifras de ideologias mais gerais e socialmente mais efetivas. Aquele que possui concepções musicais comuns é frequentemente acometido pela suspeita de que estas provêm, como que por eflúvio, de concepções comuns hauridas igualmente de outras esferas, comparáveis aos preconceitos daqueles que se dobram à autoridade. Caberia construir teoricamente o esqueleto de sua opinião para, aí então, traduzi-lo mediante a pesquisa sob a forma de teses características, suscetíveis de estimular a decisão no interior de grupos de sujeitos. Para pessoas que se mantêm fechadas em relação à música moderna, os modelos de frase seriam, por exemplo: "sim, eu consigo aturar Alban Berg, mas Schönberg já me parece demasiadamente intelectual". Ou, então, na boca de seres humanos com senso prático: "não creio que esse tipo de música conseguirá impor-se e tornar-se tão inteligível quanto a música clássica". Ou, para os chamados pessimistas culturais: "sim, mas para onde isso tudo irá nos levar?". Ou, ainda, para um círculo de pessoas menos delineado: "tudo isso não passa de um fenômeno transitório" ou: "essa música mais moderna é tão fria e impiedosa quanto nosso mundo. Onde foi parar o elemento humano, o sentimento?". Particularmente admirada

Introdução à sociologia da música

é, pois, a seguinte formulação: "isto ainda é música?"; frase essa que, em verdade, introduz sorrateiramente uma imagem histórica da música como algo eterno. Muitas dessas invariantes da opinião pública baseiam-se em uma representação turva da normalidade, mas extremamente intolerante. Esta se torna compreensível na dimensão da própria dinâmica musical. Um *fortíssimo* extremo é condenado como espécie de barulho, como algo musicalmente hostil; ao passo que a suavidade excessiva inspira a tosse, e, quando não, a risada. Para a representação daquilo que agrada aos sentidos, os extremos acústicos constituem legítimos tabus e, por isso mesmo, verdadeiros extremos.

337 // Há sessenta anos, os filisteus da cultura exasperaram-se contra Liszt, Strauss e Wagner não apenas por causa de seus supostos ruídos. A sensibilidade ao ruído é o dom musical de quem não tem o sentido da música e, ao mesmo tempo, um meio de rechaçar a expressão de dor e ajustar a música a uma temperança que pertence à esfera na qual se fala de coisas refrescantes e gratificantes, a esfera do vulgar materialismo burguês. Muitas vezes, o ideal musical público faz as vezes do ideal de conforto. A recepção de algo espiritual é instituída conforme o bem-estar físico. No âmbito da reprodução musical, esse tipo de opinião pública denega, em geral, as intenções que se opõem ao burilado ideal interpretativo, censurando, de resto, aquilo que é rigorosamente apropriado como se tratasse de um capricho pessoal. Percebe-se, aqui, integralmente, a capacidade do artista reprodutor de projetar algo, bem como sua qualidade técnica; a experiência com o objeto não é, em absoluto, radicalmente podada pela opinião. A sentença hegeliana segundo a qual a opinião pública deve ser, ao mesmo tempo, considerada e desconsiderada também vale para o caso da música.

Theodor W. Adorno

O senso comum irá de mau grado abrir mão do argumento de que o eterno retorno de seus clichês também poderia pura e simplesmente prestar testemunho de sua verdade, tal como ocorre, por assim dizer, em um desconsolável período de chuvas em que todos se queixam do tempo. Mas essa inferência por analogia não é plenamente acertada. A posição adequada do sujeito em relação à música seria, pois, aquela que diz respeito à sua realização concreta. Lá, onde o juízo não é motivado por esta última, mas estorvado por verbalizações abstratas e centenas de vezes declamadas, cumpre suspeitar que o sujeito não deixou que o fenômeno se acercasse dele. Isto indica que aqueles estereótipos, baseados em traços estanques e incontestáveis daquilo que depreciam, são falsos. Se a frase não causar muito espanto, pode-se dizer que a música de Schönberg não é, de modo algum, mais "intelectual" que a de Berg; suas obras legitimamente revolucionárias eram, antes do mais, erupções de um inconsciente impelido à manifestação, equiparáveis à escrita automática da Literatura, sem que tivessem qualquer coisa a ver com ponderações estéticas. Estas estão a anos-luz de Schönberg; o seu inteiro *habitus*, tanto no que se refere à sua pessoa quanto no que diz respeito à sua obra, inabalável nas condições de suas próprias possibilidades, correspondia ao *tant* **338** *bien que mal*[4] do artista ingênuo. Aquilo que, // para a opinião pública, soa menos intelectual em Berg não se deve senão ao fato de que seu temperamento [sein Naturell] expele as formas habituais de expressão de modo menos brusco que Schönberg; o próprio Berg era acometido por um extremo mal-estar quando

---

4 Do francês, "de um modo ou de outro", "por bem ou por mal", "aos trancos e barrancos". [N. T.]

Introdução à sociologia da música

o opunham a Schönberg sob tais categorias; farejava, nisso tudo, o *parti pris* do comedimento. A questão acerca da direção a que isso nos conduz é apenas um álibi daqueles que se furtam à coisa aqui e agora: racionaliza-se a própria ignorância mediante uma visão histórico-filosófica global, fazendo do contato deficitário com o objeto uma primazia intelectual sobre ele. Ao discurso a respeito da desumanidade e da frieza subjaz, em silêncio, aquele desiderato segundo o qual a música deveria aquecer-nos, sem se dar ao trabalho de pensar que de maneira alguma toda música do passado se portou assim e que justamente esse efeito terminou por rebaixá-la à condição de música piegas [Schnulzen]. Além disso, na música nova – bem como na música tradicional – há tanto peças altamente expressivas quanto extremamente distanciadas; como toda música, trata-se de um campo de tensão formado por momentos construtivos e miméticos. Como qualquer outra música, ela não se reduz nem a um nem a outro momento.

Dentre os conceitos basilares da opinião pública musical não há praticamente nenhum que ainda se mantenha firme: são meros retardatários ideológicos de níveis históricos obsoletos. Outrora, em seus primórdios, muitas categorias fundamentais constituíam momentos de uma experiência musical viva, sendo que ainda conservam algum vestígio de verdade. No entanto, fixaram-se e passaram a existir como inconcussos sinais de reconhecimento daquilo que se pensa e que se espera, impermeáveis ao discordante. A partir daquilo que, em períodos de sociedades mais rigidamente organizadas e com um menor número populacional, podia formar o círculo dos *connaisseurs de cour et ville* desenvolveu-se, mediante um questionável processo de socialização, um aglomerado daqueles que sancionam um sistema normativo exterior àquilo que se escuta. Mais importante que adquirir o conhecimento é tornar-se íntimo dos juízos aceitos, repetindo-os com devoção. Quanto mais o amplo público se aliena da produção avançada mais se intercalam convenientemente as categorias da opinião pública. Fenômenos que, em termos musicalmente concretos, permanecem obscuros aos ouvintes são por estes docilmente inseridos em conceitos pré-fabricados; // saber-se informado sobre tais conceitos substitui a experiência da própria música. Também no âmbito atinente à música tradicional a identificação com a opinião muitas vezes ilude quanto à relação deficitária com o objeto. Sob uma ótica social, aqui a escuta poderia orientar-se em grande medida a partir do grupo específico do qual os indivíduos fazem respectivamente parte. Estes não se comprometem necessariamente com o gosto que julgam ser o melhor, mas, ao contrário, às vezes esposam aquilo que lhes corresponde conforme sua autovaloração. Seres humanos que são inundados com música, mas sem que para tanto estivessem preparados pela tradição ou por alguma formação específica, orientam-se totalmente a partir da opinião pública. Com isso, incorrem em um processo de falsa coletivização, a qual é estranha ao próprio objeto.

A situação da opinião pública musical é algo que só se deixaria inferir a partir do contexto daquilo em que se transformou o conceito mesmo de opinião pública – conceito central da doutrina da democracia em Locke. Jürgen Habermas investigou, em diversos estudos, a dinâmica de tal conceito no interior da realidade social.[5] Outrora se limitava a um círculo de burgueses

---

5 Ver Jürgen Habermas et al. *Student und Politik*. Neuwied, 1961, p.11; id. *Strukturwandel der Öffentlichkeit. Untersuchungen zu einer Kategorie der bürgerlichen Gesellschaft*. Neuwied, 1962. [N. E. A.]

Introdução à sociologia da música

intelectualmente emancipados, o qual chega a ecoar, inclusive, na representação do papel desempenhado pelos assim chamados notáveis até meados do século XX. Qualificando-se objetivamente conforme sua ideia, mas, ao mesmo tempo, de maneira elitista, e, nessa medida, em certo sentido antidemocrática, tal momento foi perdido a partir do advento do conceito de esfera pública nas democracias modernas, sem que entretanto as desigualdades sociais por ele anteriormente reconhecida *sans gêne* tivessem sido eliminadas em termos objetivos. A problemática acerca da opinião pública dava constantes mostras de si na aporia de Rousseau – que, à sua época, já era atual – de acordo com a qual o valor médio das opiniões individuais, ao qual a democracia não pode renunciar, muitas vezes diverge da verdade da própria coisa. Isto se aguçou mais e mais ao longo do curso global do desenvolvimento social, inclusive no que se refere à opinião pública sobre a música. Em termos formais, a possibilidade de todos ouvirem música e ajuizarem a seu respeito suplanta o privilégio do círculo encapsulado em si. Poderia conduzir-nos para além da estreiteza de um gosto que, // enquanto limitação social, também nos limitou variegadamente do ponto de vista estético. Mas, de fato, tal alargamento, essa ampliação da liberdade de opinião e sua respectiva utilização, atuam efetivamente sobre aqueles que, sob as condições dadas, mal poderiam ter uma opinião própria, o que se opõe ao engajamento objetivo e soterra, por fim, a chance de que eles formem qualquer sorte de opinião. Aquilo que é recomendado como potencial democrático da opinião desvirtua-se na pressão exercida pela consciência atrasada sobre a consciência progressista, e isto a ponto de se converter numa ameaça à liberdade da própria arte. O diagnóstico de Tocqueville acerca do espírito norte-americano revela-se verdadeiro em todos os continentes. Porque qualquer um pode julgar sem que, no entanto, pudesse tecer um juízo, a opinião pública torna-se amorfa, e, com isso, a um só tempo, rígida e decrépita. Seu aspecto esponjoso e indulgente encontra hoje sua expressão lapidar no fato de que já não há mais, em rigor, quaisquer partidos musicais da opinião pública, como, por exemplo, os de Gluck e Piccinni, os de Wagner e Brahms. Sua herança reduziu-se a lutas entre diretrizes artísticas no interior do *cénacle*, ao passo que, na esfera pública, resta apenas a vaga aversão a tudo o que há de suspeito na modernidade. Essa ausência de articulação não se elucida, porém, pelo individualismo, ou, então, por uma situação na qual já não se formam mais quaisquer grupos, porque cada um julga por si e nenhum denominador comum se deixa estabelecer. Ao contrário. Em meio à massa ouvinte, quanto menos se cristalizam visões específicas e, ao mesmo tempo, englobantes — se é que este já chegou a ser, em realidade, o caso da música —, menos oposição ela exerce contra o controle social intencional ou involuntário; nisso, a opinião musical não representa exceção frente a outros setores ideológicos. Mediante os centros de opinião e por intermédio dos meios de comunicação de massa, os *slogans* lançados são precipitadamente adotados. Alguns deles, como o da exigência de uma composição clara e precisa enquanto signo da assim chamada compreensibilidade, datam de um período no qual ainda vigorava algo semelhante a uma opinião resoluta por parte da elite cultural. Privados da dialética viva com o objeto, tais *slogans* acabam por se rebaixar justamente àquilo que ora se critica. Os centros formadores de opinião intensificam isto, martelando esse estado de coisas uma vez mais a partir de si próprios. Apelando aos consumidores, guardam-se

341 de expor-se a outra coisa senão // que à consciência já existente. O que é flutuante e que se submete a assim chamada moda passageira, acaba se tornando invariante. O que então deveria ser algo tão subjetivo como a própria opinião poderia reduzir--se a invariantes numéricas. Com isso, a pergunta pela opinião primária e derivada decerto não é respondida. Sem dúvida, tal como se repetiu vezes sem-fim, os chamados mecanismos de influência de Mannheim são muito mais poderosos no mundo totalmente organizado e socializado que no liberalismo tradicional. Todavia, o próprio conceito de influência é liberal: construído de acordo com o modelo não só de sujeitos formalmente livres, mas também segundo a constituição própria de sujeitos autônomos, aos quais se pode apelar a partir de fora. Quanto mais duvidosa for a validade de tal modelo tanto mais obsoleto será o discurso da influência; onde já não se constitui nenhuma interioridade, a separação entre interior e exterior torna-se ultrapassada. A distinção entre a opinião imposta e aquela esposada pelos sujeitos vivos perde a sua base. Provavelmente, estes últimos são mais fortalecidos pelos órgãos centralizados de opinião pública no valor médio de seus posicionamentos habituais que pelo fato de recebê-los como algo estranho a eles próprios e por meios que, também em seus planos, levam sempre em consideração a receptividade do consumidor ideológico. Os processos ideológicos, à maneira dos econômicos, tendem a resumir-se a mera reprodução. O respeito pelos clientes é, também ele, ideologia, na medida em que introduz as regras do jogo do livre mercado e apresenta os senhores da opinião como servos dedicados. Mas, conforme a demonstração de Gurland, tal como na política econômica do Estado total sobreviveu uma estrutura de compromisso, assim também esta última sobrevive no centralismo ideológico. Os órgãos de opinião pública não podem pressionar ilimitadamente os seres humanos a fazer aquilo que não querem. Enquanto a Sociologia da formação cultural e a crítica à ideologia não demonstrarem de maneira mais concreta as relações econômicas, a pergunta pela causa e pelo efeito no interior da superestrutura permanecerá um tanto frívola. Seus momentos distintos, enquanto momentos da totalidade, condicionam-se ao sabor das vicissitudes. Nem a subjetividade dos que opinam se reduz aos próprios processos secundários e subjetivos da formação de opinião nem vice-versa.

342   // A opinião pública musical tem seu órgão institucional na crítica.[6] Por trás da inveterada inclinação a depreciá-la, esconde-se a irracional e burguesa religião da arte. Esta se inspira no medo de que, por meio do pensamento crítico, alguém seja privado uma vez mais de um setor incontrolável da vida; e, por fim, igualmente se inspira na aversão de toda má positividade à possibilidade de sofrer seu próprio abalo. A crítica tem de se defender contra esse preconceito, que constitui, por si, uma parte da opinião pública. Na medida em que o ódio em relação ao crítico protege a música da consciência e a fortifica com trincheiras na meia verdade de sua irracionalidade, ele danifica a música, que é espírito tanto quanto aquele que nela penetra. Todavia, o rancor daqueles que se sentem profundamente excluídos do objeto encontra seu alvo naqueles que se reputam, em geral de modo injusto, grandes conhecedores. Como alhures, na música, os intermediários [Mittelsmänner] são requeridos com vistas a um

---

6 Ver Theodor W. Adorno. *Klangfiguren*. Berlim/Frankfurt a. M., p.248. [N. E. A.]

Introdução à sociologia da música

sistema do qual eles são meros sintomas. A onipresente objeção à relatividade da crítica, mero caso especial de uma postura que, com espírito mal empregado, desvaloriza toda atividade espiritual como algo inútil, diz pouca coisa. As reações subjetivas do crítico, que às vezes eles próprios definem como acidentais a fim de documentar sua soberania, não se contrapõem à objetividade do juízo, mas constituem, ao contrário, sua condição. Sem tais reações, a música não é sequer objeto de experiência. Na moral do crítico, a impressão deveria aceder à objetividade por meio de uma contínua confrontação com o fenômeno. Se é efetivamente competente, então suas impressões são mais objetivas que as serenas apreciações valorativas dos dignatários alheios à música. Mas, a mácula da relatividade, inerente a todos juízos sobre a arte, não basta para obscurecer a diferença de grau entre um movimento de Beethoven e um *pot-pourri*, entre uma sinfonia de Mahler e uma de Sibelius, entre um virtuose e um desajeitado. A consciência de tais diferenças deve ser estendida até a mais plena diferenciação do juízo estabelecido. No entanto, aquilo que se revela derradeiramente falso diante de uma enfática ideia de verdade acha-se mais próximo desta última que a abstenção impassível do juízo, a qual se furta ao movimento do espírito, // que é o movimento do próprio objeto. Os críticos não se mostram ruins quando têm reações subjetivas, mas quando não possuem reação alguma, ou, então, quando perseveram de modo não dialético, e, em função de seu ofício, adiam o processo crítico ao qual seu ofício se acha comprometido. Esse tipo de crítico, o arrogante, atingiu o seu ápice na era do impressionismo e da *art nouveau*; e sentia-se mais à vontade na literatura e nas artes plásticas que na música. Hoje, tal tipo deveria recuar em prol daquele que já não julga de modo algum,

Theodor W. Adorno

ou, quando muito, julga apenas *en passant*, sob a avaliação das circunstâncias dadas. O declínio da crítica como um agente da opinião pública musical não se torna patente por meio do subjetivismo, mas mediante o atrofiamento da subjetividade que se desconhece como objetividade; e isto em exata concordância com as tendências antropológicas gerais. Nada fala de maneira mais contundente em proveito do direito à crítica que sua abolição pelos nacional-socialistas, pela tacanha transposição da distinção entre trabalho produtivo e improdutivo para o interior do espírito. A crítica é imanente à própria música, haja vista que se trata do procedimento que conduz objetivamente toda composição bem lograda, a título de um campo de força, à sua resultante. A crítica da música é requerida por sua própria lei formal: o desdobramento histórico das obras, bem como seu conteúdo de verdade, dá-se em meio crítico. Uma história da crítica de Beethoven poderia trazer à luz em que medida cada nova camada de consciência crítica por ela descerrada também desvendou novas camadas de sua própria obra, que, em certo sentido, só se constituiu por meio desse processo. Do ponto de vista social, a crítica musical é legítima, porque apenas ela possibilita apropriação adequada dos fenômenos musicais mediante a consciência geral. Não obstante, ela participa da problemática social. Acha-se vinculada a instituições de controle social e de interesse econômico, como, por exemplo, a imprensa — contexto que, não raro, interfere na postura dos críticos até levar em consideração os editores e outros notáveis. Além disso, em seu próprio interior subjazem condições sociais que, ao que tudo indica, dificultam mais e mais sua tarefa.

Certa vez, Benjamin definiu essa tarefa de modo epigramático: "o público vê-se sempre obrigado a sentir-se injustiçado

Introdução à sociologia da música

344 // e, não obstante, defendido pelo crítico".[7] Isto quer dizer que a crítica tem de confrontar a consciência geral e negativamente pré-formada da sociedade com a verdade objetiva e, nessa medida, social em si mesma. A insuficiência social da crítica musical torna-se drasticamente clara pelo fato de quase nunca cumprir tal tarefa. Na era do liberalismo tradicional, quando a independência e a autonomia do crítico eram reconhecidas — a figura de Beckmesser é a réplica sardônica desse prestígio —, alguns críticos ousavam contrapor-se à opinião pública. No caso de Wagner, isto se deu de modo reacionário, em favor do *tempus actum*, mas o difamado Hanslick, com todo o seu provincianismo, manteve firmemente, diante de Wagner, um momento de verdade, a saber, a pintura [peinture] puramente musical, que, apenas mais tarde, teve sua honra reconhecida. Mas, críticos como Paul Bekker ou mesmo o duvidoso Julius Korngolg mantinham algo da liberalidade consoante à opinião própria contra a opinião pública. Tal liberalidade está diminuindo. Se a opinião do público sobre a música transforma-se, de fato, em uma espécie de berro, na repetição de clichês com vistas à demonstração da própria lealdade cultural, então, para diversos críticos, intensifica-se a tentação de cada qual berrar à sua maneira. Isto tem muito pouco a ver com diretrizes artísticas. Alguns fenômenos musicais desencadeiam nos críticos a criação de frases que soam como palavras-chave e que decerto possuem alguma consistência, mas que, ao serem automatizadas, acabam por realizar aquilo que todos esperavam deles, reflexos condicionados que pouco diferem daqueles dos ouvintes de entretenimento. Se um deles se depara, por exemplo, com os *Gurrelieder*,

---

7 Ver Walter Benjamin. *Schriften*. v.1. Frankfurt a. M., 1955, p.541. [N. E. A.]

de Schönberg, então, apenas a fim de provar aos leitores sua competência profissional, falará imediatamente sobre o mais óbvio, sobre aquilo que chama a atenção dos ouvidos mais surdos, bravateando acerca dos sucessores de Wagner, do suposto excesso da orquestra wagneriana, assim como sobre o fim do estilo romântico tardio. Contudo, a tarefa do crítico começaria tão somente lá, onde terminam tais constatações, quer dizer, na demonstração do que há de específico e novo nessa precoce partitura, que Schönberg nunca denegou; pela alegria com que os retrógrados, de modo reacionário, vituperavam suas obras de juventude, ele não guardava senão escárnio. Uma estrutura melódica de amplo fôlego, a harmonização pródiga em suas divisões harmônicas, a constituição de dissonâncias independentes // mediante a condução das vozes, o afrouxamento da sonoridade dos solistas, na terceira parte da obra, que suplanta em muito o procedimento impressionista, e, em linhas gerais, a emancipação indescritivelmente ousada do contraponto no cânon final – tudo isso é muito mais importante para os *Gurrelieder* que os vassalos d'*O crepúsculo dos deuses* na terceira parte ou o acorde de Tristão no "Lied der Waldtaube" [Canção do pombo da floresta]. Mas acima de tudo: o fato de que – como seria de se esperar da música tradicional – algo novo e originário foi inventado, dito e composto no idioma corrente. Conforme a lógica que se apodera intrepidamente dos *Gurrelieder*, Mozart teria de ser tratado como um mero sucessor de Haydn. De nada vale, porém, dirigir a atenção a isto. Tais críticos não perdem esse hábito, nem mesmo mediante demonstrações analíticas, e, insistindo em chamar *Wozzeck* de rebento tardio do cromatismo de Tristão, elogiam Stravinsky por conta da força rítmica elementar – como se o emprego artificial de *ostinati* pausados

Introdução à sociologia da música

fosse idêntico a fenômenos rítmicos primordiais – e atestam em Toscanini a fidelidade à obra,[8] em que pese o fato de ele passar totalmente ao largo das indicações metronômicas de Beethoven. Os críticos devem abandonar o tesouro dos Nibelungos de seus juízos prontos e não a independência de sua própria posição, sem a qual a crítica se acharia desprovida de sentido e que os torna, outrossim, independentes diante de qualquer possível controle factualmente objetivo. Quanto menos a nova música é comensurável para um público retrógrado e alimentado com mercadorias padronizadas, mais os críticos se transformam, aos olhos de tal público, em uma autoridade indubitável, sob a condição de que, mesmo quando se comportam modernamente, mostrem por meio de nuances que estão de acordo com a opinião pública. Para isto se prepara sua elegância. Basta pura e simplesmente relatar os acontecimentos em tom apto a firmar no leitor a impressão de que se trata, de fato, de acontecimentos. É preciso ter respeito diante de pessoas respeitáveis, assim como é permitido ser petulante lá, onde vigora pouquíssimo poder. Sua autoridade sobre o assunto em questão, incontrolável ao público, transforma-se em uma pessoal e ulterior instância de controle social da música talhada à medida da conformidade, drapeada com mais ou menos bom gosto. A qualificação do crítico musical permanece algo irracional. O talento jornalístico // para a escrita quase sempre basta, isoladamente, para demonstrar uma certa experiência e alguns interesses mais resguardados. Aqui, o que há de decisivo, a competência composicional, a capacidade de compreender e julgar a realidade concreta da música de acordo com sua for-

---

8 Ver Theodor W. Adorno. *Klangfiguren*. op. cit., p.72. [N. E. A.]

ma interna, quase nunca é exigida, porque faltam justamente aqueles que poderiam julgar tal capacidade mesma, a saber, os críticos dos críticos. Mas a incompreensão é transposta para o juízo, cuja falsidade se intensifica mediante o ressentimento daquele que nada compreende. Se e até que ponto os críticos, propositalmente ou não, adaptam-se à política global de sua época, eis algo que ainda restaria analisar. Com efeito, este parece ser menos o caso dos assim chamados jornais liberais que de outros periódicos, que são um tanto conservadores, ou, então, acham-se ligados a alguma orientação confessional; no entanto, na República de Weimar havia exceções extremamente notórias de ambos lados. Na imprensa totalitária, o crítico funde-se *sans façon*[9] com a figura do funcionário. Agora, em seus suplementos de cultura, os jornais liberais disponibilizam de bom grado espaços dedicados à livre opinião cuja agudeza ultrapassa a da seção principal; essa possibilidade, cujo protótipo era o antigo *Frankfurter Zeitung*, inclui-se no liberalismo. De qualquer modo, foi também em tal jornal que se fixaram os limites do "isto já foi longe demais". Hoje, já não é mais de bom tom indignar-se moralmente com manifestações extremas, de sorte que elas acabam sendo tratadas com ares condescendentes, ou, então, com humor. Nisto ecoa a inteira despolitização do espírito; ela mesma é, inclusive culturalmente, um problema de ordem política.

A situação da crítica não deveria ser lamentada com base em antigos costumes, mas deles deduzidos. Se os críticos mesmos são músicos, quer dizer, caso sintam-se em casa nesse assunto e não se coloquem acima dele, então se acham fatalmente pre-

---

9 Do francês, "sem cerimônia", "com naturalidade", "espontaneamente". [N. T.]

Introdução à sociologia da música

sos no imediatismo e na limitação de suas próprias intenções e interesses. Seria necessário, pois, o gênio generoso de um Schumman para lograr uma crítica tal como a feita ao jovem Brahms ou o juízo sobre Schubert, acerca de quem, à época, não se comentava muito. As críticas que compositores importantes escreveram estão, em muitos casos, envenenadas. Hugo Wolf posicionava-se contra Brahms de maneira cegamente partidária, assim como os críticos professores brahmsianos, com seu filisteísmo burguês, fracassaram frente aos "novos alemães". Debussy ficava doente com a autocompreensão hipócrita do antidiletante que // se esquece convulsivamente do fato de que, na esfera do conhecimento musical, a competência técnica não designa nenhum *terminus ad quem*, mas, de modo bem diferente, deve superar-se para dar provas de si mesma. A *déformation professionelle* dos especialistas é a contrapartida da banalidade do leigo. Mas, hoje, quem não lida tão diretamente com o assunto tal como fazem tais compositores é, no mínimo, excluído do debate. A opinião de Lessing segundo a qual o crítico não está obrigado a fazer algo melhor continua, sem dúvida, verdadeira. Mas a música emancipou-se a tal ponto como um *métier sui generis*, cujas leis vão desde a acurada experiência técnica até as boas maneiras musicais, que, a rigor, apenas aquele que se acha seriamente envolvido na produção é capaz de diferenciar algo nela; apenas a crítica imanente é frutífera. Os críticos profissionais, incapazes de empreender esta última — ao menos, a maioria —, reportam-se a fontes alternativas, e, de saída, a instituições de ensino que os qualificam em função do diploma ou da titulação, sem ajudá-los muito na realização de sua tarefa. Todavia, quanto mais espessa e ramificada se torna a rede da vida musical, bem como de suas esferas administrativas, tanto mais

Theodor W. Adorno

o crítico transforma-se, como dizia uma empoeirada expressão oitocentista, em um relator [Referenten]. Com isso, ele não se resigna pura e simplesmente, mas perde a objetividade à qual aparentemente se submete. Pois, o que é artístico na arte é algo único, que suplanta os fatos que se deixariam relatar. Compreendida com sutileza, a genuína experiência da música, tal como a de toda arte, é idêntica à crítica. Realizar sua lógica, a determinabilidade de seu contexto, significa sempre percebê--la, em si mesma e a um só tempo, como antítese do falso: *falsum index veri*. Atualmente, assim como em todas as épocas, o conhecimento especializado e a capacidade de discriminação são imediatamente a mesma coisa. Seu representante teria de ser, pois, o crítico, mas este o representa cada vez menos. Isto não deve ser meramente imputado ao aceite de que as composições se tornaram invariavelmente mais áridas àqueles que não residem, por assim dizer, em seu antro secreto.[10] Mas ao fato de que as formas predominantes da crítica musical impediram o crítico de exercer tal papel, levando em conta sua atualidade imediata e sua ampla publicidade, mesmo que estivesse à altura de tal tarefa. Todavia, aquilo que há de melhor no conhecimento musical passa despercebido entre as instituições da vida musical. Enquanto mero tipo de informação também gravita, além disso, a renomada literatura da indústria cultural, que, na Alemanha, bem como em todos os outros cantos, alastra-se rapidamente.

348 // Mesmo a função do conhecimento especializado, onde quer que sobreviva, termina por se modificar. O próprio Richard Strauss teve de sofrer, em Munique, com a mentalidade que hoje fixa Viena, local em que surgiu a nova música, no nível

---

10 Em alemão, *Fuchsbau*; literalmente: "toca da raposa". [N. T.]

Introdução à sociologia da música

de desenvolvimento de 1900: "Não nos deixemos ludibriar, nós possuímos cultura musical. Nós, de Munique, a cidade de Wagner, somos fatalmente modernos". Sem o saber habitual, sem o conhecimento acerca do que é familiar, dificilmente nos é dado compreender o novo em plena formação; mas esse mesmo saber tende a recrudescer-se e atravancar-se. Muitas vezes, em zonas industriais mais novas, encontrar-se-á uma parca compreensão sobre o assunto, mas, em contrapartida, uma opinião pública mais receptiva. A essa compreensão corresponde, em maior medida, um certo deslocamento do centro de gravidade musical da Europa rumo à América; aquilo que deixava os jovens músicos europeus tão fascinados com Cage tinha, como precondição, a ausência de tradição. Com isso, à música mais recente irmana-se igualmente um potencial de regressão, de retorno aos estágios primitivos que acompanham nebulosamente o progresso social. De um modo a um só tempo frutífero e devastador, o desejo bárbaro-futurista de Brecht de que o espírito deveria perder a lembrança de muitas coisas parece, ainda que sem uma vontade consciente, ter-se consumado na opinião pública sobre a música.

// Nação

Em festivais musicais e em ocasiões análogas, as autoridades oficiais sempre proferem discursos nos quais se enaltece o caráter internacional da música, bem como sua essência aglutinadora de povos. Mesmo na era hitlerista, quando políticos nacional-socialistas da música tentaram substituir a Sociedade Internacional da Nova Música por uma organização voltada ao passado, não faltaram confissões dessa espécie. Delas advém algo aprazível, à semelhança daqueles países que, ao lutarem friamente entre si, tomam parte em ações coletivas de ajuda após algum terremoto, ou, então, quando um médico europeu trata ostensivamente um nativo em algum rincão do planeta. Nada seria tão ruim, declaram tais erupções de irmandade, quanto a ideia de que em tais circunstâncias não florescesse um sentimento humano geral, ainda que a humanidade festiva não atrapalhe, em absolutamente nada, o dia a dia social e político. Tampouco o cotidiano do nacionalismo musical; seus testemunhos correm lado a lado. Nas grandes eras, as nações respectivamente favorecidas tratavam de afirmar que apenas elas e nenhuma outra teriam o monopólio sobre a música. A

Theodor W. Adorno

contradição é suficientemente contumaz para dar ensejo a uma reflexão sociológica. A Sociologia tem a ver, antes de mais nada, com a nação enquanto problema no sentido mais lapidar do termo. Em contrapartida, o conceito de nação contradiz a ideia universal de ser humano, da qual se infere o princípio burguês de igualdade dos sujeitos. Além disso, a nacionalidade foi a condição para a imposição de tal princípio, que dificilmente poderia ser separado da sociedade burguesa em cuja ideia se encontrava a universalidade. Em seu sentido mais amplo, inclusive com implicações culturais, o aburguesamento realizou-se de fio a pavio mediante o princípio de nacionalidade, ou, ao menos, nele encontrou amparo. Resíduos disso são, de fato ou em aparência, os hodiernos e específicos momentos nacionais. Finalmente, as contradições sociais acabam prolongando-se **350** // nos conflitos nacionais. Isto já ocorrera no imperialismo, mas também diz respeito ao "descompasso" entre os Estados altamente industrializados e os mais ou menos agrários, bem como ao problema entre as grandes potências e os assim chamados países em desenvolvimento. A função ideológica da música no interior da sociedade é inseparável disto. Os músicos converteram-se às ideologias políticas desde a metade do século XIX, já que enfatizaram os traços nacionais, exibindo-se como representantes das nações e reiterando o princípio nacional em todos os lugares.

No entanto, mais que qualquer outro meio artístico, a música também se deixa impregnar pelas antinomias do princípio nacional. Trata-se, efetivamente, de uma linguagem universal, mas não constitui nenhum esperanto: não reprime as especificidades qualitativas. Sua semelhança com a linguagem não se acha vinculada às nações. Mesmo culturas muito distantes entre

Introdução à sociologia da música

si – caso se trate de utilizar esse abominável plural – conseguem entender-se musicalmente umas em relação às outras; que um japonês bem formado não possa, *a priori*, tocar Beethoven corretamente, eis algo que mostrou ser pura crendice. A música mesma possui tantos elementos nacionais quanto a sociedade burguesa em geral; sua história e suas formas de organização ocorreram essencialmente dentro dos limites nacionais. Isto não foi, porém, algo extrínseco à música. Em que pese seu caráter universal – que ela deve àquilo que lhe falta frente à linguagem discursiva, a saber, a ausência de um conceito fixo –, ela indicava características nacionais. Que estas tenham sido realizadas é algo que diz respeito a sua plena experiência, e, talvez, a sua própria universalidade. Como se sabe, Weber era muito apreciado na França, não imediatamente por conta de seu conteúdo humano, mas em virtude de um conteúdo nacionalmente alemão, cuja diferença em relação à tradição francesa podia ser nele degustado como uma espécie de prato estrangeiro. De maneira inversa, só é dado ouvir Debussy adequadamente quando se introjeta o momento propriamente francês, que, tal como muitas vezes ocorre com o elemento italiano na ópera, colore a cadência musical. Quanto mais a música se converte em um idioma que se assemelha ao linguístico, tanto mais ela se move rumo às determinações nacionais. O que há de austríaco em Schubert e Bruckner não é mero fator histórico, mas uma das marcas do próprio fenômeno estético.

351 // Àquele que quisesse acompanhar ingenuamente a consciência educada do Classicismo alemão, bem como a tendência de seu desenvolvimento até a modernidade, os pequenos formatos de Debussy teriam de parecer miudezas feitas à mão e a suavidade da cor lhe seria apresentado como algo docemente hedonista. Para se ouvir Debussy de maneira correta, então é preciso colocar-se igualmente à escuta da crítica que tais pequenos formatos exercem sobre a pretensão metafísica da música alemã, formatos que a arrogância alemã facilmente confunde com as peças de gênero. À fisionomia musical de Debussy pertence a desconfiança de que o gesto grandioso usurparia um nível espiritual a ser assegurado, antes do mais, pela ascese contra tal gesto. A preponderância da sonoridade sensual na assim chamada música impressionista envolve, triste e jacosamene, dúvidas acerca da inabalável confiança alemã na potência autônoma do espírito. Mas, com isso, os traços críticos e polêmicos de Debussy, bem como de toda música ocidental, também se acham irmanados a tais marcas de ofuscamento em relação a aspectos essenciais da música alemã. Nos anos 1930, havia um parodista que se chamava Beethoven; não sei se francês ou inglês. Em todo caso, a julgar por aquilo que ele tocava jocosamente ao piano, e que lhe rendia muitos aplausos, podia-se muito bem imaginar como era o efeito veladamente causado para além do Reno, não apenas por Wagner, mas também por Beethoven: como hipócrita e barbárica autoglorificação, um *habitus* estético privado de bons costumes urbanos. Diante desse provincianismo de ambos os lados, a remissão à universalidade da música adquire facilmente um teor fictício. Ela não consiste em um simples fato dado, a ser obtido de imediato, senão que requer uma reflexão acerca dos momentos nacionais disjuntivos.

Contra a Sociologia da Música sempre se objeta, de modo defensivo, que a essência da música, seu puro "ser-em-si", não teria nada a ver com sua complexidade nas condições e conjunturas sociais. Que na música não se possa apontar o dedo para fatos sociais tal como se aponta, por exemplo, no romance

Introdução à sociologia da música

do século XIX, eis algo que facilita tal *désinteressement*, mesmo que, nos âmbitos não musicais, a Sociologia da Arte já tenha transformado-se, desde há muito, em uma interpretação de procedimentos, // em vez de se deter meramente em conteúdos palpáveis.[1] A cômoda *noblesse* da Sociologia do conhecimento de Max Scheler, que, em coisas do espírito, separava rispidamente as relações sociológicas com o fatual — seu enraizamento no ser, como se dizia à época — e seu conteúdo espiritual supostamente puro, sem atentar para o fato de que tais "fatores reais" migram para o próprio conteúdo, termina transpondo-se, quarenta anos depois e despojada de sua pretensão filosófica, rumo a uma concepção musical cuja má consciência acredita ser capaz de conservar o elemento musical apenas mediante ações depuradoras diante de sua mácula extra-artística ou seu rebaixamento à condição de ideologia de interesses políticos. Todavia, essa tendência apologética é refutada na medida em que aquilo que forma o objeto da experiência musical exprime, a partir de si, algo social; i. e., devido ao fato de que, uma vez subtraído esse momento, o conteúdo encolhe-se e perde justamente tal caráter indissolúvel e inextinguível por meio do qual a arte se torna, antes de mais nada, arte. Ouvir Debussy sem esse momento nacional, o qual, como resistência ao espírito alemão, constitui essencialmente o espírito de Debussy, não só extirparia das fibras de tal música aquilo que ela é, mas acabaria, ao mesmo tempo, por diminui-la em si mesma. Seria realojada na esfera do salão e da complacência social, com a qual não tem nem mais nem menos afinidade que a grande música alemã tem com a música

---

1 Ver Arnold Hauser. *Philosophie der Kunstgeschichte*. Munique, 1958, p.1. [N. E. A.]

violenta e ufanista. Aquilo que faz Debussy ser mais que um mero *divertissement*, sem anunciar uma pretensão enfática ao absoluto, é logrado mediante o tom nacional. Realiza a mediação com tal pretensão ao adotá-la como algo que fora rejeitado. Não se trata, porém, de nenhuma informação ou conjectura acerca de Debussy, mas apenas um aspecto de sua forma composicional. Quem não percebe isso torna-se tecnicamente surdo àquilo que, na música, significa mais do que a quintessência do conhecimento especializado. Se este elemento "a mais" [dies Mehr] fosse denominado sua universalidade, então esta última se abriria somente àquele que retém a essência social e determinada da música, e, com isso, também sua limitação. A música não se torna universal mediante a abstração daquilo que ela tem de espaço-temporal em si, // mas, antes, por intermédio de sua concreção. A Sociologia da Música consistiria em conhecimentos aptos a englobar, na música, o que ela tem de essencial, sem se esgotar em seus fatos tecnológicos. É claro que, permanentemente, isso passa despercebido na música. Um conhecimento musical que se mostrasse à altura de seu objeto teria de ser capaz de ler as inflexões da linguagem musical, as nuanças de sua forma, quer dizer, um conjunto inteiro de fatos tecnológicos, de sorte que, nela, momentos análogos ao momento nacional de Debussy se tornassem determináveis.

Somente a partir da existência, ainda que rudimentar, das nações burguesas é que se desenvolveram escolas nacionais com características plenas. Também na Idade Média poderão ser discernidos epicentros regionais e nacionais, bem como suas respectivas perambulações, mas as diferenças decerto eram mais instáveis. Na Idade Média, na qual há traços nacionais mais claros a ser reconhecidos, tal como na *ars nova* florentina, eles

Introdução à sociologia da música

se cristalizaram em centros burgueses. As escolas holandesas do final da Idade Média, que se estendem até a era protestante, seriam provavelmente inimagináveis sem a economia urbana completamente desenvolvida nos Países Baixos; dentre as tarefas de um trabalho conjunto entre a Sociologia e a História da Música, o escrutínio de tais relações estaria em primeiro plano. Os estilos nacionais só se tornaram mais inteligíveis a partir da Renascença e da dissolução do universalismo medieval. O aburguesamento e a nacionalização caminham lado a lado. Aquilo que do ponto de vista histórico-musical pode ser chamado, com certa razão e apesar de todas as limitações da analogia, de Renascença, veio da Itália. Por volta do ano 1500, a Alemanha ficou para trás nesse processo. A música alemã daquela época, cuja sonoridade era representativa de um outro tipo nacional, foi, antes do mais, uma música na qual o movimento humanista chegara atrasado. Eis o que engendrou, à época, o momento nacional, talvez a partir de uma tradição popular ainda mais antiga. Naquilo que lhes parecia ser especificamente alemão em relação à transparência, em certa medida racional, da emergente música italiana, os compositores alemães de canto coral por volta de 1500 permaneciam medievais. O elemento alemão na música, mesmo como contínua força produtiva, sempre conservou, ao mesmo tempo, algo de arcaico e pré-nacional. Foi isto que, mais tarde, tornou tal música conveniente justamente **354** como linguagem // da humanidade; aquilo que nela havia de pré-nacional voltou-se contra si até transcender o nacional. Quão profundamente essa categoria estava irmanada à história da mais íntima compleição da música, eis o que só se deixaria esclarecer caso se pensasse conjuntamente a tensão produtiva, há séculos atuante, entre os elementos românico e alemão na música, e a tensão entre o aspecto nacional e o recalcitrante ponto de vista universalista, que fora preservado em uma Alemanha política e economicamente atrasada. A controvérsia que visa a saber se Bach ainda pertence à Idade Média, ou se concerne, já, à modernidade, não é dialética. A força revolucionária por meio da qual sua música transpassou a limitação nacional, como limite do processo imediato e social de escuta, era idêntica à tradição medieval de então, a qual não se conformou docilmente às exigências impostas por cada um dos estados burgueses da era absolutista. Encontrava seu refúgio urbano na música sacra protestante. Mas foi apenas por meio da absorção da música de cunho burguês-nacional, da música citadina italiana, e, posteriormente, da música francesa que seu engenho [Ingenium] musical adquiriu força persuasiva. Se Bach ergueu-se para além da música de consumo própria à sua época, do emergente estilo galante inaugurado, sobretudo, por seus filhos, isso se deu por intermédio daquela componente medieval que nele ascendeu à burilada construção polifônica da linguagem homofônico--moderna. Mas a herança só se tornou cativante pelo fato de que ele não a obteve retrospectivamente, mas a mediu a partir das linguagens musicais nacional-burguesas desenvolvidas em sua época, a saber, as linguagens italiana e francesa. Em Bach, o momento nacional é, em rigor, superado sob a forma da universalidade.

Isso também poderia esclarecer nada menos que o primado da música alemã até meados do século XX. Desde que Schütz visou à unidade entre monodia e polifonia, assentaram-se na Alemanha uma camada pré-nacional e uma nacional, a qual descendia, em verdade, dos países latinos. Isso forma uma condição essencial daquele conceito de totalidade da música

Introdução à sociologia da música

355 que, por volta de 1800, a fez convergir com os sistemas especulativos e sua ideia de humanidade; // conceito que, durante o período fundador da música alemã, decerto também deve ser parcialmente responsabilizado por ressonâncias imperialistas. Na era burguesa, além do aspecto produtivo, também era próprio à reciprocidade entre música e nação o aspecto destrutivo do princípio de nacionalidade. Desde Oscar A. H. Schmitz, difundiu-se o bordão que caracteriza os ingleses como um povo sem música. Que há séculos a força dos povos anglo-saxões não se equipara, ao menos na *musica composita*, à música de outros povos é um fato que se impõe por si mesmo e não pode ser extirpado do mundo nem mesmo por meio de ações folclóricas de resgate. O gênio original de Purcell, que se evoca como contra-argumento, não basta para refutar tal juízo. Este, porém, nem sempre foi legítimo. Na era elisabetana, na qual um Estado nacional jovem e beneficiado pela posição insular monitorava, por assim dizer, antecipadamente a fronteira nacional da produção intelectual, a música também era apanhada do movimento do espírito. A música inglesa do século XVI decerto não ficava atrás da música europeia em seu todo. A ideia de música que atravessa a obra de Shakespeare de ponta a ponta converte-se, no final d'*O mercador de Veneza*, na fantasmagoria daquilo que, séculos depois, a música mesma terminaria por alcançar. Que os ingleses fossem em si mesmos destituídos de música é pura teoria do ressentimento à base do nacionalismo alemão, que se recusou a reconhecer o reinado interno de um império mais antigo e exitoso. Contudo, não se pode questionar o fato de que o engenho musical inglês se acha estancado desde o despertar do século XVII. A culpa poderia ser imputada ao então emergente puritanismo. Se fosse pertinente a versão de acordo com a qual a *Tempestade*, a renúncia do poeta, representa simultaneamente um protesto contra tal tendência religiosa, então o espírito musical da obra lhe seria mais familiar. Às vezes, tudo se passa como se os impulsos musicais dos ingleses, sob a pressão da atitude econômica própria à ascese intramundana, tivessem redimido a si mesmos justamente lá onde haviam esquivado-se da excomunhão que recaía tanto sobre a música quanto sobre a frivolidade, sendo que, onde quer que houvesse música, esta degradava-se numa frivolidade: Keats e Shelley são sucessores dos grandes compositores ingleses que inexistem. Mediante o específico destino político-ideológico // de uma nação, a força musical pode ser a tal ponto reprimida que chega a definhar. Ao que tudo indica, como uma faculdade humana do espírito tardiamente adquirida, a musicalidade produtiva é extremamente vulnerável à pressão social. Aquilo que a longo prazo foi feito da musicalidade alemã durante a ditadura hitlerista, que de resto colaborou enormemente para o seu embolorado atraso, é algo que ainda não se deixa profetizar. De qualquer forma, na produção realizada após 1945, os alemães já não gozam daquela precedência que Schönberg, ao formular a técnica dodecafônica, acreditava ter-lhes assegurado por mais cem anos.

Quão profundamente a universalidade e a humanidade da música se acham mescladas ao momento nacional, sobre o qual elas sobrevoam, é algo que pode ser testemunhado pelo Classicismo vienense, e, em especial, por Mozart. Neste, a síntese entre os elementos alemão e italiano já foi constatada infatigavelmente. Com efeito, na maior parte das vezes se pensou, aqui, na fusão de meros gêneros tais como a *opera seria*, a *opera buffa* e a comédia musical [Singspiel], ou, em todo caso, na combinação entre a cantabilidade mediterrânea e o modo alemão de compor

Introdução à sociologia da música

o acompanhamento *obligato*, a técnica fragmentada de Haydn e a técnica orquestral dos compositores de Mannheim. Os momentos nacionais embrenham-se, porém, até na mais ínfima célula e no "tom". Sem qualquer pseudomorfose da ária, algumas peças instrumentais de Mozart soam italianas: os movimentos lentos dos concertos para piano, como, por exemplo, o Andante em dó menor do *Concerto em mi bemol maior* (Köchel 482), ou, então, o movimento em fá sustenido menor do *Concerto em lá maior* (Köchel 488). Essas peças não são, em absoluto, conforme o *convenu* esposado pelos discípulos de Apolo, distanciadas e classicistas. Elas antecipam e conservam, antes do mais, o tom romântico; e, nisso, soam venezianas como apenas a um alemão seria dado conceber a *imago* da cidade. Aqui, o elemento classicista é uma *fata morgana*, e não algo efetivo. Em Mozart, os elementos nacionais relacionam-se de maneira dialética entre si. A sensualidade sulista é quebrada mediante uma espiritualidade que a afasta à medida que simultaneamente a engloba, concedendo-lhe pela primeira vez, com isso, a palavra. A delicadeza do Sul, que há alguns séculos aplainou o caráter provinciano e canhestro da forma alemã de reação musical, recebe, então, por parte de alemães e austríacos, aquilo que lhe cabe como imagem espiritualizada de uma vida substancial e livre de cisões. Como se // sabe, aquele elemento propriamente cantável inspirado no canto italiano, que, no caso de Mozart, liberta a música instrumental da renitente mecânica racionalista, acabou por se transformar, ele mesmo, em um portador da humanidade. Inversamente, porém, a expansão do princípio construtivo alemão até a melódica italiana favorece aquela unidade do múltiplo, a qual encontra sua legitimação no fato de que o individual por ela engendrado e no qual se fricciona já não é, concretamente, nenhuma frase vazia.

Theodor W. Adorno

Se a grande música do Classicismo vienense e de seus sucessores, incluindo a segunda escola vienense, deixa-se apreender como uma ação recíproca entre o universal e o particular, então essa ideia lhe foi transmitida pela reciprocidade produtiva entre as componentes alemã e italiana em Mozart. O universal é aquilo plenamente estabelecido e que sempre se reporta a Bach, cujo *Cravo bem temperado* Mozart conheceu muito bem por intermédio de Swieten; mas, segundo a linguagem da estética classicista, o particular, o elemento ingênuo do canto imediato, advém da arte do efeito dos italianos. Em Mozart, tal arte de cantar é privada de seu caráter contingencial e de sua particularidade por se achar, por si só, em um todo mais abrangente. Esse todo, no entanto, é humanizado mediante tal elemento: acolhe a natureza em si. Se a grande música é integral pelo fato de não se enrijecer no particular nem se submeter à totalidade, mas por deixar esta última vir à tona a partir do impulso à particularidade, então tal integração brota como eco dos momentos italiano e alemão na grandiosa linguagem musical de Mozart. Também ela recolhe em si a diferença nacional, mas trata de desenvolver respectivamente uma coisa a partir da outra, que já não é mais a mesma. A própria expressão seráfica da humanidade mozartiana, patente na ação de Sarastro na *Flauta mágica* e no último ato do *Figaro*, formou-se a partir da dualidade nacional. O elemento humano [Das Humane] é a reconciliação com a natureza em virtude de uma espiritualização livre de violência. É justamente isso que ocorre com a componente italiana de Mozart, sendo que, uma vez mais, ele a legou historicamente em um centro nacional, a saber, em Viena.

Até Brahms e Mahler, a cidade assimilou importantes forças musicais. Esta tradição central da música, que remete à forma

Introdução à sociologia da música

integral e é profundamente aparentada à ideia de universalidade, constituindo, de resto, // a antítese das escolas nacionais do século XIX, teve, na própria Viena, um impacto nacional. Muitos temas de Mahler e de Berg ainda falam a língua de Viena; o próprio Webern fala tal idioma em segredo, e, por isso mesmo, tanto mais veementemente. Temperamentos muito diferentes do Oeste e do Norte da Alemanha, como os de Beethoven e Brahms, foram primariamente atraídos por isso, como se o sopro do humano ao qual aspirava sua música rebelde ou recalcitrante estivesse ligado àquela cidade qual uma alma penada. O vienense, enquanto dialeto, era a verdadeira língua mundial da música. Isto era mediado pela transmissão artesanal do trabalho motívico-temático. Somente este parecia garantir à música algo como uma totalidade imanente, isto é, um todo, sendo que, em Viena, tal trabalho sentia-se em casa. Era tão adequado ao século burguês quanto a economia nacional clássica, a qual representava a quintessência dos interesses conflitantes de todos os particulares como se tratasse do interesse social global. O engenho de Viena, que em breve terminaria por dominar a história musical por 150 anos, era um cosmo constituído por instâncias superiores e inferiores e transfigurado por um poeta consagrado à música, Hofmannstahl, exibindo, de resto, o acordo entre o conde e o cocheiro como um modelo social de integração artística. Do ponto de vista social, esse fantasma retrospectivo não chegou a ser realizado na antiga Áustria. Mas as convenções da vida estavam a seu favor e a música se alimentou disto. Esta última podia sentir-se, desde Haydn, e, mais intensivamente ainda, a partir de Beethoven, como unidade entre espírito e natureza, esfera artificial e povo, como se a própria Viena, nem sempre solidária, tivesse-lhe resguardado um palco imune à cisão da sociedade burguesa. Aquilo que a grande música antecipou como reconciliação, depreendeu-o daquela cidade anacrônica, na qual durante tanto tempo conviveram em harmonia a formalidade feudal e a liberdade burguesa de espírito, a catolicidade inquestionável e o esclarecimento de teor humanista. Sem a promessa nascida de Viena, ainda que enganosa, a música artística europeia que visava ao mais alto cume dificilmente teria sido possível.

Mas a situação de tal unidade mostrou-se tão questionável na sociedade burguesa – mesmo no enclave de Viena, que se sabia à beira da morte – que o equilíbrio entre o // universal e o nacional mal pôde ser mantido na música. Em Beethoven, e, por vezes, inclusive em Haydn, ruge o inferior, aquilo que não foi totalmente domesticado; o elementar como imagem acobertadora de algo social. Apenas por meio do sorriso, que em tais mestres adquire o vértice de sua sublimação, tal aspecto é a um só tempo amansado e confirmado. Lá, onde sai da linha, tal traço ajuda a divulgar a elevada fama daquela unidade mediante seu lado cômico. Em Schubert, quando então a humanidade vienense afrouxa de maneira complacente a total disciplina do modo classicista de compor, mas sem revogá-la, o momento nacional assume, pela primeira vez, uma existência independente. Sua utopia, de uma cor de concreção inextinguível, renega o cosmos burguês. A camada tectônica de Beethoven, seu submundo, é então escavado, tornando-se acessível. O *Divertissement à la Hongroise* de Schubert é, já de si, um estímulo *à part*, mas, ao mesmo tempo, traz consigo algo de intocado, não intencional e que tampouco se submete à instância civilizatória, àquilo que é demasiadamente imanente à cultura e estranho ao sujeito vivo da música integral. Em Schubert, esse elemento se derra-

Introdução à sociologia da música

ma livremente em um teatro do mundo que, como o teatro de Raimund, tolera o divergente, porque de antemão deixa morrer a pretensão de uma unidade sem emendas; por isso, em rigor, tampouco conhece quaisquer fraturas. Após Schubert, toda marca distintiva [Cachet] do particular isolou-se rapidamente e instaurou-se nas assim chamadas escolas nacionais, que tomaram para si os antagonismos dos diferentes estados nacionais do século XIX. Desse modo, aquilo que é qualitativamente diferente, que não se esgota no conceito universal de música dos povos, transmudou-se em uma marca comercial no interior do mercado mundial. As componentes da música que rastejavam atrás da racionalidade internacional, e, em especial, da racionalidade do comércio, foram exploradas pelos distintos Estados, que, por sua vez, também concorriam artisticamente entre si, como se tratasse de monopólios naturais. Isto diminuiu, pois, o nível musical. Em Schubert, o momento nacional ainda possuía a ingenuidade própria ao dialeto; daí em diante, este último passa a se vangloriar batendo agressivamente no próprio peito, testemunho ofuscante do caráter inconciliado da sociedade burguesa. A música teve participação imediata na troca de função da nação, que de um órgão voltado à emancipação burguesa converteu-se em grilhão da força produtiva, em potencial de destruição. // O que outrora lhe parecia cor humana, intacta e não distorcida por nenhum cerimonial nem qualquer ordenação abstratamente imposta, deixa-se enfeitiçar por si mesma como ápice da particularidade instauradora e também como mentira. As palavras do austríaco Grillparzer a propósito do caminho que, por meio da nacionalidade, conduz-nos da humanidade à bestialidade teria de ser transposta à história do musicalmente nacional, que vai de Schubert a Pfitzner. Não obstante, até o fim do século XIX, o nacionalismo militante reteve algo de seus melhores dias, consoantes à época em que se achava eivado de motivos da Revolução Francesa. É preciso tapar os ouvidos para não querer escutar a *Fantasia em fá menor* de Chopin como uma espécie trágico-decorativa de música que contava afirmar que a Polônia não estava perdida e que, como se dizia na linguagem do nacionalismo, voltaria a se erguer algum dia. Mas sobre esse triunfo reina ainda uma qualidade musical-absoluta que se deixa afastar dos limites do Estado tão pouco quanto neste se deixa fixar. Incendeia o momento nacional em quem por ela se deixa inflamar, como se o homem, canto final de uma grande peça, à semelhança das caricaturas de Delacroix, fosse o homem de uma humanidade liberta, ou, então, tal como outrora o *Finale* da *Sinfonia em dó maior* de Schubert parecia uma festa apetrechada com as flâmulas coloridas de todos os povos, mas menos apresentada que o *Coro da alegria*, o qual tende a ofender os indivíduos solitários. Em sua fase tardia, a obra de Chopin é, com efeito, a última obra de um nacionalismo que se subleva contra os opressores sem festejar, ela mesma, a opressão. Todo elemento nacional posterior da música acha-se envenenado, seja do ponto de vista social, seja sob a ótica estética.

Sob tudo aquilo que correu com nome de música popular, assentaram-se as mais distintas camadas históricas. Às vezes, rudimentos pré-capitalistas acabam por hibernar; nos países altamente industrializados que dispõem de poucas melodias, eles subsistem como uma espécie de espontaneidade despreocupada em relação às normas racionalizadas do fazer musical. Disto faz parte o bem cultural degradado, o produto comercialmente confeccionado a partir da canção popular do século XIX, e, por fim, organizações com o perfil semelhante ao das

Introdução à sociologia da música

associações de trajes típicos. Assim foi, por exemplo, que os tocadores de acordeão terminaram sendo agrupados em torno de poderosos interesses industriais. // Quando os setores da vida musical organizam-se de maneira programática, sua fusão com certas visões de mundo é iminente. Atualmente, na Europa, a vivacidade do fazer musical popular pode ainda variar entre os distintos países. Na Alemanha, onde o grande desempenho composicional individual firmou-se intensivamente como o ideal musical, a espontaneidade coletiva é menor que na Itália. Apesar disso, no Mezzogiorno,[2] a linguagem dos seres humanos não parece estar totalmente separada do meio musical. A musicalidade popular relativamente arcaica, substancial no sentido hegeliano e anterior à reflexão opera, ali, antes de mais nada, com um material que outrora pertencia à esfera individualista, a saber, nas óperas. Estas ainda são populares na Itália a um ponto dificilmente imaginável nos países nórdicos. Também seria o caso de lembrar das canções napolitanas, que de modo tão impressionante constituem o termo médio entre a canção artística e a melodia popular; encontraram sua apoteose tanto nos discos de Caruso quanto no romance de Proust. Há algo de verdadeiro na antiga observação segundo a qual a cultura musical da obra individual objetivada e cultura musical de uma musicalidade compartilhada por toda sociedade não se coadunam facilmente. Caberia investigar em que consiste propriamente essa diferença, até onde se estende e se está, pois, nivelada. Mesmo na Áustria, sob o imperativo de um velado ideal de Eu, espera-se e toma-se por certo que o indivíduo seja mais musical que na Alemanha ou na Inglaterra. Literalmente, é mais pertinente falar de uma

---

2 Todo o Sul da Itália. [N. T.]

Theodor W. Adorno

vida musical nos países com consciência musical coletiva viva, que não precisa ser acentuada enquanto folclore, que naqueles onde a música se opõe autonomamente à vida imediata da população. Se ela logrou sublimar-se de modo afortunado, então, mediante sua objetivação, afasta-se potencialmente dos seres humanos. Quanto a isto, porém, a coletividade musical não é pura e simplesmente algo concomitante, e, de modo algum, um nível histórico anterior e intacto, mas um enclave no interior da sociedade moderna, que a esta se opõe e pela qual se deixa colorir. O primitivo e infantil firmam-se, em si mesmos, como uma objeção impotente e duplamente perniciosa face à civilização. Na Alemanha fascista, os momentos pré-industriais da música popular foram ardorosamente tomados de empréstimo pela organização pós-individual. // Sua ingenuidade pulsa em si mesma, qual um protótipo daquilo que veio à tona como ideologia de sangue e solo. Não sem razão, prefere-se fixar naqueles instrumentos que não dispõem de uma das conquistas mais essenciais do novo processo global de racionalização da música, a saber, da escala cromática. Há muito que a música popular não é mais simplesmente aquilo que é, mas se espelha a si mesma e nega, com isso, o imediatismo do qual tanto se orgulha, à semelhança dos inúmeros textos de canções populares ardilosamente tramadas. Converteu-se, de maneira irreparável, em falsa consciência.

O mesmo se dá com a nova música artística de estilo nacional. Também ela comete uma violência contra si própria e contra a natureza que se quer instintual, seja por meio de um arranjo do nacional, seja pela manipulação daquilo que tenciona ser espontâneo. Sob esse aspecto, não se deveria computar impensadamente as radicais tendências de cunho folclórico

Introdução à sociologia da música

do século XX, tal como são corporificadas, por exemplo, em importantes compositores como Bartók e Janáček, entre os desenvolvimentos posteriores das escolas nacionais do romantismo tardio. Apesar de procederem destas últimas, voltaram-se justamente contra a manipulação, de modo análogo ao protesto dos povos subjugados contra o colonialismo. O jovem Bartók tem tanta coisa em comum com seu compatriota Liszt quanto sua música se opõe à cultura cigana de salão ornamentada com vistas às grandes cidades. Suas próprias pesquisas folclóricas dirigem-se polemicamente contra a música cigana fabricada nas cidades, um produto decadente do romantismo nacional. Temporariamente, o momento nacional transformou-se, uma vez mais, em força produtiva musical. O recurso ao idioma efetivamente não documentado e tampouco preparado pelo reificado sistema musical ocidental transcorreu paralelamente à revolta da nova música avançada contra a tonalidade e contra a rígida métrica que se submete a esta última. Em verdade, Bartók desfrutou de seu período radical na Primeira Guerra Mundial e durante o início dos anos 1920. No mesmo espírito, também surgiram documentos da arte popular bávara no grupo Der Blaue Reiter; sem falar das interconexões entre Picasso e a escultura africana [Negerplastik] interpretada por Carl Einstein. Isto não é tudo. As implicações reacionárias do folclorismo, e, em especial, sua hostilidade à diferenciação e à autonomia subjetiva, se impuseram. // Aquilo que no século XIX era um baile de máscaras, um disfarce ideológico, prepara-se no folclorismo para a austeridade sangrenta e fascista de uma mentalidade musical que menospreza a universalidade e incute barbaramente sua própria limitação como lei suprema, seu ser assim e não de outro modo [ihr nun einmal so und nicht anders Sein]. A regressão intramusical e o nacionalismo coexistem, porém, em testemunhos típicos do romantismo nacional tardio, como, por exemplo, em Tchaikovsky e também em Dvořák. Neles, os temas emprestados representam efetiva ou aparentemente o momento nacional da música popular. Sob o imperativo da ideologia determinante, um pesado acento recai sobre tais temas; sendo que aquilo que não constitui um tema no sentido da melodia singular e nacionalmente caracterizada rebaixa-se à condição de mera transição, ou, então, nos produtos ruins do gênero, de obra completa escandalosamente divulgada. Com isso, vê-se invalidada a ideia mesma de sinfônico, a unidade que se produz a partir da multiplicidade. No que concerne à consciência desse caráter sinfônico, do mesmo modo como a humanidade despedaça-se em uma profusão de nações potencialmente agressivas, assim também se esfacelam os movimentos sinfônicos em temas isolados e em sua enganosa ligação; organizam-se apenas por meio do esquema, e não a partir de dentro graças ao trabalho propriamente dito. Os construtos musicais aproximam-se do *pot-pourri*. A herança da temática nacionalmente tonalizada chegou a adentrar nos *hits* de sucesso, sendo que o legítimo sucessor de Rachmaninoff foi Gershwin. Que após a derrota do fascismo as correntes folcloristas da música tenham se calado nos países deste lado da cortina, eis o que só presta testemunho da própria inverdade, a farsa inerente à proclamação intelectual de laços naturais em uma sociedade cuja racionalidade técnica condena as próprias manifestações de tais laços como algo fictício, e isso justamente lá, onde estes últimos continuam a vegetar.

A forma mais importante e fatídica de nacionalismo musical no século XIX foi a alemã. Richard Wagner exercia um poder sobre os demais países que se harmonizava de modo demasia-

Introdução à sociologia da música

damente exato com os êxitos do país recém-chegado [des new comer-Lands] ao mercado mundial, algo bom demais para se acreditar que se tratava de mera e acidental coincidência; era um artigo de exportação, como Hitler. Embora a Alemanha, ao menos até o apogeu da era bismarckiana, houvesse ficado para trás do Ocidente em termos de seu desenvolvimento econômico-

364 -mundial, // nela quase já não havia música popular viva. O romantismo musical alemão viu-se então obrigado, como que num passe de mágica, a criar algo à sua maneira, talvez já em *O franco atirador*. Em Brahms, há temas da mais elevada beleza, tal como o segundo tema do *allegro* introdutório da *Sinfonia em ré maior*, que soam como se a consciência refletida representasse para si, imaginariamente, canções populares que jamais existiram. Em linhas gerais, até ocorre a tradução de Dante por Borchardt,[3] o romantismo alemão tendia a sub-rogar esteticamente o elemento nacional, porque a formação da nação, assim como a emancipação burguesa, havia malogrado na história alemã. Brahms escreveu peças para piano que citam baladas não escritas de um passado remoto, e que são compositivamente tão originais que mal se pode imputá-las um conteúdo anacrônico. Wagner – mais em *Os mestres cantores*, sua obra de maior eficácia social, que no nórdico *Anel* – reaquece essa intenção a ponto de atingir a fantasmagoria do alemão arcaico. Visava a persuadir o mundo inteiro acerca da supremacia do povo alemão, tal como esta foi apregoada pelo francês Gobineau e pelo inglês Houston Stewart Chamberlain em nome do próprio Wagner. Justamente o fato de que, na Alemanha, já não havia a presença

---

3 Rudolf Borchardt (1877-1945), poeta e tradutor alemão de textos gregos, e, em especial, de Dante Alighieri. [N. T.]

de nenhuma tradição viva de música popular, de sorte que sua imagem podia ser inteiramente moldada em prol de um efeito agitador, permitiu o tom irresistível d'*Os mestres cantores*, bem como seu infortúnio. A peça, jubilosa em sua autenticidade e em sua saúde, é indescritivelmente rica e bem articulada, uma obra de arte *par excellence*, mas, ao mesmo tempo, prenhe de miasmas pantanosamente contagiosos. Aqui, o elemento nacional faz brotar raízes aéreas e transforma-se no jardim encantado daquilo que Nietzsche entreviu como sendo o Klingsor de todos os Klingsors,[4] porque não é aquilo que assevera ser. Agiganta-se retoricamente a fim de fazer esquecer a falsidade de sua mensagem, sendo que isto apenas aumenta, uma vez mais, seu efeito. Por si mesmos, *Os mestres cantores* embriagaram uma nação inteira, antencipando-se esteticamente, com sua fantasia transfigurada sob as condições sociais do liberalismo, àquilo que, mais tarde, seus entusiastas terminariam por cometer politicamente contra a humanidade. O arrebatador princípio sinfônico, aquele poder de integração que no Classicismo vienense exprimia a humanidade, converte-se aqui em um modelo de Estado integral, em // uma autopromoção sedutoramente receitada. Dentre todos, até hoje, Nietzsche foi quem mais contribuiu para o conhecimento social da música: encontrou as palavras acertadas para descrever essas implicações de Wagner. A Sociologia da Música, que interditava isto como algo meramente especulativo, permaneceu muito abaixo de seu objeto,

---

4 Feiticeiro de *Parsifal* – derradeira ópera de Wagner – cujo jardim mágico, repleto de lindas e perfumadas mulheres, deveria atrair os cavaleiros do Graal, de sorte a fazê-los quebrar seus sagrados votos de castidade. [N. T.]

Introdução à sociologia da música

assim como abaixo do nível atinente à concepção nietzschiana. O aspecto relativo à totalidade dirigida ao exterior, que separa a música sinfônica da música de câmera, transformou-se, em Wagner – que, afora a versão original do *Idílio de Siegfried* para orquestra de câmera, não escreveu nenhuma música camerística –, em extroversão política. Em *A situação social da música*, tomei como ponto de partida para a interpretação sociológica o texto d'*Os mestres cantores*:

> Em *Os mestres cantores*, uma das obras mais esclarecedoras e não por acaso socialmente mais admiradas, é tematizada numa espécie de deslocamento onírico a ascensão do empresário burguês e sua conciliação "nacional-liberal" com a feudalidade. O sonho dourado do empresário economicamente bem-sucedido não o deixa ser recebido pelos senhores feudais, senão que, ao contrário, são estes últimos que são recebidos pela rica burguesia; aquele que sonha não é o burguês, mas o *Junker*[5], cuja canção onírica a um só tempo restabelece, perante o sistema racional de regras dos "mestres" burgueses, o perdido imediatismo pré-capitalista. O sofrimento do indivíduo burguês em virtude de uma efetividade que lhe é a um só tempo familiar e estranha, o lado Tristão d'*Os mestres cantores*, une-se, pelo ódio ao pequeno-burguês Beckmesser, à consciência do empresário voltado expansivamente para a economia mundial, o qual experimenta as relações existentes de produção como uma prisão e talvez já aspire, na imagem romântica do senhor feudal, ao monopólio em vez da livre concorrência: tal como se dá, de fato, no prado festivo, não se trata de uma concorrência, mas de mera

---

5 Membro tradicional da conservadora aristocracia latifundiária alemã. [N. T]

Theodor W. Adorno

paródia por ocasião do enfrentamento entre o *Junker* e Beckmesser. No triunfo estético da Saxônia e do *Junker,* os ideais do homem de posse e do exportador acham-se balanceados.[6]

366   Isso conserva sua razão de ser, mesmo se // o libreto de *Os mestres cantores* tivesse, de fato, mantido-se fiel àquilo que Wagner havia concebido antes de desiludir-se com o fracasso da revolução burguesa. O desfecho da ópera é precisamente o desfecho nacional-liberal da aliança entre a alta casta feudal e a grande burguesia industrial, que se encaminha, como classe triunfante, à forma monopolista de organização e livra-se da lembrança de um liberalismo já quebrado pelos supremos capitães da indústria. Isto, não menos que o sentimento de supremacia nacional sobre os concorrentes no mercado mundial, facultou a *Os mestres cantores* sua concordância com os coturnos do espírito mundial; neles, como denominou Nietzsche, o Império alemão vence uma vez mais o espírito alemão. Por certo, tais considerações mantêm-se fora daquilo que é musicalmente estabelecido. A musicologia aprovada, a qual, ignorando tudo o que é interno à música, vale-se dos programas e dos textos como muletas, não deveria, por certo, condenar sumariamente este *déficit.* Assim como o conteúdo não deveria ser inferido pura e simplesmente do texto, justamente por ser ideológico, também o conteúdo não é totalmente indiferente em relação ao texto. Aquilo que não se deixava determinar por uma categoria tal como a de nação era de tal modo canalizado por Wagner que o gesto da música, um arroubo sentimental permanentemente

---

6 Ver Theodor W. Adorno. Zur gesellschaftlichen Lage der Musik. *Zeistschrift für Sozialforschung I.* 1932, p.368. [N. E. A.]

320

Introdução à sociologia da música

suscitado, acaba associando-se no contexto de seus efeitos apenas a tal categoria, e a nada mais. Mesmo hoje, depois da catástrofe, é difícil escapar à grandeza assustadora d'*Os mestres cantores*. A unidade do drama musical não constitui mera hipótese de apoio; impõe-se como totalidade fantasmagórica. Uma análise que dominasse completamente a ideologia wagneriana poderia identificá-la nas últimas ramificações e ornamentos da partitura d'*Os mestres cantores*: paradigma de uma Sociologia da Música bem realizada. O caráter demagogicamente irresistível do Festival de Nuremberg encontra seu devido lugar mais propriamente na música que no texto; mesmo o efeito suscitado pelos discursos de Hitler não se coadunava, em absoluto, com seu sentido. Mas a música de tal obra, e, em especial, a música do segundo ato, a qual dificilmente pode ser superada segundo o critério de genialidade e com a qual é possível aprender, inclusive, os limites da própria categoria de genial, não se restringe simplesmente a simular o nacional. Com racionalidade artística,

367 Wagner recorreu // a um mundo imagético coletivo e o manipulou — mundo esse que se achava meio decaído e esquecido. Já que não existe mais nenhuma tradição de música popular alemã — e, em rigor, n'*Os mestres cantores* apenas a canção do sapateiro Hans Sachs imita uma inexistente canção popular —, sobreviveu, ao menos, uma cadência musical genuína e especificamente alemã. Esta se desvelou inteiramente, pela primeira vez, no romantismo; os famosos compassos do pássaro que ali canta constituem, com efeito, a essência d'*Os mestres cantores*. As palavras de Nietzsche conforme as quais Wagner beirava a autenticidade aludem a isto. Felizmente, o esquecido retorna; mas transforma-se em inverdade social por meio da disposição racional à qual o próprio esquecido se contrapõe. Também nisso

a música de Wagner antecipa, em si, algo do fascismo; a Sociologia da Música, que em si mesma ou em sua forma imanente determina o ideológico, constitui, do mesmo modo e inevitavelmente, uma crítica. Wagner foi o herdeiro e o assassino do romantismo. Este se converteu, no *habitus* de sua música, em um narcisismo coletivo, em uma embriaguez da endogamia, em uma espécie de prato exclusivo[7] do espírito objetivo.

A música de Wagner, bem como a de sua escola, a neoalemã, da qual também constavam compositores de espíritos bem distintos como, por exemplo, Bruckner, Strauss, Mahler e ainda o jovem Schönberg, literalmente "conquistou o mundo", como se diz no jargão jornalístico. Com isso, contra sua própria vontade, preparou um tipo de cosmopolitismo artístico. De maneira análoga, operou uma guinada no nacionalismo hitlerista. A reação a ele não permitiu apenas antever uma concepção da Europa enquanto um todo. Tal como a Europa efemeramente subjugada por Hitler pôde ensinar-nos, o nacionalismo também criou a base junto às massas para que as diferenças entre as nações já não fossem, hoje, diferenças relativas à essência de seres humanos que se debatem uns com os outros, já que estas últimas estão historicamente ultrapassadas. A expansão em escala mundial de Wagner estimulou, como defesa, um nacionalismo programático na música de outros países; não apenas em Debussy, mas no neoclassicismo inteiro. Sob a absorção dos motivos nietzschianos, este último veio à tona, imediatamente após a Primeira Guerra Mundial, como antídoto contra o atordoante e autoexpositivo êxtase de Wagner. No escrito *O*

---

7 Em alemão, *Eintopfgericht*; que também poderia ser vertido por "cozido", "guizado" ou "prato único". [N. T.]

Introdução à sociologia da música

galo e o arlequim, de Jean Cocteau, manifesto da estética neoclassicista, o arlequim significa o espírito da // música alemã em geral. Enquanto palhaço,[8] torna-se motivo de troça, porque lhe faltava a medida e o autodomínio. Como em uma espiral, o nacionalismo reproduziu-se e alastrou-se por todos os lugares. O mais tardar a partir do último terço do século XIX, quando qualquer música tinha a chance de se tornar internacionalmente conhecida, as formas de reação do público se concentraram nacionalmente nos países isolados. Pfitzner, cuja própria música se acha privada de todas as qualidades que esperam preservá-la como algo especificamente nacional, nunca logrou expandir-se para além da Alemanha, onde, diga-se de passagem, ele de modo algum se sentia plenamente em casa. Mas compositores do nível de Bruckner e Mahler conservaram-se, também eles, como objetos alemães. Em outros países, são custosamente cultivados por meio das sociedades que a eles se consagram; e o mesmo vale para Reger, sobre quem se deveria ponderar novamente com o devido tempo. A duração de suas obras, que ultrapassa a medida suportada pelo social; o acúmulo de meios sonoros herdados de Wagner, criticados, no Ocidente, como importunos; a ferocidade e, por assim dizer, a maneira mal-educada como tal música se exibe, a qual, ainda há pouco, Pierre Boulez desaprovou em Schönberg e Berg como *style flamboyant*; enfim, tudo isso deu ensejo ao veredicto. A grande parte da mais recente música alemã foi sentida como obsoleta e retrógrada, à semelhança de como a metafísica hegeliana foi percebida pelos positivistas anglo-saxões. Justamente a qualidade à qual se apega seu caráter universal, o transcendente, aquilo que não

---

8 Em inglês, no original: *"Clown"*. [N. T.]

Theodor W. Adorno

se restringe ao finito e que penetra na música de Mahler até sua esfera idiomática, é recriminada como megalomania, como supervalorização inflada do sujeito. Aquilo que não renuncia ao infinito termina por revelar a paranoica vontade de domínio [Herrschaftswillen]; diante disto, a modéstia consigo mesmo e a resignação representam uma humanidade mais elevada. É deste modo que as ideologias nacionalmente matizadas influenciam as sublimes questões da estética musical filosófica. O conhecimento que não pretende continuar refém do nacional não pode contentar-se apenas com uma tomada de partido, senão que precisa se elevar para além da contradição estéril, visando determinar seus momentos de verdade tanto quanto a nociva cisão que a contradição expressa. É bem verdade que o aguçado ideal ocidental de música contrário à tradição alemã ameaça privar a arte daquilo por meio do qual ela se torna mais que arte e que a converte outrossim em arte; rebaixando-a à // condição de peça artesanal de decoração em meio ao existente, entrevendo aí, se possível, a heroica disciplina do gosto. É igualmente verdade que à grande música daquele estilo alemão, esteio de uma unidade que vai de Beethoven ao Schönberg caçado por Hitler, pertence um inerente elemento ideológico: em sua aparência objetiva, afirma-se, aqui e agora, como o imediatamente absoluto, qual uma fiança de transcendência, deduzindo sua autoridade unicamente a partir disto. Portadora da metafísica por meio da qual se transformou em grande música, a música alemã também constitui, bem como a metafísica, um exemplar de usurpação. Compartilha daquela culpa do espírito alemão que confunde suas conquistas particulares na arte e na filosofia com sua efetiva realização social, acedendo, com isso, à vontade daqueles que enganam a humanidade real. Para além

Introdução à sociologia da música

da paisagem histórica alemã, já não se nota a violência com a qual o conteúdo metafísico impregnou o fenômeno, mas tão só a sua estridente pretensão. A hegeliana aparência sensível da ideia passa a valer como sua própria paródia, como empáfia tosca e de malgosto. Do ponto de vista crítico, ambas concepções irreconciliadas estão certas uma em relação à outra, mas nenhuma é correta por si mesma; a concepção alemã padece de *hybris*, ao passo que a ocidental, de uma acomodação demasiadamente realista. Que até hoje exista uma enorme discrepância entre ambas é algo que só se deixa entender pelo fato de que, em verdade, as respectivas linguagens musicais, na medida em que se formaram no final do século XIX como linguagens nacionais, mal puderam ser corretamente compreendidas em sentido supranacional. Isso pode ser deduzido da melhor maneira possível a partir dos compositores mais apagados. Edward Elgar, a quem os ingleses, ao que parece, gostam efetivamente de escutar, não tem qualquer tipo de ressonância na Alemanha; ao passo que a de Sibelius é quase ínfima. Na América e na Inglaterra, prestam-lhe as mais altas honras, sem que tivesse sido indicado o porquê disso mediante consistentes conceitos musicais; tentativas de lançá-lo alhures malograram, mas decerto não por conta das exigências demasiadamente grandes de sua música sinfônica. Certa vez, há mais de trinta anos, indaguei Ernest Newman, o iniciador da fama de Sibelius, acerca da qualidade deste último; aparentemente, não teria apreendido as conquistas da técnica composicional europeia de modo geral, haja vista que, em sua música sinfônica, o indizível e o trivial vinculam-se // ao ilógico e ao profundamente ininteligível; aqui, o esteticamente disforme seria mal interpretado como voz da natureza. Newman, cujo ceticismo urbano, mesmo em relação à sua própria cultura, poderia ensinar muito àquele que provinha da tradição alemã, respondeu sorrindo: os ingleses eram sensíveis justamente às propriedades que eu havia criticado e as quais ele de modo algum denegaria. A colocação despretensiosa de Newman correspondia nisto à crítica musical da qual ele mesmo figurava como seu matador[9] anglo-saxão. Para ele, assim como para a mentalidade ocidental burguesa no sentido pregnante, à qual ele ainda falava enquanto o mais sábio pesquisador wagneriano, tal música não possuía o mesmo *pathos* que a Europa Central. Também a música, inclusive a seriamente escutada, é apreciada segundo o consequente princípio de troca, que valora todo ser como um ser-para-outro. Ao fim e ao cabo, a arte termina por tornar-se um bem de consumo. Nisto ainda se esconde, porém, um corretivo contra a religião alemã da arte, contra o fetichismo que transfigura a obra de arte, um construto, um produto social, convertendo-a em algo existente apenas em si. A máxima wagneriana segundo a qual "ser alemão significa fazer uma coisa por amor a ela mesma" transforma-se em ideologia tão logo é proclamada. Os modos espontâneos de reação musical também participam de tais diferenças; caberia então perguntar se uma música tal como a de Mahler, à qual não se pode imputar nenhuma espécie de nacionalismo, pode ser interpretada de maneira apropriada por aqueles aos quais falta substancialmente o idioma musical austríaco.

Mesmo a nova música, que foi perseguida pelo nacionalismo alemão como desagregadora, desarraigada e intelectual, e que, ao olhos dos antigos e novos fascistas, ainda figura como um indestrutível objeto de ira, quando, por exemplo, as sociedades

---

9 No original, *Matador*. [N. T.]

Introdução à sociologia da música

radiodifusoras que eles mesmos apoiam são denunciadas por desperdiçar o dinheiro de impostos, também se deixou enredar nas contradições nacionais, assumindo-se como o mais espantoso contraste à ideologia popular e culturalmente conservadora da Alemanha. *Grosso modo*, a partidarização nos festivais musicais da Sociedade Internacional da Nova Música ocorrida durante o entreguerras coincidiu com os grupos nacionais. Aquilo que hoje é tido especificamente por nova música se restringia, à época, justamente àquilo que era feito na Alemanha e na Áustria, deixando-se representar essencialmente pela Escola de Viena de Schönberg, Berg, Webern // e alguns outros, bem como por Krenek, e, vagamente, pelo jovem Hindemith, até o momento em que este se declarou partidário do neoclassicismo com a *Vida de Maria*. O radicalismo que introduziu inovações não apenas em setores isolados como a harmonia ou a rítmica, mas que operou uma transformação radical do inteiro material composicional; a revolta contra a linguagem polida da música como um todo foi, pois, um fenômeno centro-europeu. Pode-se incluir, aqui, o Bartók consoante a tal período; Stravinsky havia, já, desde 1920, recuado seus posicionamentos mais avançados. Esse radicalismo de total consequência vigorou internacionalmente como uma especialidade alemã; a posição de Schönberg, que construiu a música puramente a partir de si e sem levar em conta a cena mundial de então, era vista como invenção de um subjetivismo especulativamente desgarrado; e também, não sem razão, como manifestação da eficiência alemã. Não apenas chocou os ouvintes, senão que ao mesmo tempo os sobrecarregou impiedosamente. No extremo em que Schönberg se achava, era possível farejar igualmente o fim de uma tradição à qual alguns desejavam apegar-se depois de tê-la desacreditado por completo, tal como a herança do engajamento composicional do Classicismo vienense, do procedimento pantemático no qual vivia o potencial da técnica dodecafônica. Na aversão a essa música uniam-se entre si os pangermanistas, os neoclassicistas antiwagnerianos e os folcloristas dos países agrários. Nos programas dos festivais musicais, tolerava-se a vanguarda austríaca da qual os impulsos haviam, por fim, desaparecido; mas, em sua maioria, as peças constituíam cópias grosseiras do *Dixhuitième*, ou, então, eram executadas primitivamente com um rolo compressor. A própria escola de Schönberg nutriu a consciência alemã de tradição; durante sua difamação na era hitlerista, Alban Berg escreveu um elogio a Schönberg como se este fosse, de fato, um dos compositores alemães. A persistente ingenuidade de Webern jamais duvidou da divina graça musical concedida aos austríacos. O movimento que lavrou tão perfeitamente o material e a linguagem da música, a ponto de fazer desaparecer, finalmente, os momentos nacionais, achava-se, ele mesmo, nacionalmente limitado em termos de sua origem e de seu desenvolvimento, retirando ainda sua energia das peculiaridades nacionais do procedimento composicional. Eis como a História da Música é dialética.

372 // Sem dúvida, desde 1945, a modernidade liquidou as diferenças nacionais; algo análogo deixa-se observar na esfera das artes plásticas, e, em grande medida, no âmbito da poesia. O progresso da internacionalização da música decorreu velozmente, em sincronia com o declínio político, ao menos temporário, do princípio nacional de Estado. As tendências musical e social parecem estar mais intimamente fundidas que outrora. Por certo, a divisão do mundo em alguns poucos blocos de poder se dá a conhecer musicalmente nas mais grosseiras diferenças entre

Introdução à sociologia da música

estilos. As causas disto são estranhas à arte. No âmbito ocidental, em contraposição à repressão da modernidade no domínio soviético de poder, cumpria renunciar oficialmente aos grilhões que durante tanto tempo haviam imposto à música o conformismo cultural, haja vista que este não era ditatorialmente preordenado tal como no âmbito oriental. A cortina de ferro da cultura constitui tão fortemente um requisito da atual sociedade seccionada em blocos que certos abrandamentos de tabus concernentes à música moderna, tal como se viu, por exemplo, na Polônia, adquirem imediatamente seu aspecto político. Tanto aqui como acolá, a compulsória politização de todo universo musical leva a uma integração administrativa e social da música que dificilmente fará algum bem à nova música. Entrementes, a linguagem musical internacional deste lado da cortina, tal como soa de modo inconfundível nos eventos do Círculo de Kranichstein, não se deixa explicar, de seu lado, por meio de um mimetismo [Mimikry] político. A profundidade das relações entre música e sociedade poderia expressar, antes, o fato de que as obras, de modo contido e puramente a partir de sua própria força de gravidade, "representam" tendências sociais tais como a cisão do mundo em grandes sistemas supranacionais. Assim, o neoclassicismo – que, no interior da modernidade, atua como princípio contrário à atonalidade que culmina no dodecafonismo e na composição serialista – perdeu sua força de atração, seja por causa de sua estéril produção, seja em virtude da crítica teórica, enredando-se, outrossim, de maneira demasiadamente explícita em ideologias reacionárias para que, após a queda do fascismo, os jovens intelectuais dentre os compositores tivessem, de bom grado, comprometido-se com ele. O próprio Stravinsky acabou empregando a técnica serialista, que pela preparação do

Theodor W. Adorno

material, é efetivamente incompatível com as peculiaridades **373** e irracionalidades nacionais. Aquilo que até a // era hitlerista continuava destilando correntes pós-românticas não pôde se afirmar diante do progresso tecnológico. Não que os compositores tivessem refletido isso tudo sob uma ótica teórica. O que há de socialmente autêntico na tendência musical dá provas de si, antes de mais nada, justamente naquilo que possui de involuntário. O compositor muitíssimo talentoso Bo Nilson, fixado na remota Lapônia e sem ter escutado da música contemporânea mais do que apenas um punhado de emissões de rádio, logrou, a partir de si mesmo, consequências eletrônicas e seriais radicais.

Apesar disso, as escolas nacionais deixam vestígios na atual Internacional dos compositores; por vezes, acontece de um rio desembocar noutro, mas suas águas ainda podem ser reconhecidas ao longo de um grande trecho devido à cor. Entrever-se-á no trabalho de Stockhausen algo de alemão tanto quanto se perceberá algo de francês em Boulez: naquele, detectar-se-á a propensão a pensar até o fim, a renúncia resoluta a qualquer pensamento sobre um possível efeito, por mais afastado e mediado que venha a ser, bem como o gesto de estrita exclusividade. No interior de uma comunidade da consciência plenamente atingida, que não seria revogada por nada a não ser mediante catástrofes políticas, as diferenças nacionais poderiam continuar a se polir umas contra as outras em um estado de segunda inocência, mas não mais sob a égide da concorrência, senão que sob a forma de uma crítica produtiva. A era do nacionalismo ideológico na música acha-se, porém, não apenas socialmente envelhecido, mas ultrapassado por conta de sua própria história.

A Escola de Viena foi expulsa de sua pátria mediante o regime hitlerista. Encontrou refúgio em parte na América, em parte na

Introdução à sociologia da música

França. No entanto, pela migração, aproximou-se de categorias ocidentais; não só por intermédio do temperamento e do propósito estético dos compositores mais jovens, mas graças à própria objetividade. A condição estática em que o princípio serial terminou por resultar, em contraposição à livre atonalidade, dinâmica de fio a pavio, também constituiu um ideal neoclássico, e, em verdade, foi igualmente o ideal de Debussy. A atividade de compor a partir de campos que se opõem uns em relação aos outros e que são determinados, em grande medida, pela cores, tal como resultou da mais nova racionalização do procedimento composicional, converge com o impressionismo. Boulez sempre se reporta a Debussy, sendo que o teórico alemão Eimert // tratou de se ocupar produtivamente com os *Jeux*. Também a alegria suscitada pela sonoridade sensual-colorida, que na música mais recente às vezes beira o demasiadamente doce, é essencialmente ocidental. Se, de fato, trata-se aqui daquilo que a linguagem do otimismo desenvolvimentista denomina síntese, eis algo que permanece incerto. Sob a superfície sobrevivem tensões que outrora constituíam nitidamente oposições nacionais. Hoje, a moderna e radical produção de todos os países se assemelha mais entre si do que provavelmente se aproximavam os estilos das diferentes nações desde 1600, mesmo levando em conta as modificações notoriamente rápidas dos procedimentos. Com isso oferece-se um nivelamento à expressão depreciativa; o nacionalismo militante e a indignação com a padronização supostamente ameaçadora sempre estiveram ligadas entre si. Não deveríamos, porém, deixar que o medo da perda dos estilos individuais nos perturbasse. O imanente comprometimento a que visa toda obra de exigência duradoura e o qual, em geral, resiste a deixar-se levar por uma linguagem

Theodor W. Adorno

musical universalmente estabelecida, já esconde em si, do ponto de vista teleológico, a crítica ao estilo individual. Como o próprio Hegel já sabia, as obras adquirem êxito à medida que o esforço individual, ou, melhor ainda, o caráter contingente do ser-aí individual desaparece na necessidade da coisa. Sua singularidade bem lograda transforma-se, pois, no universal. A unidade estilística da modernidade radical não provém da mera vontade de estilo ou do *raisonnement* filosófico-cultural, mas de desideratos tecnológicos irrefutáveis. A origem desse estilo não se opõe à individuação, já que possuía seu lugar nela mesma. Hoje, a linguagem musical cosmopolita decorre evidentemente de Schönberg, que foi combatido ao longo de toda a vida como um individualista esotericamente estranho ao povo. As tentativas de salvar, por meio de reservas planejadas, um estilo individual no interior da unidade impositiva mostraram-se, em geral, questionáveis. Denegaram-lhes as balizas da plena consequência e acabaram suscitando aquilo que, sob a ótica de sua própria categoria de estilo, estorva como impureza. No entanto, a unidade mais recente também possui algo de fatal. As composições – que decerto continuam diferenciando-se de modo pregnante entre si conforme seu êxito ou malogro – não se deixam igualar de uma maneira tão nítida e tampouco se submetem a um primado superpoderoso do todo sobre as partes, e, com isso, da organização sobre aquilo // que é qualitativamente distinto. Correm então o risco de erradicar o elemento conflitual mediante o qual sua unidade viria a ser, antes de mais nada, produtiva; o sacrifício do conflitual é igualmente o do singular, sendo que sua perda subordina as obras reciprocamente a um denominador comum. Em termos retrospectivos, isto permite lançar uma luz sobre o conceito de estilo. Sua unidade imagina-

Introdução à sociologia da música

-se afortunada, justamente lá, onde está ausente, e, tão logo passa a existir, reputa-se violenta; nunca houve um estilo apto a postular seu próprio conceito enquanto conciliação entre o universal e o particular, senão que sempre reprimiu o particular. Disto o estilo atual conserva mais que mero vestígio, em que pese toda consistência lógica que o engendrou. Tal vestígio é, porém, índice de algo social: do fato de que o mundo unido pela industrialização, pelo comércio e pela comunicação ainda é, assim como outrora, o mundo irreconciliado. A aparência de conciliação em meio ao irreconciliado sempre acaba por beneficiar este último; também do ponto de vista estético tal aparência é, hoje, culpada disto.

// Modernidade

No que se refere à análise social da música mais recente, tomando como ponto de partida a produção das obras avançadas no período posterior à Segunda Grande Guerra, deparamo-nos com uma dificuldade inesperada. Ao que tudo indica, o conteúdo social da música se desdobra pouco a pouco, mas se disfarça em seu primeiro surgimento. Não aflora imediatamente a partir daquilo que nos aparece [aus dem Erscheinenden]. No começo, os traços tecnológicos e sonoro-sensíveis, e, sobretudo, o estilo ou o patente conteúdo expressivo, acabam absorvendo toda atenção; isto se deu tanto com Beethoven quanto com Wagner; e também com Stravinsky. Enquanto escrito social, a música só se torna legível quando tais momentos deixam de ocupar o primeiro plano da consciência como algo desconcertante; tão logo aquilo que é novo em termos de linguagem musical cessa de parecer uma criação por parte da vontade individual e nos é dado sentir, ao contrário, a energia coletiva por trás das manifestações individuais, como, por exemplo, o *pathos* da solidão da *art nouveau*, que terminou por relevar, entrementes, sua fantástica universalidade. A sedimentação dos atuais conflitos sociais na música mais recente fragiliza seu conhecimento. A dicotomia socialmente introduzida entre o leigo musical e o especialista também não representa, para este último, uma bênção. Sua intimidade com o objeto ameaça torná-la algo que lhe é demasiadamente próximo, em prejuízo da perspectiva. Aquilo que se lhe escapa é, por vezes, facultado ao recalcitrante leigo alcançar. Os próprios adversários da atonalidade de Schönberg perceberam seu amedrontador e desequilibrado conteúdo expressivo melhor que seus amigos, os quais, por causa do imodesto entusiasmo pela potência compositiva, procuraram apreender esta última de modo excessivamente rápido na relação com a tradição, em vez de compreendê-la a partir do qualitativamente novo. Com efeito, o Hans Sachs d'*Os mestres cantores*, que exorta o povo contra os mestres com vistas a uma revisão do juízo acerca de uma nova música, era um romântico demagogo, mas entreviu acertadamente a // ignorância do saber especializado, componente negativo do progresso. A crítica da consciência musical dominante, o mesmo é dizer, dos tipos consoantes à opinião pública, também não confere quaisquer recompensas exclusivas ao modo de pensar. A priori, o apreço pela modernidade não representa a consciência correta, nem é falsa consciência a postura crítica em relação a ela. Os pontos de vista sumários são, ao contrário, indícios de um pensar reificado, cujo órgão responsável pela apreensão do específico acha-se atrofiado. Com razão, os adversários podem declarar-se céticos em relação à atual possibilidade da arte em geral; as dificuldades de compor algo que fosse minimamente íntegro multiplicam-se. Por certo, outrora não se escrevia música ruim em um grau menor que hoje em dia. Sua estreiteza, porém, era mascarada pela intimidade com o idioma geral e pelas normas

Introdução à sociologia da música

estilísticas que imprimiam uma aparência coesa àquilo que era balbuciado ou estereotipado. A mais pobre peça moderna é, ao menos, superior a essa normalidade, na medida em que desdenha tal aparência e aceita o dever de formar-se plenamente a si mesma *hic et nunc*,[1] mesmo quando malogra em tal empreitada. A relação com a modernidade possui um caráter conclusivo para a consciência musical, não porque o novo seria *eo ipso*[2] o bom e o velho, por sua vez, *eo ipso* ruim, mas porque a genuína musicalidade, a relação espontânea com o objeto, baseia-se na capacidade de ter experiências. Concretiza-se na predisposição a se envolver com aquilo que ainda não foi ordenado, aprovado ou subsumido sob categorias fixas. A dicotomia da consciência musical que aqui se delineia acha-se intimamente vinculada àquela que vigora entre aquele que, submetido à autoridade, insulta automaticamente a arte moderna, e o dotado de autonomia, que tende a uma maior receptividade também do ponto de vista estético. Não se trata de uma mentalidade exclusivamente modernista, mas de uma liberdade em relação ao objeto: requer que o novo não continue sendo temido *ab ovo*.[3] A possibilidade da própria experiência e a possibilidade de reagir face ao novo são, pois, idênticas. Se o conceito de ingenuidade ainda tivesse um sentido legítimo, então ele consistiria em tal capacidade. Mas, ao mesmo tempo, esta última é crítica; justamente quem não considera que toda nova música seja parda, como gatos na noite, recusará por fim, a partir da identificação com o objeto, aquilo que não é adequado à ideia de tal música, e, com isso, // à própria ideia. Por pouco estaríamos tentados a definir, deste modo, o ouvinte especialista.

---

1 Do latim, "aqui e agora". [N. T.]
2 Do latim, "pelo próprio fato". [N. T.]
3 Do latim, "desde o início". [N. T.]

Theodor W. Adorno

Adequado, porém, é apenas aquilo que se desfaz da derradeira inocência. As assustadas reações das massas frente à música mais recente estão a anos-luz daquilo que se passa em termos puramente musicais, mas correspondem com exatidão à diferença entre aquela música nova — que hoje já se tornou um tanto mais desatualizada —, na qual o sofrimento do sujeito descarta as convenções afirmativas, e a música mais recente, no seio da qual quase já não há lugar para o sujeito e seu sofrimento.[4] O medo converte-se em horror gélido, para além da possibilidade de sentimento, identificação e apropriação. Tal horror reage de forma precisa à condição social; os mais aptos dentre os jovens compositores têm consciência de sua sinistra implicação. De acordo com seu critério de medida, torna-se inevitável, aqui, pensar em conflitos telúricos e progressos da técnica de destruição. Com efeito, tal como vem ocorrendo mais e mais, a música pode tornar-se imediatamente tão pouco temática quanto as batalhas que Schostakovich descreveu, deliberada ou indeliberadamente, no âmbito da música programática. No entanto, no comportamento do sujeito composicional da música mais recente, acha-se refletida a abdicação do sujeito. Eis o choque [Schock] que ela causa, seu fardo social: o conteúdo indizível esconde-se no *a priori* formal, no procedimento técnico. Sem deixar sobras, o universal da estrutura produz o particular a partir de si mesmo, e, com isso, termina por denegá-lo. Assim é que a racionalidade adquire sua componente irracional, a cegueira catastrófica. Sob a universalidade preconcebida, a um só tempo opaca e complacente, a compreensão no momento da escuta, que outrora

---

4 Ver Theodor W. Adorno. *Quasi una fantasia*. Frankfurt a. M., 1963, p.339-65. [N. E. A.]

Introdução à sociologia da música

definia o tipo do "bom" ouvinte torna-se, então, algo impossível. A dimensão temporal, cuja organização era a tarefa musical tradicional e onde se movia a escuta correta, é virtualmente eliminada da própria arte temporal. O primado do universal sobre o particular revela-se em todo os meios artísticos, englobando igualmente a relação que estes estabelecem entre si. As diferenças, observadas até os dias de hoje, entre música, poesia e pintura são amenizadas, como se fossem // meras matérias-primas; a primazia do todo, da "estrutura", torna-se indiferente em relação aos materiais. O elemento amedrontador e horripilante advém de que a perfeita integração é imposta com dureza àquilo que se deixou integrar, infligindo-lhe dominação, e não conciliação.

Totalidade, atomização e ato nebulosamente subjetivo de união dos contrários, que decerto se assenta em princípios, ainda que estes permaneçam entregues ao arbítrio, são partes constituintes da música mais recente, sendo que é difícil julgar se seu aspecto negativo expressa a negatividade social, e, ao fazê-lo, transcende-a; ou, então, se apenas a imita, inconsciente de seu poder encantatório; ao fim e ao cabo, nem sequer uma fina análise pode decidir. Sem dúvida, a música mais recente, inimiga mortal da ideologia realista, escreve um sismógrafo da realidade. Pensa a nova objetividade [die neue Sachlichkeit] até o fim, com a qual, aliás, Schönberg já comungava vários motivos: na arte, não se deve dissimular nada diferente daquilo que se é. Desestabiliza-se, com isso, o conceito mesmo de arte enquanto aparência. Daí a admitir o resquício de contingência na necessidade universal, cuja essência é a mesma da irracionalidade da sociedade racional. A integração torna-se, de imediato, idêntica à desintegração. Isto explica o efeito estupendo que as teorias do acaso e as composições aleatórias de John Cage exerceram sobre os compositores seriais: o totalmente aleatório, que enfatiza sua distância do sentido e promete algo como uma lei estatística, tende, como dizia György Ligeti, a assemelhar--se àquilo que, em uma integração que nada mais é senão que sua própria literalidade, também é distante do sentido. Mas isto não explica a conciliação, da qual a sociedade unitária jamais esteve tão afastada e que, se hoje quiséssemos alcançar urgentemente na estética, degeneraria em farsa. O universal e o particular revelam-se uma vez mais, mas apenas na medida em que, no momento de sua identidade, abrem repentinamente um abismo entre si. O universal torna-se uma regra autoimpositiva, ditada ilegitimamente por um particular e, portanto, por todos os particulares; o particular converte-se em acaso abstrato e livre de toda determinação própria — imaginável apenas por meio de uma mediação subjetiva —, um mero exemplar de seu princípio. Se a nova música acreditasse que poderia fazer mais do que lhe dita essa divergência, então voltaria a incorrer na consoladora função ideológica. Só possui sua verdade // quando é capaz de lidar com os antagonismos sem abrandá-los e sem ir às lágrimas. Nenhum artista pode reunir o caráter anta-gônico em um só sentido com tanta antecedência, assim como a sociedade ambivalente e recrudescida não possibilita antever nenhum potencial de uma sociedade justa. A força de objeção condensou-se no gesto mudo e sem imagens.

Sua pretensão é imensa. Há pouca coisa escrita capaz de sa-tisfazer sua ideia: os teóricos radicais da nova música admitem, entrementes, o envelhecimento da maior parte daquilo que já foi produzido. A abdicação do sujeito, a destruição do sentido subjetivo que nos aterroriza nas sublimes obras da música mais recente, manifesta-se nas obras inferiores como perda

Introdução à sociologia da música

de tensão, como brincadeira insignificante, paródia do jogo afortunado como a sociedade do lazer, ou, segundo palavras de Horkheimer, da liberdade realizada. As composições das quais o sujeito se exclui como se tivesse vergonha de sua própria sobrevivência e que ficam a cargo do automatismo da construção ou do próprio acaso atingem as fronteiras da tecnologia descontrolada, embora esta se revele superficial para além do mundo utilitário. A bricolagem não é, porém, a única marca distintiva que permite diferenciar os compositores ruins dos bons. Aquilo que é sempre bem-sucedido parece submeter-se a um mínimo de coação; a expressão impactante do vazio e o procedimento vago, neutralizado, confundem-se quase inextricavelmente; a tendência à bricolagem, que também captura os compositores mais talentosos com uma irresistibilidade enigmática aos olhos da geração mais velha, é, ela mesma, um modo genérico de comportamento social, a tentativa do aparato sensorial de adaptar-se, paradoxalmente, àquilo que é completamente alienado e recrudescido pela reificação. Assemelha-se ao caráter social das crianças, que, mesmo antes de aprender a ler e escrever, já sabem lidar com os automóveis; jocoso e regressivo a um só tempo. Se o Positivismo fresco e festivo atualmente em plena voga consiste em seu próprio desespero inconsciente, então o desespero objetivo tende, enquanto permanente estado de coisas, a um mecanismo positivista de cunho pseudocientífico. O ideal substitutivo da produção em nome da própria produção, de ocupação total, infectou a compleição interna da música. Nela desaparece aquilo que não se desfaz nos tipos de procedimento, a parcela de utopia, o caráter insaciável diante do que simplesmente é. Sua // substância profundamente enterrada era a mudança social. O cerne da diferença sociológica entre a nova música produzida por volta de 1960 e aquela feita em meados de 1920 é, certamente, a resignação política, reflexo daquela aglutinação do poder social que interdita a ação por parte da impotência, ou, então, transmuda-a na medida de outro poder. O sentimento de que nada pode ser mudado recaiu sobre a música. Cada vez menos ela experimenta a si mesma como processo, e cada vez mais se congela em uma condição estática — tal como aspirava o neoclassicismo. A determinação total, que já não admite nenhuma existência individual e autônoma diante de si, também é uma proibição do vir-a-ser [des Werdens]. Algumas relevantes peças da música mais recente já não se deixam escutar como desenvolvimentos, mas como se tratassem, em geral, de cadências que permanecem estagnadas no mesmo lugar. É possível antever, pois, uma música de entropia social.

Isto também diz respeito, no entanto, ao efeito social da nova música, em comparação com a música realizada há quarenta anos. Embora suplante em muito, tanto em consequência quanto em distância relativa ao idioma tradicional, tudo aquilo que até então veio à tona, ela violenta muito menos os ouvidos. Que os escândalos sejam cada vez mais raros; que a nova música não seja mais odiada como a destruição dos bens sagrados, mas banida, de preferência, em um âmbito especial consagrado aos especialistas, eis algo que se observou frequentemente. E com uma satisfação grande em demasia para que se pudesse, sem mais, acreditar em tal resultado. É com facilidade que este último conduz à tese do conformismo daqueles que não se conformam. Com humor, regojiza-se com a criação de formas justamente lá onde as formas são negadas e com o fato de que queira continuar a viver aquele cuja vida presente é sentida como algo repulsivo. Os pequeno-burgueses triunfam ao dizer

Introdução à sociologia da música

que aqueles que deles diferem também são, em verdade, iguais a eles. De início, basta responder que os conformistas são os que afirmam que os não conformistas são conformistas, mesmo que nenhuma palavra não esteja preservada de ser engolida pelo sistema contra o qual se revolta. Insistir que uma música cujos adversários continuam a ouvir a oposição seja financeiramente sustentada pela realidade instituída é algo da ordem da denúncia, e não do argumento. Não que a contradição tivesse, por assim dizer, de ser maquiada. Ocorre, porém, que ela é objetivamente necessária, e não uma ausência de caráter subjetiva. Uma música cuja estrutura traz à plena luz algo essencial da estrutura social não tem nenhum mercado; as instituições // de administração pública que lhe dão amparo têm direito à negação da negação. Apesar de tudo, a consciência reificada e a música avançada são incompatíveis. A situação à qual a música se iguala esteticamente é contrariada justamente por meio de tal igualdade, sendo que nisto mesmo consiste sua verdade social.

Entretanto, deu-se algo relevante com a recepção da nova música. O escárnio em relação à apatia com a qual tal música, assim como os outros bens de consumo, é consumida acoberta do mesmo modo a irritação com o fato de que, hoje, ela encontra uma base bem mais ampla que em seus heroicos anos. O espírito objetivo do *gadgeteering* decerto não é indiferente a isso; é curto o caminho que vai do radioamador ao fã de eletrônica. O problema desta última é o desenvolvimento das estruturas composicionais a partir do material especificamente eletrônico. O mero estímulo de sons inusitadamente sibilantes desgastar-se-á tão rapidamente quanto todo estímulo. O fã capta muito pouco disto tudo. Mas a alegria com os aparatos cria um tipo de cumplicidade. A nova música, que se comprometeu

Theodor W. Adorno

com a tecnologia, encontra menos inimigos entre os milhões de entusiastas técnicos que o expressionismo, comparativamente mais tradicionalista, junto aos burgueses da cultura de 1910 ou 1920. A resistência é enfraquecida não somente por meio da indiferença em relação à cultura, que revela algo acerca de seu destino fatal. Só uma geração que mal experimentou substancialmente a tradição é tão receptiva ao não estabelecido como a geração mais recente. Disto decorre: se se trata, aqui, de pura estupidez e de uma reação tão logo o tradicional é redescoberto, ou, então, de um genuíno contato com aquilo que está vindo a ser, eis algo sobre o qual se deixaria decidir menos do ponto de vista estético que mediante o real decurso das coisas. Com efeito, não há nenhum problema biológico de geração, mas, antes, um problema de experiência coletiva; pode-se pensar que tudo o que foi esquecido gerou espaço para aquilo que nunca existiu. E, por certo, isto facilita justamente o que falta à nova música, a saber, sua recepção. A recepção de Schönberg, Berg e Webern foi dificultada pelo excesso de tensão presente em suas obras. Estas esperavam a tensão, outrossim, por parte de um ouvinte adequado, ao passo que o público, fiando-se em seu próprio estado de espírito, não a apreendia. Esse mal-entendido foi o motivo das risadas com as quais se costumava reagir, à época de vida de Webern, face a seus // momentos musicais. Porque a música que hoje surge praticamente já não conhece tal tensão, ou, ao menos, mal pode desvelá-la ou provocá-la, e há tempos que não é mais uma alteridade tão radical em relação à consciência dos ouvintes; isto se torna patente nos programas em que tal música estabelece uma íntima vizinhança com as obras orquestrais de Webern. Soam então autênticos os movimentos webernianos que até então eram

Introdução à sociologia da música

recusados como insanidades sectaristas, ou, conforme a maléfica linguagem do meio-termo, por serem "exageradamente sofisticados" [überspitzt].

Fatores de organização auxiliam, ao menos de tempos em tempos, a recepção. Enquanto a Escola de Viena de Schönberg ainda se conservou nas antigas formas liberais, caindo, com isso, no descrédito daquele que não conta com poder institucional atrás de si, mas que, ainda assim, gostaria de salvar a liberdade de espírito e o imediatismo a partir da própria impotência, o cultivo da nova música foi, entrementes, ajustado à tendência social; sua própria atitude tecnológica ajudou-a nesse processo. Uma vez mais, prova-se que a sociedade está apta a solucionar as tarefas que lhes são colocadas mediante o estado das forças produtivas – por vezes, mesmo quando as relações de produção se opõem a estas últimas. Também são criados os talentos de organização de nossa época. O exemplo mais excepcional disto é Wolfgang Steinecke, morto recentemente por conta de um vergonhoso descuido e que consagrou sua serena e imensa energia à produção mais expoente. Ao longo de quinze anos, durante os cursos de férias de Kranichstein, não apenas reuniu pessoas totalmente distintas e, não raro, refratárias por meio da utopia de uma música que seria diferente até seu mais íntimo recôndito, como, além disso, concedeu autoridade pública a eventos cuja simpatia era nutrida só pelos mais indomáveis. Não se empenhou em fazer muita propaganda nem possuía atrás de si uma opinião pública já cristalizada. De modo exemplar, mostrou que também no mundo administrado a espontaneidade individual pode atingir algo, desde que não se humilhe, de antemão, perante a razão bem-pensante [wohlweisen], que lhe explicita terminantemente a inutilidade apriorística de seu fazer. Em linhas gerais, a situação da mais recente modernidade é paradoxal: graças ao desenvolvimento dos meios musicais de comunicação, bem como à // formação de instâncias relativamente centralizadoras e independentes, que remontam, por fim, ao processo de concentração econômica, ela acabou, em certa medida, integrando-se ao sistema. Quanto a isso, são idênticas as tendências à neutralização e à libertação do esoterismo dos especialistas.

Em termos sociais, a atual modernidade composicional é, em si, mais heterogênea [inhomogener] do que nunca; dentre os compositores mais marcantes, é possível encontrar filhos de industriais e patrícios ao lado de artistas que vivem nas mais módicas situações. Em sua produção, as diferenças de procedência não são reconhecíveis e tampouco atrapalham a espessa rede de relações; nem mesmo os credos políticos podem apartá-las. Tal socialização contrasta de maneira gritante com aquele isolamento no reduzido *cénacle* que, na geração de Schönberg, vigorava como garantia de pureza. Aqueles que acreditam, ou, então, tencionam convencer os outros de que ainda é possível, sob as atuais condições, produzir-se de maneira individualista e isoladamente responderam com a censura à formação de facções, que sempre atraem demagogicamente aqueles que, devidamente incitados, sabem-se protegidos por facções mais influentes. No entanto, a socialização dos não sociáveis não se limita a promover sua proteção amargamente necessária, já que poderiam existir tão pouco quanto qualquer outra pessoa em meio à digna pobreza. A troca permanente de experiências, teorias, ideias experimentais e também as ardentes lutas entre as correntes de pensamento impedem o enrijecimento na sempre proclamada infalibilidade. A autocrítica produtiva da escola

Introdução à sociologia da música

serialista impele, com frequência, a mudanças de intenção em curtos espaços de tempo; o *tempo* do desenvolvimento acelera--se tal como o *tempo* do real. O apoio de círculos pequenos, continuamente eivados de controvérsias, é o espaço reservado [Platzhalter] da posteridade pela qual a nova música anseia esperançosamente, mas na qual nenhuma pessoa provida de espírito pode confiar de manera ingênua. Em contrapartida, os que, no desvario da criação, cultivam sua própria individualidade são, quase sempre, aqueles cuja linguagem musical se alimenta daquilo que é criticamente antiquado, que eles tomam de maneira equivocada por voz da natureza; quando se trata de adentrar no assunto propriamente dito, são os que menos apresentam elementos individuais. Schönberg, em compensação, perseguido à época como ultraindividualista, entregava-se completamente à ideia de um *atelier* de composição, quiçá de maneira análoga à Bauhaus, com quem o amigo de Kandinsky mantinha // relações. Stockhausen, interessado em levar ao fim e ao cabo todas as tendências do desenvolvimento progressista, executou efetivamente uma de suas composições com um amigo; naquilo que eles haviam determinado, a prestação específica do amigo já estava, administrativamente falando, planejada. Impõem-se ainda analogias com o trabalho de Brecht feito no início dos anos 1930 e com outras produções coletivas artísticas e teóricas. As consequências da crise social do indivíduo estendem-se, inclusive, à gênese das obras.

Apesar do apoio coletivo, o qual, de resto, é assaz modesto, a posição social do compositor, que vive virtualmente das doações que derivam da riqueza social e que lhe são remuneradas como que por benevolência, continua em perigo. O invariavelmente reprimido sentimento de futilidade corrói tudo o que é produzido.

Alguns o compensam por meio de uma atividade forçada. A geração de Schönberg, bem como a de seus alunos, sentia-se carregada por sua desenfreada necessidade expressiva; de modo análogo aos cubistas antes da Primeira Guerra, aquilo que neles tencionava vir à luz se sabia idêntico ao espírito universal. Falta, hoje, essa concordância com o curso da História, que ajudava a transcender o isolamento subjetivo, a pobreza, a detração e o escárnio. O indivíduo realmente impotente já não é capaz de tomar em consideração, de maneira tão substancial e relevante, coisas que realiza a partir de si mesmo e que se determinam como algo que lhe é próprio. Todavia, a seriedade da arte requer a inconcussa convicção acerca de sua própria relevância. Ao mesmo tempo, por meio do construtivismo na produção, diminui o momento da coerção subjetiva, da necessidade expressiva. A arbitrariedade do procedimento construtivo, bem como a soberania do plano, seriam incomensuráveis com a necessidade expressiva, mesmo que ela ainda estivesse viva naquele que compõe. Todas as composição aproximam-se da composição sob encomenda: o compositor solicita, em todo caso, a encomenda de si mesmo. O respeito pelas relações acústicas, assim como pelas combinações particulares de conjunto e pelos intérpretes altamente especializados, tal como o fenomenal David Tudor, compele à mesma direção. A máxima polemicamente proferida por Schönberg sobre o neoclassicismo, "o principal é a decisão", perdeu sua ironia; a decisão desloca-se para o // centro. Talvez, as transcrições automáticas e seus análogos musicais tenham sido a tentativa de trabalhar intencionalmente a contrapelo da intencionalidade da arte. Pois, até mesmo a música de protocolo expressionista não era totalmente involuntária. O dispêndio de tempo que uma composição de maior envergadura

Introdução à sociologia da música

requer e que, para a irritação dos compositores, em geral suplanta significativamente o exigido para a fabricação de uma pintura, ainda que esta acarrete mais do ponto de vista material, sempre pressupõe, por racionalidade própria, uma intenção premeditada e um plano. Todavia, a sombra do inútil, do desequilíbrio entre a decisão pela coisa e sua prevista relevância, tem sua causa no permanente estado de crise no qual se acha a sociedade. As grandes novidades anteriores à Primeira Guerra Mundial decerto já refletiam o abalo da estrutura social, mas ainda se davam em uma estrutura externamente intacta. A arte parecia ser algo autoevidente, desde que a estrutura continuasse a existir; deixa de sê-lo, porém, em uma estrutura arruinada. Passa então a duvidar de sua própria possibilidade, não mais apenas de suas formas. Depois do horror praticado, após o assassinato de povos, algo disparatado terminou por se embrenhar em sua existência; sua obsessão pelo absurdo é, de uma certa forma, a tentativa de dar cabo disto. A distância intransponível da música mais recente em relação à toda realidade empírica, não apenas à recepção, mas ao próprio vestígio do real na expressão, é introduzida, sem que se soubesse algo a propósito, a fim de ceder um espaço à música no qual sua aporia estivesse rechaçada. E a maldição também envolve um portentoso esforço: aquilo que se isola a tal ponto, como se não tivesse mais nada em comum com o conteúdo humano, e que, por isso mesmo, denuncia a condição desumana, está prestes a esquecê-la impiedosamente e a tornar-se a si mesmo um fetiche. Este é o aspecto ideológico da obra de arte radicalmente técnica e anti-ideológica.

Que a produção se torne disponível por meio da ilimitada disposição dos compositores sobre si mesmos é algo que a corrói gradativamente. Sua autonomia plenamente conquistada

Theodor W. Adorno

educa-a para a heteronomia; a liberdade do procedimento, que se sabe desatrelada de tudo o que lhe é estipulado, propicia-lhe, qual um método, a adaptação aos fins que lhes são extrínsecos. Com isso, ajusta-se igualmente à venda. A destruição das forças **387** produtivas acompanhou toda a // história de sua emancipação. Aqui, a música é essencialmente igual à sociedade na qual é exorcizada e da qual prepara uma cópia desbotada. As forças que a música desperta e liberta sempre são, ao mesmo tempo, por ela acorrentadas, e, se possível, erradicadas, sendo que isto de modo algum ocorre apenas nos chamados tempos de crise. A emancipada sociedade burguesa deixou sucumbir grandes compositores, que vão de Mozart a Hugo Wolf, para aí então endeusá-los mediante o sacrifício que os reconciliavam com o raivoso espírito coletivo. Para uma Sociologia da Música que não se deixa contentar apenas com epifenômenos, a tendência ao extermínio justamente do gênio, cujo conceito assume um lugar de destaque na ideologia, não seria, em absoluto, um indigno objeto de análise. A despeito de toda riqueza social armazenada, tampouco faltou à modernidade algo similar. Não é preciso, porém, sequer trazer à mente as circunstâncias que encurtaram a vida de Berg e Webern, Bartók e Zenk, Hannenheim e Skalkottas. A tendência social à destruição da arte estende-se muito além da catástrofe visível e daquilo que os culpados então saboreiam, se possível, como destino trágico; aqueles que, em seu ideológico aconchego do lar, não querem sentir falta do gênio que morre de fome. O veneno corre pelas mais delicadas artérias daquilo que poderia constituir algo melhor. Nos anos da *affluent society*[5], é provável que compositores

---

5 Do inglês, "sociedade afluente", "pródiga", "farta". [N. T.]

Introdução à sociologia da música

altamente talentosos não passem mais fome, embora pertença ao próprio conceito de desastre o fato de que as pessoas afetadas continuem na sombra. Se à época se soubesse, com todas as suas possíveis implicações, que Mozart era Mozart, este não teria sido obrigado a viver na miséria. Hoje, as forças musicais produtivas são frequentemente paralisadas de uma maneira mais sutil, e, por isso mesmo, de um modo propriamente irresistível. Em geral, durante sua formação preparatória, os grandes talentos da composição apropriaram-se igualmente de uma significativa facilidade técnica. Aprenderam a lidar muito bem com materiais que não são própria e especificamente seus, tal como pintores que se fundam em princípios não figurativos também são capazes de desenhar bons nus artísticos. A crença de que ao *métier* de um artista pertence tão só aquilo que ele precisa para elaborar o que há de mais próprio é, por si, estranha à arte. Na maioria dos casos, os artistas mais produtivos são aqueles que receberam um fundo sólido de tradição, a qual tanto os alimenta como faz sua força crescer, à medida que eles a rejeitam. Possuem, quase sempre, algo do especialista altamente treinado; inclusive sua // utilidade. Enquanto aquilo que se passa em suas mentes lhes inflige, de imediato e sem exceção, sacrifícios que em face da riqueza ostentatória são duplamente mais pungentes, qualificam-se, ao mesmo tempo, com vistas àquela utilidade social que administra a indústria cultural. Basta a segurança técnica, a velocidade e a precisão com as quais eles aprontam as encomendas para torná-los recomendáveis; até nisto eles suplantam as pessoas mais experimentadas na esfera do entretenimento. Contudo, o talento não é em absoluto imediatamente idêntico à força de resistência, tal como quer o convencional clichê da religião da arte. O momento sensual

351

contido no mais amplo entendimento, condição de todo dom artístico, atrai os artistas rumo a uma vida mais agradável, ou, no mínimo, menos limitada; aquilo que se afasta dos ascetas, por mais geniais que sejam, também se afasta, na maioria das vezes, de sua produção. Os artistas são cooptáveis. A produtividade não é uma pura sublimação, senão que se acha atravessada por momentos regressivos, e, quando não, infantis; os psicanalistas mais responsáveis, como Freud e Fenichel, recusaram-se a tratar das neuroses de artistas produtivos. A ingenuidade destes últimos possui algo defectivo que, no entanto, propicia seu imediatismo em relação ao material. Durante muito tempo, tal ingenuidade lhes poupou da reflexão acerca de sua posição social, embora tenha denegado-lhes, não raro, a possibilidade de distinguir os níveis e continuar íntegros. Seu narcisismo resiste à confissão de que eles mesmos se veem obrigados a fazer concessões, quando já se entregaram completamente ao sistema. Quanto mais rigidamente se erige o conceito de arte autônoma, tanto mais difícil é para os artistas a tarefa de apreendê-lo e conservá-lo; muitos dentre eles, e de modo algum apenas os artistas ruins, desconhecem por completo o que vem a ser uma obra de arte. A elegância do trabalho artesanal os ilude, desviando-os do que é mais preocupante; alguns terminam por resvalar na operosidade da indústria cultural sem sequer tomar conhecimento disto. Sob as condições do sistema dado, não se lhes pode fazer nenhuma recriminação moral a esse respeito. É impossível, porém, que as esferas inconciliáveis da vida musical possam coexistir no mesmo indivíduo. Desconheço qualquer exemplo de compositor que conseguisse ganhar a vida com trabalhos para o mercado e pudesse, ao mesmo tempo, observar plenamente à própria norma. Aqui e acolá, os materiais roçam

Introdução à sociologia da música

demasiadamente uns nos outros; a rotina, a conveniência da mão habituada, transfere-se àquilo que exige o contrário. Espinosa podia // polir lentes óticas e, ao mesmo tempo, escrever a *Ética*; a música utilitária e as legítimas composições dificilmente poderiam, a longo prazo, lograr a mesma coisa. O ato da venda vinga-se daquilo que não é vendável; o processo teria, em algum momento, de ser analisado detalhadamente. O declínio dos grandes talentos composicionais sob o terror dos países do Leste Europeu chancela uma tendência que já se anuncia de modo perceptível nos países de liberdade formal. A produtividade musical de pretensão elevada é, ao que tudo indica, especialmente frágil; a ruptura social entre a música feita para todos e a música intacta se repete, de forma destrutiva, nas próprias forças produtivas. O processo de encolhimento [Schrumpfung] do sentido musical, o qual seria a um só tempo ignorado e transformado em mentira apologética, solapa a possibilidade subjetiva da produção. Já no período heroico da nova música, seus expoentes muitas vezes não se entendiam muito bem consigo mesmos; aquilo que compunham disparava, por assim dizer, para além de seu espírito subjetivo, ou, então, para além do espírito objetivo da época. Muito antes disto e de maneira assaz burguesa, Wagner já havia escrito que, com o *Tristão*, teria arriscado-se a tal ponto que, a partir de então, sua tarefa seria a de preencher suas lacunas e englobá-lo gradualmente. Mas as linhas retrospectivas de ligação, que sempre apontam para a consciência musical dominante, terminam, em função daquilo que progrediu mais, por perder a força no momento em que são puxadas. Os compositores que esperam segurança por parte das ligações retrospectivas são os que se expõem mais suscetivelmente ao veredicto histórico. No entanto, nem mesmo os mais destemidos estão imunes aos efeitos da *contrainte social*[6] – bem acobertada entre eles. Poder-se-ia levantar suposições no intuito de saber se, mesmo em Schönberg, a pressão para impor-se por meio das aulas não teria sua parcela de culpa pelo elemento didático e paradigmático presente em algumas de suas obras mais tardias; apenas sua infatigável fantasia salvou-lhe de escrever uma música capaz de indicar como ela mesma é feita; como se compusesse, por assim dizer, em um quadro-negro. Todavia, a perfeita obra escolar malogra enquanto obra de arte. Que pressão engendra contrapressão, que resistências sociais às vezes aumentam as forças – como, por exemplo, no caso de Wagner – e que a situação se torna insuportável para os artistas quando as recebem de braços excessivamente abertos, eis algo que não precisa sequer ser discutido, porque tal condição é falsa desde a raiz, sua falsidade // comunga com o artista, indiferente ao tipo de relação que estabelece com a sociedade. Esta trata de dilacerar o opositor, sendo que seu consentimento o transforma em algo consentido, convertendo-o na voz de seu senhor. A postura de conciliação social acha-se umbilicalmente ligada à autocomplacência mortal. Nem mesmo a constatação abstrata de que aquilo que o artista faz também é falso pode ser considerada plenamente verdadeira. Se a situação gerada por uma herança milionária não fosse efetivamente vantajosa à produtividade – ela não causou prejuízo nem a Bachofen nem a Proust –, então, em todo caso, a situação do *outsider* seria, hoje, muito mais temerária. O desequilíbrio entre o poder social acumulado e a força individual cresceu de maneira intragável. O

---

6 Do francês, "pressão social". [N. T.]

Introdução à sociologia da música

esquema do *per aspera ad astra*[7], sempre pronto a enganar, dissolve-se completamente com o liberalismo e a livre concorrência. Remanescem apenas como subterfúgio para justificar o extermínio das forças produtivas, como se estas mesmas não tivessem sido fortes o bastante.

Do músico talentoso que se deixou exterminar pela capitulação — Schönberg uma vez disse com humor ácido: se cometesse suicídio, queria ao menos poder sobreviver a ele — são esperadas formas sociais características da música atual. Nelas, o *kitsch*, tido por elevado, perdeu sua inocência. A produção decididamente tradicionalista já não tem tanta ressonância; só os provincianos permanecem fiéis a ela. O círculo daqueles que correspondem à nova música é, tal como outrora, muito pequeno para que pudesse sustentá-la econômica e socialmente. Estabeleceu-se uma zona intermediária: uma produção em certa medida com ares modernos, flertando por vezes, inclusive, com a técnica dodecafônica, que cuida atentamente para que ninguém lhe faça mal juízo. Existe modernidade moderada desde que a modernidade existe. Quando esta passou a gabar-se de sua sensatez e arrogou-se livre da ânsia experimental, seus resultados mostraram-se continuamente frágeis e fracos, não apenas por conta do material empregado, mas também em função de sua evasiva fatura. Disto surgiu o tipo amplamente difundido e bem homogêneo que preenche as sepulturas; a ele também pertencem célebres nomes. Em rigor, já não visam a nenhuma grande arte, mas, como sábia medida, a resignação e a má consciência acham-se // inscritas na face de seus produtos. Secre-

---

7 Do latim, "por ásperos caminhos até os astros". [N. T.]

tamente, não fazem nenhuma exigência de comprometimento e apoiam-se de maneira inofensiva no sucesso ocasionalmente duradouro junto ao público, sem ter de se encabular pelo fato de parecerem antiquados ou incultos.[8] Delineia-se um estilo internacional unitário de tais compositores. Canibalizando Stravinsky, trabalham com breves princípios motívicos que não se desenvolvem, mas são repetidos estropiadamente, como se o impulso musical já estivesse alquebrado antes mesmo de se agitar. A paradoxal acuidade do paradigma é substituída pelo corte das artes aplicadas; e não falta habilidade literária. A afinidade com o balé não é acidental em tais partituras. Prolongam a linha a partir da qual se teceu, no início dos anos 1920, a expressão "música utilitária". À época, mostrou-se pela primeira vez que a música não se divide apenas nos dois antigos e questionavelmente comprovados ramos da arte elevada e da arte de entretenimento. Acrescentou-se a estas um gênero derivado da música cênica e das peças teatrais, o mesmo é dizer, uma música que se vê obrigada a cumprir sua função em contextos distintos daqueles que designam a esfera musical. O modelo das antigas músicas cênicas — a *Ópera dos três vinténs* já constituía, ao lado de outras, uma paródia tardia da farsa com canto e dança — continua tendo um efeito sobre o parasitário empréstimo dos êxitos ou bem-sucedidos resultados literários, de Kafka até Shaw. O interesse zeloso em apartar-se do *kitsch* que eles mesmos expropriam dá-se a conhecer de modo engenhoso tanto na escolha dos *libretti* quanto nos rebuscamentos composicionais.

---

8 Em alemão, *hinterwäldlerisch*; adjetivo que designa o indivíduo que habita os recônditos do bosque, estranho ao trato social, e, por conseguinte, "provinciano" ou "matuto". [N. T.]

Introdução à sociologia da música

A redução da música à condição de pano de fundo auditivo que já não se leva mais a sério dispõe-se como programa estético até mesmo naqueles construtos em que os mais simples efeitos de sapateado — chamam-lhes de ritmo — liquidam a composição. Com a ascensão da indústria cultural altamente concentrada e planificadora, a importância social deste setor cresceu a olhos vistos. A música utilitária está inscrita no próprio corpo do mundo administrado; seus caracteres também triunfam lá onde nenhuma função lhe requer. Eventualmente, grandes compositores, tal como Schönberg em *Música de acompanhamento de uma cena cinematográfica*, forneceram exemplos do que poderia ser feito nesse âmbito, desde que se lhe afastasse do controle social mediado pela frivolidade. // Entretanto, o novo tipo apropriou-se de tudo o que se localizava entre a produção mais progressista e a música de entretenimento, cuja fronteira com a música utilitária, em especial as músicas de filme, é flutuante. Suas características — a saber, o uso habilidoso de expediente dramatúrgico, a fácil apreensibilidade, cores ricas, sua sensibilidade para bons desenlaces, bem como a sagaz abstenção de toda excessiva exigência intelectual-musical — são também aquelas contidas em algumas obras aparentemente autônomas, de óperas, balés, e, inclusive, de música absoluta. Sua capacidade funcional está a serviço do cliente. Elas administram o ouvinte. A esfera também se expande para cima; é farejada no procedimento eletrônico. Esse novo tipo de música, bastante sintomático da atualidade em termos sociomusicais, engendra simultaneamente um novo tipo de compositor. Graças a uma planificação funcional, ele reúne as fases da composição, da execução e da exploração. Pode-se falar de um compositor-*manager*. Prototípico disto, no final da década de 1920, foi o muitíssimo talentoso Kurt Weill, à época de sua coparticipação no Theater am Schiffbauerdamm.[9] Qual um diretor, coadunava a composição com a execução, direcionando muitas vezes sua produção de acordo com os desideratos da reprodução e do consumo. Mais tarde isto se tornou um hábito geral nos musicais; mas, em Weill, a coisa se dava sob o influxo das tentativas de Brecht de montagem dos meios artísticos, bem como de sua mobilização didática. Da equipe de antes de 1933, sempre em conferência e presa ao telefone, surgiu a figura do compositor-*manager* que, a partir de então, sujeita tudo ao critério da exploração, mesmo no âmbito da música exigente, sendo que antes isto era exclusivo da esfera do entretenimento.[10] No contexto das obras cênicas, essa precedência do funcional apoia-se em algo que, à primeira vista, ainda é autônomo de acordo com seu próprio sentido: no aceite de que o produto final não é, de fato, a partitura, mas sua manifesta execução, à semelhança do modo como o roteiro se relaciona com o filme rodado. A arte de organizar espetáculos,[11] essencial ao teatro, também se apodera da música. A incontestável necessidade // de pôr à prova as peças teatrais mediante sua encenação, bem como as partituras mediante sua sonoridade viva, é absolutizada. Ao mensurar os meios artísticos levando em conta seu efeito no resultado cênico, o

---

9 Teatro fundado em 1892, em Berlim, terminaria por marcar profundamente o universo cênico alemão por ocasião do Berliner Ensemble, companhia teatral criada por Bertolt Brecht, em 1949. É sediado – daí, o seu nome – às margens do Rio Spree. [N. T.]

10 Ver Bertolt Brecht; Peter Suhrkamp. Anmerkungen zur Opera *Aufstieg und Fall der Stadt Mahagonny*. In: Bertolt Brecht. *Stücke*. v.3, p.261. [N. E. A.]

11 Em inglês, no original: *showmanship*. [N. T.]

Introdução à sociologia da música

compositor transmuda-se, às custas do ideal de "plena composição" [Ideals von 'Auskomponieren'] esposado, por exemplo, pelas óperas de Berg, em um diretor musical; o contraponto fragilmente duro que se estabelece entre meios heterogêneos a partir do princípio da montagem é medido, como se costuma dizer, realisticamente. Nenhum material ainda é construído cabalmente de ponta a ponta, senão que tudo é retalhado em prol de uma combinação segura quanto aos efeitos. A partir da alienada falta de homogeneidade [Inhomogenität], a intensificação calculadora de um meio ocorre mediante outro meio que lhe vem em auxílio, por assim dizer, desde fora. O compositor conquista posições a partir das quais lhe é facultado dispor e coordenar. Enquanto compositor, já Richard Strauss e vários outros dirigentes haviam galgado posições de poder externas ao próprio campo de trabalho, seguindo o trilho da concentração econômica consoante à disposição artística; esse esforço se universaliza sob as formas de organização da indústria cultural, que decerto se prolongam muito além dos próprios meios de comunicação de massa. As excentricidades da escola de Cage, tal como a expansão dos tratamentos aleatórios para além do âmbito puramente musical, parecem réplicas polêmicas da expansão da instância administrativa até os processos produtivos. Se o sonho de uma correta situação musical fosse a reconciliação das esferas separadas da produção, a saber, da execução e da recepção, então o sistema gerencial da música seria o reflexo de tal sonho; o separado afina-se entre si, mas conforme medidas que perpetuam tanto o arbítrio da separação como a impotência daqueles aos quais se volta essa falsa racionalização.

// Mediação

Até hoje, o conhecimento sociológico-musical é insatisfatório. Cinde-se, por um lado, em um sistema científico que frequentemente resulta improdutivo e, por outro, em medida não insignificante, em fórmulas não provadas. Lá, onde lhe é dado trazer algo à tona, não vai além da mera analogia. Também guarda um resquício de dogmatismo, quando deduz seus motivos a partir de uma teoria coerente da sociedade. Pouco fértil é, porém, a maior parte dos princípios sociológico-musicais que, para não perderem o chão sob seus próprios pés, limitam-se aos hábitos dos consumidores, ou, quando muito, acatam a música enquanto objeto sociológico apenas quando esta encontra algo parecido com uma base massificada de divulgação. Com efeito, os métodos refinados de sondagem podem, às vezes, ser recompensados por resultados que não se deixam antever previamente e que não tornam a pesquisa supérflua como as obviedades do tipo *research*: o jazz é preferencialmente mais escutado nos grandes centros metropolitanos que no campo ou o interesse dos jovens pela dança é maior que o das pessoas mais velhas. Aquilo, no entanto, que a Sociologia da Música promete às mentes mais abertas, algo que nenhuma sondagem isolada e muito menos a sempre prorrogada síntese podem cumprir, seria a decifração social dos próprios fenômenos musicais, a compreensão de sua relação essencial com a sociedade real, seu conteúdo social interno e sua função. A Sociologia da Música cientificamente estabelecida reúne, em vez disso, meros dados acerca do já constituído e os ordena. Seu *habitus* é administrativo: as informações sobre os hábitos de escuta que ela fornece são do tipo que os escritórios dos meios de comunicação de massa necessitam. Mas, ao restringirem-se ao papel de uma música admitida como tal em uma sociedade admitida como tal, obstaculizam a perspectiva dos problemas sociais de estrutura, sejam aqueles que permanecem implícitos na música, sejam os problemas funcionais da sociedade. Não por acaso, referindo-se a // Max Weber, eles se vangloriam de estarem livres de todo julgamento de valor. O registro sem crítica daquilo que divulgam como sendo fatos consumados termina por recomendá-los ao sistema do qual participam ingenuamente; fazem uma virtude científica da incapacidade de diferenciar o que pertence ao sistema daquilo que tem efetivamente a ver com a música.

Intenções sociológico-musicais que, porém, não se contentam com isso, que ultrapassam nitidamente a mera faticidade, são estereotipadas sem muito custo intelectual como especulação arbitrária porque não são confirmadas pelos simples fatos. Poder-se-ia imaginar que certos aspectos sociais da música são evidentes, tal como o vínculo da grande música — até hoje aberta por sua significação à experiência — com o espírito das épocas históricas e com sua estrutura social, perspectiva que mesmo a história do espírito de Dilthey, distante da suspeita de "sociologismo", deixa entrever. Mas até mesmo essas perspectivas caem

Introdução à sociologia da música

na penumbra tão logo lhes é apresentada e exigida a conta feita de acordo com as regras empíricas do jogo, como se houvesse a necessidade de se demonstrar, em um só golpe e de uma vez por todas, que a música de Beethoven tem factualmente algo a ver com a humanidade e o movimento burguês de emancipação, ou, então, Debussy com o sentimento de vida do impressionismo e a filosofia de Bergson. O que há de mais plausível se inverte naquela recrudescida atitude científica que adquire seu *ethos* ao fazer-se de cega em relação à experiência dos objetos, detendo-se apenas no estudo de certos reflexos com vistas ao dogma especulativo. Como já anteviu Max Weber, essa atitude baseia-se na perda da formação cultural contínua. Tal perda coloca-se como critério do verdadeiro. A pergunta pelo conteúdo é podada como uma indagação vã, porque escapa à falta de formação [Unbildung] estabelecida. O espírito, que reside nos objetos das Ciências Humanas, converte-se em uma espécie de acusado diante dos procedimentos nos quais ele mesmo se degenerou e para os quais é mais relevante poder demonstrar a todos seus resultados do que atingir, por meio deles, a própria coisa a ser estudada. A esse propósito, a imaterialidade [Ungegenständlichkeit] da música lhe é particularmente desvantajosa: ela recusa todo dado imediatamente social.

A culpa não é, porém, somente da teimosia e cegueira progressivas do sistema científico. Também aquele que não se deixa aterrorizar por ela percebe que a Sociologia da Música // tende à atrofia de um dos dois momentos que constituem seu nome. Quanto mais certificados são os achados sociológicos sobre a música, tanto mais distantes e externos se tornam perante esta última. E quanto mais profundamente se afundam em contextos musicais específicos, tanto mais pobres e abstratos ameaçam tornar-se como achados sociológicos. Pressuponhamos, por exemplo, que se constate uma relação entre Berlioz e o emergente capitalismo clássico industrial. Tal relação dificilmente poderia ser negada, sobretudo o parentesco entre os aspectos tecnológicos do tratamento orquestral concedido por Berlioz e o procedimento industrial. Todavia, os momentos sociais que aqui vêm à tona permanecem eles mesmos, a título de amplas extrapolações, livres de quaisquer relações com aquilo que sabemos concretamente acerca da sociedade francesa daquela época. Traços essenciais de Berlioz, como, por exemplo, os elementos chocantes e abruptos de seu idioma, prestam um claro testemunho, com efeito, das mudanças sociais relativas às formas de reação, que, do ponto de vista musical, eram também as suas. Até mesmo isto, no entanto, estaria localizado em um nível de generalidade superior aos eventos sociais, tal como a revolução dos métodos de produção à época de Berlioz. De modo inverso, a partir da profusão daquilo que se sabe sobre a sociedade atinente ao imperialismo e ao capitalismo tardio, mal se pode deduzir a constituição específica de músicas tão divergentes entre si como as de Debussy, Mahler, Strauss e Puccini. Uma Sociologia Diferencial da Música só parece possível *ex post facto*,[1] sendo que isto a torna questionável no sentido do dístico "o que um pensador potente não é capaz de fazer!". Não é possível se livrar do mal-estar ocasionado pela inteira identificação de ambas esferas, mesmo se a tomamos por necessária, já que o pleno conteúdo musical guarda em si significações sociais implícitas e mesmo se nos libertamos daquela ideologia cultural reacionária que, tal como já advertiu Nietzsche, não quer se conformar com

---

1 Do latim, "a partir do fato ocorrido". [N. T.]

Introdução à sociologia da música

a ideia de que a verdade — e a arte é a sua manifestação — seja algo que veio a ser. Não há de se temer que a pureza da obra de arte termine por ser maculada pelos vestígios do existente que nela vigora e sobre o qual ela se eleva apenas ao medir-se com aquilo que existe. Mas, com efeito, cumpre temer que tais vestígios se desmanchem no objeto e incitem aquele que conhece a obtê--los ardilosamente por meio de uma construção. // Sintoma disto é a resistência do pensamento à utilização de palavras tais como "atribuição" [Zuordnung]. Acobertam a fraqueza do conhecimento; seu caráter vago é enganoso, como se jorrassem daquilo que foi imprecisamente diferenciado. Essa fraqueza da Sociologia da Música numa ou noutra direção revela-se com tamanha frequência que mal pode ser deslocada para o âmbito da inadequação do procedimento individual, ou, então, rumo à juventude, entrementes envelhecida, da disciplina.

O sistema científico sociológico escapa a essa dificuldade, bem como de tantas outras, através de uma classificação de tipo regulamentar: a Sociologia teria a ver com o efeito social da música, e não com esta mesma; com a música deveriam ocupar-se a Teoria Musical, a História das Ideias e a Estética. Tais concepções encontram sua tradição na História da Sociologia. A fim de ser acolhida enquanto uma nova disciplina pela antiga *universitas litterarum*, a Sociologia estava interessada em delimitar-se diante das disciplinas circunvizinhas — Economia, Psicologia e História — mediante a definição pretensamente pura de sua área de conhecimento. Até o período de Max Weber e Durkheim, a Sociologia sempre tencionou demonstrar sua independência de maneira apologética. Desde então compreendeu-se para onde conduz essa divisão do trabalho científico em pequenos compartimentos separados entre si: à confusão do metodicamente construído com a coisa mesma, ou seja, à reificação. Desde então, tais esforços limitadores deterioraram-se em sociologias prescritivas; como, por exemplo, quando alguém assaz perspicaz separa a Sociologia Empresarial, enquanto investigação das supostas relações inter-humanas, dos processos econômicos fundamentais. Não se acha muito longe disto o postulado que visa limitar a Sociologia da Música, em maior ou menor grau, a sondagens acerca do consumo social de música. Talvez seja um resultado científico-teórico das reflexões músico-sociológicas por mim empreendidas o aceite de que tal procedimento, que se reputa cientificamente seguro, passe ao largo de seu próprio objeto. As questões estéticas e sociológicas da música acham-se indissolúvel e constitutivamente mescladas entre si. Não, com efeito, tal como poderia calhar à vulgar concepção sociológica, de acordo com a qual apenas aquilo que se impôs socialmente sobre uma base mais ampla deixa-se qualificar em termos estéticos; mas, ao contrário, // pelo fato de que o estatuto estético e o conteúdo de verdade social dos próprios objetos artísticos têm a ver essencialmente um com o outro, por menos que ambos sejam imediatamente idênticos. Na música, não haveria nada esteticamente apropriado que também não fosse, ao mesmo tempo, socialmente verdadeiro, mesmo que seja enquanto negação do falso; nenhum conteúdo social da música tem valor se não se objetiva do ponto de vista estético. Aquilo que é expressão de ideologia em Strauss, e também em Wagner, atinge as discrepâncias de sua técnica, bem como o caráter ilogicamente arbitrário do efeito ou a repetição convincente — o *kitsch* musical próprio ao bloco do Leste é, no mínimo, um sintoma do modo como nele se constitui o socialismo a ser retratado pelos compositores, necessariamente, qual uma propaganda. Apenas tais

Introdução à sociologia da música

relações seriam relevantes sob uma ótica sociológico-musical. A difusão e a recepção sociais da música são meros epifenômenos; a essência está na objetiva constituição social da música em si. Esse elemento essencial não deve ser protelado com a falsa modéstia *ad kalendas graecas*,[2] até que a Sociologia da Música pudesse dispor de todos os fatos que ela trataria de interpretar e que a tornaria apta a tal interpretação. Pois, as perguntas que ela empreende acerca da distribuição e recepção da música teriam de ser elas mesmas determinadas pelas perguntas sobre o conteúdo social da música, assim como sobre a interpretação teórica de sua função.

Os interesses de todo conhecimento social definem-se quando ele toma por ponto de partida os modos de comportamento e das reações de seres humanos em dada sociedade ou, então, os poderes objetivados e institucionais dos quais dependem os processos sociais e, com estes, os indivíduos até sua Psicologia hipoteticamente irredutível. Porque tais objetividades não estão ou estão apenas inadequadamente dadas na consciência dos seres humanos individuais – achando-se, ao contrário, encobertas por uma fachada no que têm de mais decisivo, enquanto seus modos de comportamento se deixam observar, indagar e inclusive medir –, uma ciência dedicada à objetividade concentra-se nos sujeitos; mesmo uma Sociologia da Música que elege Max Weber como modelo, ou, se possível, Theodor Geiger. Todavia, a objetividade de tais ângulos de visão é aparente. Pois, seu objeto é, ele mesmo, deduzido, secundário, superficial. Como hoje os sujeitos são objetos da sociedade, // e não sua substância, suas formas de reação também não são

---

2 Do latim, "nunca", "jamais". [N. T.]

dados objetivos, mas componentes do véu. Em uma sociedade de bens de consumo plenamente formada e altamente racionalizada, a objetividade é o poder social acumulado, os aparatos produtivo e de distribuição controlado por este último. Aquilo que, de acordo com seu próprio conceito, teria de vir em primeiro lugar terminou por se transformar em apêndice, a saber, os seres humanos vivos. A ciência que denega isto defende a condição que nos levou até esse estado de coisas. Eis o que a elucidação científica teria de deslindar. Começar com o estudo dos sujeitos sociais ou com a objetividade social recrudescida não é uma questão de preferência por um ponto de vista ou por uma escolha temática; os procedimentos em operação num caso ou no outro de maneira alguma convergem entre si. As condições sociais são aquelas próprias ao poder social; daí advém a precedência da produção sobre os demais domínios. Nela se cruzam os momentos reguladores da dialética social em geral: o trabalho humano mediante o qual a vida se conserva até sua mais extrema sublimação e a disposição do trabalho de outrem como esquema de dominação. Sem trabalho social não há vida, sendo que só a partir dele se engendra, antes de mais nada, o prazer. No entanto, o uso dos bens fabricados, problema subestimado pela Sociologia vulgar como algo meramente dado, é reduzido como um meio para o poder social manter em funcionamento o aparato produtivo em proveito do lucro. Os recortes abstratos que escamoteiam isto não são, no que se refere ao objeto, tão neutros como sua *bona fides*[3] costuma se gabar. Deles desaparece, de antemão, o decisivo, as condições que enclausuram os seres humanos em seu lugar e neste os enfeitiçam, como se agissem

---

3 Do latim, "de boa-fé". [N. T.]

Introdução à sociologia da música

e também viessem a ser por si mesmos. As observações asseguradas se dobram ao muro erguido perante à essência, que surge pura e simplesmente naquilo que se observa; o empirismo não experimenta aquilo que afirma querer experimentar. Por certo, nas esferas da distribuição e do consumo, nas quais a própria música torna-se objeto social e mercadoria, a pergunta a respeito da mediação entre música e sociedade oferece tão poucas dificuldades quanto alegrias. Em parte, deveria lidar com métodos da análise descritiva de instituições, e, em parte, no que // tange à Sociologia da Escuta, com sondagem estatística. No entanto, a constituição específica da distribuição e da recepção teria de determinar a colocação do problema a partir do qual o sentido social do estabelecido se deixa entrever, enquanto a *administrative research*[4] desconsidera, de bom grado, tal relação e perde, com isso, a proficuidade de seus resultados. Até atingir as massas, a distribuição está sujeita a inúmeros processos sociais de seleção e controle por meio de poderes tais como, por exemplo, indústrias, agências de concerto, direções de festivais e diversos tipos de grêmios. Tudo isso influencia as preferências dos ouvintes; suas necessidades são simplesmente carregadas à força. O controle é preordenado mediante grandes companhias, nas quais, em países economicamente mais desenvolvidos, a indústria eletrônica, discográfica e o rádio acham-se fundidos de modo aberto ou velado. Com a crescente concentração das instâncias de distribuição, bem como de seu poder, a liberdade na escolha daquilo que se oferece à escuta tende a diminuir. Nisso, a música integrada não mais se distingue de quaisquer outros

---

4 Do inglês, "pesquisa administrativa". [N. T.]

bens de consumo. O controle é acompanhado pela irracionalidade. Pouquíssimos músicos são eleitos como proeminentes; e dificilmente os mais qualificados do ponto de vista objetivo. Com vistas ao *bild-up*[5] de dada marca lançada no mercado, neles são investidas quantias tão altas que logram atingir posições monopolísticas às quais eles, ao mesmo tempo, aspiram deliberadamente. No aparato musical de distribuição, as forças produtivas dos artistas atuantes transmudam-se, de acordo com o modelo das estrelas de cinema, em meios de produção. Em termos qualitativos, isso as altera em si mesmas. Os proeminentes têm de pagar caro por sua posição monopolista, que é, já de si, um fragmento de aparência econômica. Impotentes, veem-se obrigados a juntar-se à política de programa. Têm de polir seu estilo de exibição com enorme brilho, caso tencionem reafirmar sua posição, achando-se ainda, como celebridades mundiais, ameaçados pela possibilidade de serem eliminados de um dia para o outro. As tentativas de romper o monopólio por meio da espontaneidade e de um desempenho artístico livre de concessão sempre arruinaram os artistas em atividade; o sistema bem que pode abrir algumas exceções e até tolerar o que lhe é desigual com vistas a uma certa variedade, mas não brinca consigo mesmo quando algo sério está em jogo.

401 Com aquilo que é lançado, // seu poder aumenta em prestígio e autoridade. Em especial, o disco fonográfico, que, qual uma obra escrita talhada para a execução, obtém tal êxito por meio de sua forma pura. Possibilita até mesmo que um contrassenso comprovável na reprodução de obras antigas e contemporâneas seja aplaudido por compradores como um modelo exemplar;

---

5 Do inglês, "preparação", "desenvolvimento". [N. T.]

Introdução à sociologia da música

daí, os critérios da execução musical decaírem e o mercado inundar-se de constrangedores dublês das estrelas renomadas. Na escolha daquilo que se distribui e dos reclames impressos em alto-relevo invoca-se o gosto do consumidor a fim de baixar o nível e eliminar o que não se conforma. O interesse objetivo daqueles que dispõem dos meios maneja a vontade dos ouvintes. Adaptam-se a estes últimos conforme a consciência subjetiva. Não se deve imaginar que os ouvintes seriam violentados e que, em si, tal como em um feliz estado natural musical, estariam automaticamente abertos ao diferente, caso o sistema permitisse tanto. O contexto de cegueira social fecha-se, antes do mais, em um *circulus vitiosus*. Os padrões instituídos são aqueles mesmos que se formaram na consciência dos ouvintes, ou, pelo menos, que se lhe transformaram em uma segunda natureza: a referência dos manipuladores aos manipulados é empiricamente irrefutável. O desastre não está em uma procriação originária da falsa consciência, mas em sua fixação. Reproduz-se estaticamente aquilo que já existe, inclusive a consciência existente; o *status quo* torna-se um fetiche. Sintomas de uma regressão econômica rumo à fase da simples reprodução também se revelam inconfundíveis no conteúdo do espírito objetivo. A adaptação a um mercado que entrementes se rebaixou à condição de "pseudomercado" terminou por emancipar sua ideologia: a falsa consciência dos ouvintes se converteu em uma ideologia voltada à ideologia com a qual se lhes alimenta. Aqueles que controlam[6] precisam dessa ideologia. Até mesmo o mais leve afrouxamento do controle intelectual contém, hoje,

---

6 No original, *Kontrolleure*; literalmente, "inspetores", "controladores". [N. T.]

por mais distante que seja, um potencial explosivo, asfixiado com o grito de horror do invendável.

O progresso do controle mediante as agências distribuidoras cintila nos mais ínfimos detalhes. Há quarenta anos, // os discos fonográficos ofereciam-se à apreciação nas casas de cada um segundo os costumes próprios a um liberalismo que, ao menos formalmente, respeitava o gosto do cliente. Atualmente, sob a remissão à proteção dos direitos autorais e coisas semelhantes, junto às onerosas obras discográficas acham-se avisos que proíbem o envio de amostras pelas lojas de disco.

> Condições de venda na Alemanha: a gravação de nossos discos, assim como suas transmissões radiofônicas em fita ou a cabo, inclusive para o uso privado, são proibidas. A fim de evitar gravações não autorizadas, é vetado aos revendedores o empréstimo, o aluguel e o envio de amostras.

A possibilidade de abuso em nenhum momento deve ser contestada: até mesmo o mais abominável pode, hoje, oferecer razões irrefutáveis em seu proveito, sendo que estas constituem o meio em que o mal se realiza. Em todo caso, somos obrigados a comprar gato por lebre [die Katze im Sack kaufen]; a escuta de discos no interior das cabines precariamente isoladas dos estabelecimentos comerciais é uma farsa. O complemento disto é o princípio de acordo com o qual o cliente seria o rei capaz de desfrutar, em seu recinto privado, da inteira *Sétima sinfonia* de Bruckner. Se tais tendências alteram-se com a conjuntura, eis algo que ainda se deve aguardar.

Aquilo que na música e na arte em geral se chama "produção" é, desde logo, determinado pela oposição aos bens de consumo

Introdução à sociologia da música

cultural. É tanto menos possível assimilá-lo imediatamente à produção material. Desta, a produção estética se diferencia de modo constitutivo: o que nela há de arte não é algo tangível. A teoria crítica da sociedade atribui as obras de arte à superestrutura e a retira, assim, da produção material. Só o elemento antitético e crítico, essencial ao conteúdo das obras de arte importantes e que as contrapõe tanto às relações de produção material como à prática dominante em geral, já basta para proibir-nos de falar irrefletidamente sobre produção, se se trata de evitar alguma confusão. Mas, como se dá na maioria das anfibologias, os momentos diferenciais são acompanhados dos momentos idênticos. As forças produtivas, e, em última análise, as forças dos seres humanos como um todo, são idênticas em todos os domínios. Os sujeitos historicamente concretos, formados uma **403** vez mais pela sociedade de seu tempo, // de cujas capacidades depende respectivamente a figura material da produção, não são absolutamente diferentes daqueles que produzem as obras de arte. Não por acaso ambos se inter-relacionaram durante longas épocas no âmbito dos procedimentos artesanais. Quanto mais a divisão do trabalho aliena os grupos uns em relação aos outros, tanto mais se unem socialmente todos os indivíduos trabalhadores em cada fase. Seu trabalho, até mesmo aquele mais individual empreendido pelo artista de acordo com sua própria consciência, constitui sempre um "trabalho social"; o sujeito que o determina é muito mais o sujeito social genérico que aquele adorado pela ilusão individualista e pela arrogância dos privilegiados do trabalho intelectual. Nesse momento coletivo, na relação objetiva e respectivamente delineada pelos modos de proceder e pelos materiais, os estados artístico e material da época se comunicam a despeito de tudo. Por isso, depois que as atuais tensões entre uma sociedade e a arte de seus dias foram esquecidas, vem à baila a unidade entre ambos de forma impositiva. Para a experiência moderna, Berlioz tem mais coisas em comum com as primeiras exposições mundiais que com a dor do mundo de Byron. Mas, assim como na sociedade real as forças produtivas têm precedência sobre as relações de produção que as acorrentam e nas quais se fortalecem, também a consciência musical da sociedade decide-se, no fim das contas, a partir da produção musical, do trabalho solidificado nas composições, sem que a infinitude das mediações fosse totalmente transparente. Na propensão da Sociologia Empírica da Cultura a partir das reações, e não daquilo a que se reage, o *ordo rerum* acha-se ideologicamente arqueado no *ordo idearum*: na arte, o ser antecede a consciência pelo fato de que as produções nas quais a força social se concretizou estão mais próximas da essência que os reflexos na superfície desta, i. e., os imediatos modos sociais de comportamento dos receptores. O primado da produção, muitas vezes velado, historicamente protelado e rompido, deve ser elucidado por meio da ponderação sobre a música de consumo e de entretenimento, que decerto se oferece à consideração sociológica vulgar como um imprescindível objeto de análise. Quanto mais ela se empenha em proteger-se na eternidade negativa contra a dinâmica da // composição, mais ela permanece a resultante da consciência reificada dos consumidores, da invariabilidade petrificada da tonalidade e dos momentos de progresso. Se alguma vez lhe fosse consagrada a atenção micrológica da qual ela carece mais que a arte autônoma, que se realiza ao colocar a essência no fenômeno, descobrir-se-ia em seu idioma resíduos da evolução histórica das forças produtivas. Nas assim chamadas modas, essa evolução é rebaixada à aparência do sempre novo no

Introdução à sociologia da música

sempre igual. O paradoxo da moda não consiste, tal como apregoa o preconceito, na mudança abrupta, mas nas vibrações suavizadas até os mínimos detalhes daquilo que se desdobrou historicamente em meio ao recrudescido; a moda é o infinitamente vagaroso representado como súbita mudança. Em longos intervalos de tempo, o humor volátil da inalterabilidade camuflada revela-se, porém, como cópia adiada da dinâmica. As notas de passagem cromáticas da música de entretenimento do final do século XIX fornecem, a uma consciência atrasada, a tendência ao cromatismo composicional, à medida que o essencial se torna acidental. Na música elevada, tais processos profundos são mais do que meros empréstimos: constituem mínimas vitórias da produção sobre a distribuição e o consumo. Aliás, justamente na música ligeira o primado das forças produtivas poderia ser retraçado até a base material. Por mais controlado que seja o jazz, ele não teria tanto impacto caso não respondesse a uma necessidade social. Mas isto foi levado a cabo, por seu turno, pelo estado do progresso técnico. A imposição que obriga a adequar--se à mecanização da produção requer, ao que tudo indica, que se repita imitativa e neutralizadamente o conflito entre esta última e o corpo vivo no tempo livre. Em termos simbólicos, festeja--se uma espécie de reconciliação entre o corpo desprotegido e a maquinaria, entre o átomo humano e a violência coletiva. As formas e as tendências da produção material resplandecem muito além dela mesma e de suas necessidades literais. Por certo, essa dependência frente ao estado da técnica é indissociável das **405** relações de produção. A predominância social // das condições materiais do trabalho sobre os indivíduos é tão grande, e, em compensação, a chance de sua autoafirmação em sentido contrário tão pouco promissora, que eles regridem e igualam-se

Theodor W. Adorno

em um tipo de mimetismo diante do inescapável. O cimento de outrora, as ideologias que seguravam as rédeas das massas, encolheu-se sob a forma de uma imitação daquilo que em todo caso já existe, renunciando a sua valorização, sua justificativa e, inclusive, sua negação. O eco da indústria cultural na cultura subjetiva de massa é uma espécie de "Banco Imobiliário"[7].

Há de se explicar o próprio caráter abstrato e a inadequação na relação dos aspectos sociológicos e musicais. A sociedade não se estende, como a enrijecida doutrina do materialismo dialético[8] insiste em apregoar aos súditos, direta e tangivelmente, ou, para utilizar o jargão de tal doutrina, de maneira realista nas obras de arte, e tampouco se torna diretamente perceptível nelas. Se assim fosse, não haveria qualquer diferença entre a arte e a existência empírica; no limite, até mesmo os ideólogos do materialismo dialético têm de acatar tal diferença, na medida em que depositam a condução da arte e da cultura nas mãos de departamentos específicos. Com efeito, as qualidades estéticas mais sublimes ainda possuem importância [Stellenwert] social; sua natureza histórica é, ao mesmo tempo, uma natureza social. Mas a sociedade nelas se adentram apenas de modo mediado, e, em geral, somente por meio de constituintes formais muito bem disfarçados. Estes possuem sua própria dialética, na qual decerto se reflete a dialética real. De modo inverso, porém, cumpre lembrar igualmente a teoria segundo a qual a recepção social não é idêntica ao conteúdo musical, nem mesmo ao conteúdo social que se acha codificado neste último. Quem omite isto

---

7 No original, *Monopoly-Spiel*; referência ao jogo de tabuleiro "Monopoly", criado em 1935, conhecido no Brasil como "Banco Imobiliário". [N. T.]

8 No original, *Diamat*. [N. T.]

Introdução à sociologia da música

permanece tão austero no âmbito da Sociologia da Música que, com isso, acaba por incorrer em divagações peremptórias. Uma adequada doutrina social acerca da superestrutura não deveria dar-se por satisfeita com o *thema probandum*[9] de sua dependência, mas teria de captar a complexidade da relação, ou, melhor, a independência do próprio espírito respectivamente à sociedade, enfim, a separação entre o trabalho mais baixo e o assim chamado trabalho intelectual. Por causa de tal separação, enquanto a música autônoma também possuir seu devido lugar na totalidade social e trouxer consigo sua marca de Caim, a ideia de liberdade permanecer-lhe-á ao mesmo tempo intrínseca. E isso não apenas como mera expressão, mas como *habitus* de // resistência contra aquilo que é pura e simplesmente incutido a partir de fora pela sociedade. Talvez, a ideia de liberdade, meio de que se vale o movimento de emancipação burguês e que suplanta este em muito do ponto de vista histórico, tenha sua base na infraestrutura. No entanto, as estruturas daquilo a partir do qual ela se iguala à sociedade e mediante o qual ela se opõe socialmente a esta são tão complexas que as classificações conclusivas acabam sendo irrecuperavelmente vitimadas pela arbitrariedade dos chavões [Parolen] políticos. Como em todas as artes mais novas, na música autônoma verifica-se, de antemão, seu distanciamento social em relação à própria sociedade. A ela cabe reconhecer e, se possível, deduzir, e não simular, mediante vocabulário sociológico, uma falsa proximidade do distante, ou, então, um falso imediatismo do mediado. Esta é a fronteira que a teoria social prescreve à Sociologia da Música no que se refere ao próprio objeto, o mesmo é dizer, às grandes com-

---

9 Do latim, "o tema [matéria] a ser provado". [N. T.]

Theodor W. Adorno

posições. Na música plenamente autônoma, dá-se a oposição à sociedade em sua configuração existente por meio de uma guinada contrária à exigência desarrazoada de dominação que se disfarça nas relações de produção. O que a sociedade poderia criticar na música relevante como seu elemento negativo, sua incapacidade de ser explorada, constitui simultaneamente uma negação da sociedade e, como tal, algo concreto de acordo com o estado do que é negado. À Sociologia da Música é denegado, por isso, interpretar a música como se ela não fosse mais que uma mera extensão da sociedade mediante outros meios. É bem provável que se explique o caráter social de tal negação pelo fato de que a quintessência daquilo que é rejeitado pela autonomia da música como algo socialmente útil e agradável engendra um cânon normativo e, por isso, em cada grau, também algo que se assemelha à positividade. Mas, em sua dignidade supraindividual, tais normas também são, por mais escondidas que ainda estejam, sociais. A análise do entrelaçamento entre superestrutura e infraestrutura não apenas ampliaria a concepção a respeito da primeira, senão que também tangeria sua própria doutrina. Se, digamos, fosse dado demonstrar exitosamente um falso consumo – falso na medida em que, em si, contradiz a determinação objetiva daquilo que é consumido –, tal demonstração teria, pois, consequências teóricas para o conceito de ideologia. O consumo, ou, por assim dizer, o lado que designa o valor de uso da música, poderia degenerar em ideologia no interior da totalidade social, sendo que isso também se deixaria // estender à esfera do consumo material. Sob a pressão de fazer chegar ao homem o excedente da produção, a quantidade imoderadamente aumentada de bens terminou por obter uma nova qualidade. Aquilo que à primeira vista beneficia os seres humanos e que antigamente lhes era simplesmente denegado

Introdução à sociologia da música

tornou-se-lhes possível na figura de algo enganoso. Desse modo, a ideologia e a superestrutura teriam de distinguir-se entre si de modo bem mais enérgico que outrora. Com efeito, todo espírito nutre-se da infraestrutura e, como seu derivado, é desfigurado pelo culpabilizante contexto social. Mas, em sentido pregnante, não se esgota em seus momentos ideológicos, senão que suplanta o contexto da culpa; em verdade, só ele permite que este último seja chamado pelo nome. De mais a mais, cabe à Sociologia da Música tanto a defesa social do espírito antissocial quanto, de modo inverso, o desenvolvimento dos critérios da música ideológica, em vez de colar etiquetas a partir de fora.

Na História da música, os traços socialmente externos de desenvolvimento e os internos, puramente composicionais, divergem entre si. Aquilo que ocorreu imediatamente após Bach não deve ser compreendido nem como crítica produtiva de sua obra nem como expressão do fato de que os impulsos bachianos, que mal haviam sido apreendidos pelos músicos de seu tempo, tivessem esgotado-se. A mudança repentina deu-se, antes, em função do aburguesamento da música — que decerto já se anunciava muito antes disso, mas que aumentou extraordinariamente por volta da metade do século XVIII —, de modo mais ou menos análogo às tendências da literatura inglesa contemporânea. Contudo, 25 ou 30 anos depois da morte de Bach, as determinantes externas e internas reúnem-se de forma proporcionalmente rápida. A dinamização do trabalho motívico-temático, que Bach eleva à universalidade e que, enquanto "trabalho", já transcende a essência estática do assim chamado barroco musical, constitui tanto uma consequência compositiva haurida de Bach quanto do estilo galante e cioso de variedades que lhe sucede; como se as determinantes externas, talvez, de fato, uma necessidade por parte do público, tivessem simplesmente intensificado e acelerado aquilo que, a título de forças produtivas, amadurecia no interior da composição. O paralelismo poderia ser explicado por meio da unidade do espírito da época. Suas forças produtivas // desdobram-se igualmente e, como tais, em âmbitos que não dependem imediatamente uns dos outros. A mediação entre música e sociedade poderia dar-se na subestrutura [Substruktur] dos processos de trabalho à base de ambas esferas. Perscrutar isso seria a tarefa de uma História da Música que unisse seriamente os pontos de vista tecnológico e sociológico. Sob a perspectiva músico-sociológica, vale o princípio hegeliano conforme o qual a essência tem de aparecer: tanto nos manifestos fenômenos sociais quanto nas formas artísticas.

Sociólogos e estetas de orientações tão contrárias como Karl Mannheim e Walter Benjamin puseram em questão toda sorte de problemática autônoma e quase lógica na assim chamada História das Ideias. Sua crítica foi benéfica em face da hipóstase da esfera do espírito que aceita a existência de uma história do sentido, fechada em si mesma e desdobrando necessariamente de um objeto a outro. Ela acarreta a afirmação de uma esfera específica do espírito, independente da sociedade. No entanto, ainda que tal polêmica ressalte legitimamente a mútua relação entre espírito e sociedade, permanece-lhe um resto de simplificação problemática. Mas, apesar de tudo, não se deve ignorar que a arte, à semelhança da filosofia, conhece uma lógica da continuidade [Logik des Fortgangs], por mais precária que esta seja; equivocadamente, Hegel absolutizou-a. Todavia, partindo das exigências próprias à coisa mesma, há algo semelhante a uma "unidade do problema". Não que ela seja algo de inquebrantável; ela efetua-se apenas intermitentemente. A sociedade, à

Introdução à sociologia da música

qual a arte pertence no mesmo grau que dela se liberta, sempre desponta de modo mais ou menos brutal no cumprimento da problemática, com desideratos que lhe são heterogêneos. Vez ou outra, por meio de uma adaptação ao próprio atraso, a sociedade compele a música à uma regressão em direção ao decaído, conforme o nível de problema. O inverso disto, a petrificação de práticas musicais autossuficientes e sua respectiva correção social, é algo bastante familiar. Falta esclarecer por que, ao menos à distância, a lógica imanente à problemática e as determinantes externas parecem, no final das contas, convergir novamente entre si. Aristóteles ofereceu uma crítica imanente e, em grande medida, inflexível de Platão, na qual figurava, a um só tempo, o exponente filosófico da // transição social da curta época da restauração ática e do declínio da pólis rumo ao helenismo universal e quase burguês. A pergunta pela mediação entre espírito e sociedade estende-se muito além da música, onde é restrita com demasiada simplicidade à relação entre produção e reprodução. Tal mediação bem que poderia ocorrer não externamente em um terceiro meio entre a coisa e a sociedade, mas no interior da coisa mesma. A saber, de acordo com seu lado objetivo e subjetivo. A totalidade social sedimentou-se sob a forma do problema e da unidade das soluções artísticas, desaparecendo, de resto, em seu interior. Porque a sociedade se encapsulou nela, tal forma segue igualmente a dinâmica social ao desdobrar-se de modo autônomo, mas sem lançar o olhar sobre ela e sem se comunicar diretamente com ela.

Aquilo que o espírito continua operando na música, o princípio de racionalidade reconhecido por Max Weber, com toda razão, como central, não é outro senão que o desdobramento da racionalidade extra-artística e social. Esta "aparece" na música.

Theodor W. Adorno

Isto, no entanto, só se deixa entrever por meio da reflexão sobre a totalidade social que se expressa em áreas específicas do espírito, tal como em todos os domínios separados entre si em virtude da divisão do trabalho. A configuração do problema não é, em absoluto, algo unívoco; a configuração filosófica, de acordo com Platão, como que indaga por uma possível salvação da ontologia e requer, inversamente, a continuação de sua crítica. Não escutaremos na música nada de análogo, mas, em verdade, o mesmo duplo caráter: assim é que, em Beethoven, nota-se uma reconstrução da existência como algo repleto de sentido, assim como o protesto do sujeito emancipado contra todo sentido que lhe é imposto de maneira heterônoma. Os espaços vazios do objeto, que contêm a configuração do problema, facilitam à sociedade inserir-se na autonomia do modo de proceder. Necessidades sociais específicas estão aptas a se converter em problematizações puramente musicais. Trata-se aqui, uma vez mais, de meados do século XVIII.

Cabe remeter a um contexto que, por mais que me seja bem conhecido, até agora fugiu à atenção da teoria musical, bem como da Sociologia da Música. // Como já foi destacado amiúde, a guinada rumo ao estilo galante estava ligada às exigência de uma categoria de público burguês e em formação, que tencionava entreter-se com óperas e concertos. Pela primeira vez, os compositores foram confrontados com o mercado anônimo. Sem o amparo das associações ou da proteção principesca, viam-se obrigados a farejar o que era solicitado, em vez de orientarem-se de acordo com ordens transparentes. Tiveram de fazer as vezes de órgãos do mercado até os recônditos da alma; desse modo, os desideratos do mercado penetraram no centro de suas produções. Que isso também ocasionou

Introdução à sociologia da música

um nivelamento, tal como, por exemplo, em Bach, eis algo inegável. Se não foi exatamente assim, ao menos não deixa de ser verdadeiro o seguinte fato: devido a tal interiorização, a necessidade de entretenimento se transformou em uma necessidade de multiplicidade da composição, à diferença da unidade relativamente inquebrável daquilo que equivocadamente se costuma chamar de Barroco musical. Justamente essa variedade no interior de diferentes movimentos, que visa a diversão, terminou por se tornar uma precondição daquela relação dinâmica entre unidade e multiplicidade que a lei do Classicismo vienense exibe. Ela marca um progresso imanente da atividade composicional, que após duas gerações compensou a perda representada inicialmente pela mudança estilística. As problemáticas ainda existentes na música originam-se aí. As habituais inventivas contra a deplorável situação comercial da música são superficiais. Iludem quanto à capacidade de fenômenos, que pressupõem o apelo a um público previamente estimado como clientela, de converterem-se em qualidades composicionais por meio das quais a força de produção composicional seja desacorrentada e intensificada. Sendo que isso pode ser formulado sob a forma de uma legalidade mais abrangente: imposições sociais aparentemente exteriores à música são absorvidas por sua lógica autônoma, por sua necessidade de expressão composicional e transformadas, então, em necessidade artística; em níveis de consciência correta.[10]

411 A História das Ideias, e, com esta, também a História da Música, // constitui um autárquico contexto de motivações na

---

10 Ver Theodor W. Adorno. Soziologische Anmerkungen zum deutschen Musikleben. *Deutscher Musikrat: Referate Information 5*, fev. 1967, p.2. [N. E. A.]

medida em que a lei social produz a formação de esferas protegidas uma das outras e, também, na medida em que a lei da totalidade termine por vir à plena luz em cada uma delas como se fossem a mesma; sua decifração concreta na música é uma tarefa essencial de sua Sociologia. Enquanto os problemas atinentes a seu conteúdo objetivo, por conta de tal autonomia da esfera musical, já não se deixam transformar de modo imediato nos problemas relativos à sua gênese social, a sociedade enquanto problema — como quintessência de seus antagonismos — migra para os problemas e a lógica do espírito.

Que se reflita um tanto mais acerca de Beethoven. Se ele é, já, o protótipo musical da burguesia revolucionária, então é, simultaneamente, o protótipo de uma música livre de sua tutelagem social, totalmente autônoma em termos estéticos e que deixou de servir a outrem. Sua obra explode o esquema de adequação submissa entre música e sociedade. Nele, com todo idealismo de som e atitude, a essência da sociedade, que a partir dele toma a palavra qual um governador do sujeito em geral [Statthalter des Gesamtsubjekts], transforma-se na essência da própria música. Ambos aspectos só são apreendidos no interior das obras, e não como simples ilustração. As categorias centrais da construção artística podem ser traduzidas em categorias sociais. Seu parentesco com aquele movimento burguês de liberdade, que percorre sua música de fio a pavio, é aquele da totalidade que se desdobra dinamicamente. À medida que seus movimentos se ajustam conforme sua própria lei como um devir, negando-se e afirmando-se a si mesmos e a totalidade sem olhar para o exterior, terminam por se assemelhar ao mundo cujas forças eles animam; mas não porque copiam tal mundo. A esse propósito, a posição de Beethoven em relação à objetividade social é, antes,

Introdução à sociologia da música

a da filosofia — kantiana em certos casos e hegeliana naquilo que tem de mais decisivo — e não tanto a ominosa posição do espelhamento: em Beethoven, a sociedade é conhecida sem conceitos e sem toques de pincel. Aquilo que nele significa trabalho temático consiste no recíproco aniquilamento dos contrários, dos interesses individuais. A totalidade, o todo que impera sobre o quimismo [Chemismus] de sua obra, não é um conceito geral que subsume os momentos de maneira esquemática, mas o epítome de tal trabalho temático e seu resultado, o que se compôs, conjuntamente. // O material natural no qual o trabalho se efetua tende, tanto quanto possível, a ser desqualificado; os centros motívicos, o particular ao qual se prende cada movimento, são, eles mesmos, idênticos ao universal, fórmulas da tonalidade reduzidas a nada enquanto singularidades e tão pré-formados pelo total quanto o indivíduo na sociedade individualista. A variação progressiva, cópia do trabalho social, consiste em uma negação determinada: ela engendra continuamente o novo incrementando-o a partir daquilo que outrora foi imposto, à medida que o aniquila em sua forma quase natural, o mesmo é dizer, em seu imediatismo. Mas, em linhas gerais, essas negações — tal como na teoria liberal à qual a práxis social decerto nunca correspondeu — devem acarrear afirmações. O recorte, o polimento dos momentos individuais uns em relação aos outros, o sofrimento e o ocaso, tudo isto é igualado a uma integração que doaria sentido a cada momento particular mediante sua suspensão [Aufhebung]. Por isso, em Beethoven, o resíduo formalista a *prima vista* mais visível, a reprise inabalável a despeito de toda dinâmica estrutural, o retorno do superado, não de simplesmente exterior e convencional. Ele confirma o processo como seu próprio resultado, tal como ocorre inconscientemente na práxis social. Não por acaso, algumas das concepções ideologicamente mais carregadas de Beethoven visam o momento da reprise como momento do retorno do idêntico. Elas justificam o que existiu outrora como resultado do processo. É sumamente esclarecedor o fato de que a filosofia hegeliana, cujas categorias se deixam empregar sem violência e nos mínimos detalhes em uma música na qual se rejeita incondicionalmente aquela "influência" histórico-espiritual de Hegel, conhece a reprise tal como Beethoven: o último capítulo da *Fenomenologia*, "O saber absoluto", não tem outro conteúdo senão o resumo da obra inteira, segundo o qual a identidade entre sujeito e objeto já deveria ter sido conquistada na religião. Que, porém, o gesto afirmativo da reprise em alguns dos mais portentosos movimentos sinfônicos de Beethoven assuma a violência do repressivamente devastador, do autoritário "é assim", e atire gestual e decorativamente para além do acontecimento musical, trata-se de um tributo obrigatório à essência ideológica cujo feitiço vitima até mesmo a música mais grandiosa, que sempre visava à liberdade sob a égide de uma constante servidão. // A segurança que se excede, afirmando que o retorno do primeiro seria o sentido ou o autodesvelamento da imanência como transcendência, é o criptograma para o fato de que a realidade meramente reprodutiva e imantada ao sistema escapa ao sentido: no lugar deste último, ela insere seu funcionamento sem falhas. Todas essas implicações de Beethoven resultam de uma análise musical sem temerárias conclusões analógicas, mas, para o saber social tornam-se reais, assim como as implicações da própria sociedade. Esta última retorna na grande música: transfigurada, criticada e conciliada, sem que tais aspectos se deixem separar mediante análise detalhada. Ela não só suporta o sis-

Introdução à sociologia da música

tema formado por uma racionalidade que conserva a si mesma como também concorre para o anuviamento de tal sistema. Como totalidade dinâmica, e não como sequência de imagens, a grande música torna-se um íntimo teatro do mundo. Isto aponta para a direção em que se deveria procurar uma plena teoria da relação entre música e sociedade.

O espírito possui uma essência social, um modo humano de comportar-se que, por uma razão social, apartou-se e emancipou-se do imediatismo social. Por seu intermédio, o que há de socialmente essencial se impõe na produção estética, seja o essencial atinente a cada um dos indivíduos produtores, seja o consoante aos materiais e às formas que se opõem ao sujeito e contra os quais ele se confronta, determinando-os e sendo por eles novamente determinado. Há de se comparar a relação entre as obras de arte e a sociedade com a mônada leibniziana. Sem janelas, isto é, sem se tornarem conscientes da sociedade, ou, em todo caso, sem que tal consciência as acompanhe contínua e necessariamente, as obras, e, em especial, a música isenta de conceitos, representam a sociedade; estar-se-ia tentado a acreditar: quanto mais profunda, tanto menos ela pisca o olho à sociedade. Também não se deve absolutizar esteticamente a subjetividade. Os compositores sempre representam o *zoon politikon*, e isto com tanto mais intensidade quanto mais enfática for sua pretensão puramente musical. Nenhum deles é uma *tabula rasa*. Na primeira infância, adaptaram-se àquilo que se passava ao redor, de sorte que, posteriormente, são movidos pelas ideias expressas por sua própria forma de reação, já de si socializada. Mesmo os compositores individualistas da época áurea do privado, como, por exemplo, Schumann e Chopin, não constituem exceção; como em sonhos, o barulho da revolução

Theodor W. Adorno

414 burguesa retumba em Beethoven // e ecoa atenuadamente nas citações da *Marseillaise* de Schumann. A mediação subjetiva, o elemento social presente nos indivíduos que compõem, bem como nos esquemas de comportamento que fatalmente dirigem seu trabalho, consiste no fato de que o sujeito compositor, que necessariamente se desconhece enquanto mero ser-para-si, forma, ele mesmo, um momento das forças produtivas sociais. Uma arte tal como a música, sublimada, que atravessou a interioridade, necessita da cristalização do sujeito, de um Eu forte e resistente, para objetivar-se como palavra de ordem social, para deixar para trás o caráter contingencial de sua origem no sujeito. Aquilo que se chama alma e que todo indivíduo defende contra a pressão da sociedade burguesa, como se tratasse de sua propriedade, constitui por si mesmo a essência das formas sociais de reação direcionadas contra a mencionada pressão; até mesmo as formas antissociais de reação incluem-se entre elas. A oposição contra a sociedade, a substância individual que vigora sempre que uma obra de arte se desprende do círculo das necessidades sociais, também constitui invariavelmente, enquanto crítica social, uma voz da sociedade. Por isso, as tentativas de desvalorizar o que não é socialmente aceito são, a um só tempo, disparatadas e ideológicas, seja por desejar simplesmente difamar, na música, aquilo que não está a serviço de nenhuma comunidade, seja por eliminar da consideração sociológica aquilo que não possui base junto às massas. Que a música de Beethoven seja estruturada tal como aquela sociedade que costuma ser chamada — com direito duvidoso — de burguesia emergente, ou, ao menos, como sua consciência e seus conflitos, tem como condição o fato de que sua forma de aparência primário-musical se achava em si mediada pelo espírito de sua

Introdução à sociologia da música

classe no período de 1800. Ele não foi o porta-voz ou o advogado de tal classe, embora não lhe faltassem traços retóricos desse tipo, mas seu filho natural. Será difícil discernir detalhadamente como se dá a harmonia entre as forças produtivas humanas e as tendências históricas; este constitui o ponto cego [der blinde Fleck] do conhecimento. Este último sente continuamente a necessidade de reunir aquilo que em si mesmo é uno e que ele próprio, com o auxílio de categorias duvidosas tal como a de influência, tratou de desmembrar. Hipoteticamente, tal unidade atualiza-se em processos miméticos, // em ajustes a modelos sociais que remontam à primeira infância, justamente ao "espírito objetivo" da época. Afora as identificações profundas e inconscientes – elucida-se a diferença entre Beethoven e Mozart pela diferença entre seus pais –, os mecanismos de seleção têm do mesmo modo relevância social. Mesmo que se desejasse, diante das determinantes sociais, acatar uma certa constância a-histórica das inclinações humanas – um aceite que nos conduziria ao um mero X –, alguns dos momentos presentes nos sujeitos são colhidos e honrados por tal espírito objetivo conforme o respectivo estado da sociedade. Na juventude de Beethoven, ser gênio valia alguma coisa. O gesto de sua música protesta tão veementemente contra a polidez social do rococó quanto ele parece possuir, atrás de si, um elemento socialmente aprovado. Na era da Revolução Francesa, a burguesia já havia conquistado posições decisivas na economia e na administração mesmo antes de se apossar do poder político; isto outorga ao *pathos* de seu movimento de liberdade[11] alguns adereços e ele-

---

11 Ver Max Horkheimer. Egoismus und Freiheitsbewegung. *Zeitschrift für Sozialforschung 5*, 1936, p.161. [N. E. A.]

mentos fictícios, dos quais nem mesmo Beethoven estava livre; ele que, não obstante, se autodenominava "proprietário de um cérebro" [Hirnbesitzer] a contrapelo dos proprietários de bens. Que ele, o burguês primordial, tenha sido protegido por aristocratas é algo que se afina tão bem com o caráter social de sua obra quanto a famigerada cena que conhecemos graças à biografia de Goethe, por ocasião da qual ele ofendeu a nobreza. Relatos sobre a pessoa de Beethoven deixam poucas dúvidas a respeito de sua natureza *sansculotte*, anticonvencional e, ao mesmo tempo, fichtianamente glorificante; tal natureza retorna ao *habitus* plebeu de sua humanidade. Esta sofre e protesta. Sente cisão de sua solidão. A esta última é condenado o indivíduo emancipado em uma sociedade cujos costumes ainda são tributários da era absolutista e, com eles, o estilo pelo qual se mede a subjetividade que se instaura a si mesma. Tal como se dá no âmbito social, o indivíduo é, do ponto de vista estético, tão só um momento parcial; sem dúvida, amplamente superestimado sob o encanto do conceito histórico-espiritual de personalidade. Enquanto se faz necessário, para mudar as objetividades que se contrapõem ao artista, um excesso de subjetividade que não se deixa dissolver puramente em tais objetividades, o artista é incomparavelmente mais do que // aquilo que concede a crendice burguesa, a saber, um funcionário de cada uma das tarefas que lhe são atribuídas. Nestas se esconde, porém, a sociedade inteira; por meio delas, a sociedade torna-se um agente dos processos estéticos autônomos. Aquilo que a fórmula vazia da História das Ideias enaltece como criação — o nome teológico não é apropriado, em rigor, a nenhuma obra de arte — acaba por se concretizar na experiência artística como o contrário da liberdade que se adere ao conceito de ato criativo. Ensaia-se a

Introdução à sociologia da música

solução de problemas. Contradições que surgem como resistência do material já de si histórico esperam ser tratadas até lograr a reconciliação. Em função da objetividade das tarefas, inclusive daquelas que hipoteticamente se colocam a si mesmas, os artistas cessam de ser indivíduos privados e convertem-se em sujeito social, ou representantes deste. Hegel já sabia que eles são tanto mais pertinentes quanto mais é dado aos artistas consumarem tal autoexteriorização. O que se chamou de estilo *obligato*, que já se delineia de forma rudimentar no século XVII, encerra teleologicamente em si a exigência de uma composição integralmente arquitetada, ou, segundo uma analogia com a filosofia, sistemática. Seu ideal é a música tomada como unidade dedutiva; aquilo que desconexa e indiferentemente cai fora desta última determina-se, desde logo, como rompimento e erro. Este é o aspecto estético da tese fundamental à base da Sociologia da Música de Weber, a saber, aquele que se refere à progressiva racionalidade. Soubesse disto ou não, Beethoven almejava objetivamente essa ideia. Mediante a dinamização, ele engendra a unidade total do estilo *obligato*. Os elementos individuais não mais se enfileiram sucessivamente em uma sequência discreta, mas decorrem em unidade racional por meio de um processo sem lacunas e que se torna atuante por meio deles mesmos. A concepção já se acha, por assim dizer, pronta e prenunciada no estado do problema que a forma sonata de Haydn e Mozart lhe apresentou, na qual a multiplicidade se iguala à unidade, embora dela sempre divirja, na medida em que a forma continua sendo imposta ao múltiplo de modo abstrato.

O que há de genial e irredutível no êxito de Beethoven se dissimula, talvez, no olhar em profundidade que lhe permitiu, a partir da produção mais avançada de sua época, das peças

391

magistrais dos dois outros classicistas vienenses, apreender a questão na qual a realização destes últimos transcendia a si mesma // e tencionava ser outra coisa. Assim é que ele se comporta em relação à *crux* da forma dinâmica, à reprise, à conjuração de algo estaticamente igual a si em meio a algo que é devir pleno e incessante. Ao conservá-la, tomou-a como problema. Conta salvar o debilitado e objetivo cânon da forma, tal como Kant procedeu com as categorias, ao deduzi-las uma vez mais a partir da subjetividade liberta. A reprise é introduzida mediante a sucessão dinâmica de sorte a também justificar, mais tarde, esta última como seu resultado. Em tal justificativa, relegou aquilo que depois viria suplantar ele próprio de modo inexorável. O empate entre os momentos dinâmico e estático coincide, no entanto, com o instante histórico de uma classe que supera a ordem estática, mas sem estar em condições de entregar-se livremente à própria dinâmica caso não pretenda, com isso, suprimir-se a si mesma; as grandes concepções históricas de seu próprio tempo, a saber, a filosofia do direito hegeliana e o positivismo comtiano, expressaram isto. Que, porém, a dinâmica imanente da sociedade burguesa leve esta pelos ares é algo que, na música de Beethoven, e, em especial, na mais elevada, acha-se impregnado por um traço de falsidade estética: mediante sua violência, aquilo que ele logrou como obra de arte também instaura, como algo realmente bem logrado, o que na realidade malogrou, sendo que isto volta a afetar a obra de arte em seus momentos declamatórios. No conteúdo de verdade, ou, então, na falta deste, as críticas social e estética confluem entre si. Só de maneira escassa pode-se derivar a relação entre música e sociedade a partir de um vago e trivial espírito da época, do qual, de algum modo, ambas comungassem conjuntamente. Também

Introdução à sociologia da música

do ponto de vista social, a música tornar-se-á tanto mais verdadeira e substancial quanto mais distante estiver do espírito da época oficial; o espírito atinente à época de Beethoven achava-se mais representado em Rossini que nele mesmo. Social é a objetividade própria à coisa mesma, e não sua afinidade com os desejos da sociedade respectivamente estabelecida; quanto a isto, arte e conhecimento estão plenamente de acordo entre si.

Poder-se-ia concluir, a partir disto, algo a respeito da relação entre Sociologia e Estética. Ambas não são imediatamente iguais: a nenhuma obra de arte é facultado saltar a vala que a distancia da existência, bem como da sociedade, e que a define como obra de arte. E ambas tampouco podem ser separadas por linhas científicas // de demarcação. Aquilo que se reúne com vistas à compleição da obra de arte são seus *membra disjecta*, por mais irreconhecíveis que estes possam vir a ser. Em seu conteúdo de verdade agrupa-se todo seu poderio, assim como toda sua contradição e penúria. O elemento social das obras de arte, ao qual o esforço do conhecimento se consagra, não consiste apenas em sua adequação aos desideratos exteriores próprios àqueles que as encomendam ou ao próprio mercado, mas justamente em sua autonomia e lógica imanente. Com efeito, seus problemas e soluções não crescem para além dos sistemas normativos sociais. Só alcançam dignidade social à medida que tomam distância destes últimos; as produções mais elevadas acabam negando-os. A qualidade estética das obras, seu conteúdo de verdade, que pouco tem a ver com alguma verdade empiricamente retratada e tampouco com a vida anímica em geral, converge com o verdadeiro social. Ele é mais que simplesmente a aparência isenta de conceitos do processo social nas obras, que, em todo caso, sempre o constitui. Enquanto tota-

Theodor W. Adorno

lidade, toda obra assume uma posição em relação à sociedade e antecipa, mediante sua síntese, a conciliação. O aspecto organizado das obras é tomado de empréstimo da organização social; elas transcendem esta última em seu protesto contra o próprio princípio de organização, contra a dominação sobre a natureza interna e externa. A crítica social à música, mesmo a seu efeito, pressupõe a compreensão acerca do conteúdo especificamente estético. Do contrário, ela sincroniza frívola e indistintamente as produções, a título de agentes sociais, com o mero existente. Se as grandes obras de arte detentoras de um significante conteúdo de verdade conduzem o abuso do conceito de ideologia *ad absurdum*, então o esteticamente ruim sempre simpatiza com a ideologia. Os *deficits* imanentes da arte constituem marcas de uma consciência socialmente falsa. O éter compartilhado pela Estética e pela Sociologia é, porém, a crítica.

A mediação entre música e sociedade torna-se evidente na técnica. Seu desenvolvimento é o *tertium comparationis*[12] entre superestrutura e infraestrutura. Com ela, corporifica-se na arte, como algo comensurável aos sujeitos humanos e, simultaneamente, independente deles, o estado social das forças produtivas consoantes a uma dada época, tal como indica a palavra grega. Enquanto a opinião pública esteve até certo ponto em equilíbrio // com o estado composicional, os compositores eram obrigados a movimentar-se no nível avançado da técnica de seu tempo. À guisa de testemunho do rompimento entre produção e recepção, Sibelius tornou-se, em épocas mais recentes, o primeiro compositor mais sofisticado de renome mundial, ainda que profundamente abaixo do nível mencionado. No período

---

12 Do latim, "terceiro elemento da comparação". [N. T.]

Introdução à sociologia da música

neoalemão, dificilmente teria alguma chance aquele que não se valesse das aquisições da orquestra wagneriana. O sistema de comunicação musical é demasiadamente abrangente para que os compositores pudessem eximir-se facilmente dos padrões técnicos; apenas quando movida por um ferrenho ressentimento a *gêne* transmuda-se em seu contrário a fim de ficar para trás; por certo, tal *gêne* há de se tornar tanto menor quanto mais a fama dos compositores puder ser ativada de forma monopolista. Na geração subsequente a Debussy, o retrocesso técnico saltava aos olhos na França; foi só com a geração seguinte que se tratou de recuperar, uma vez mais, o ideal próprio ao *métier*; ali, mal se pode renunciar ao pensamento acerca dos possíveis paralelos no âmbito do desenvolvimento industrial. Todavia, a técnica sempre incorpora um padrão social geral. Favorece, inclusive, a socialização do compositor supostamente isolado; ele é obrigado a observar o estado objetivo das forças produtivas. E à medida que se eleva aos padrões técnicos, estes se fundem com sua própria força produtiva; em geral, ambos se interpenetram tanto durante o período de aprendizagem que não é mais possível diferenciá-los. Contudo, tais padrões também sempre confrontam o compositor com o problema objetivo. A técnica, com a qual ele se choca como se tratasse de algo pronto, se acha, com isso, reificada, alienando-se tanto dele como de si mesma. A autocrítica composicional se confronta contra isto, exclui novamente o reificado da técnica e a impele adiante. Tal como ocorre na Psicologia individual, um certo mecanismo de identificação, o de adequação à técnica do ideal social de Eu, dá ensejo à resistência; só esta cria a originalidade, que, de resto, é mediada de ponta a ponta. Beethoven, com uma verdade digna dele mesmo, expressou isto no princípio inesgotável de acordo com o qual muito daquilo que se atribui ao gênio original do compositor só seria possível graças ao emprego hábil do acorde de sétima diminuta. A apropriação das técnicas estabelecidas por parte do // sujeito espontâneo acaba revelando, na maioria das vezes, algo de insuficente nelas. O compositor que tenta corrigir isto em função de problematizações acuradamente definidas à luz da tecnologia torna-se, desde logo, em função do caráter inovador e original de sua solução, um executor da tendência social. Em tais problemas, tal tendência espera atravessar o invólucro daquilo que já existe. Individualmente, a produtividade musical torna efetivo um potencial objetivo. O atualmente muitíssimo subestimado August Halm, em sua doutrina das formas musicais como formas análogas às do espírito objetivo, foi quase o único a perceber isto, mesmo que sua hipóstase estática das formas fuga e sonata seja questionável. A forma dinâmica da sonata já citava em si a sua realização subjetiva, a qual ela efetivava mesmo enquanto um esquema tectônico. O faro [flair] técnico de Beethoven uniu os postulados contraditórios, à medida que obedeceu a uma coisa por meio de outra. Parteiro de tal objetividade formal, era porta-voz da emancipação social do sujeito, e, em última análise, da ideia de uma sociedade única formada por agentes autônomos. Na imagem estética de uma associação de homens livres, ele ultrapassou a sociedade burguesa. Já que a arte como aparência pode ser desmentida pela realidade social que nela aparece, isto a possibilita, inversamente, transpassar os limites de uma realidade cuja imperfeição dolorosa conjura a arte.

Sob a ótica musical, a relação entre a sociedade e a técnica também não deve ser representada como algo constante. Há muito a sociedade não se expressa na técnica a não ser me-

Introdução à sociologia da música

diante sua adaptação aos desideratos sociais. Em princípio, dificilmente as exigências e os critérios da técnica musical tornaram-se independentes antes das composições plenamente arquitetadas de Bach; como isto se deu na polifonia neerlandesa é algo que ainda cabe investigar. Somente depois que a técnica deixou de ser medida diretamente a partir de seu uso social é que se transformou, de fato, em força produtiva: sua metódica separação da inteira sociedade pela divisão do trabalho constituiu a condição mesma de seu desenvolvimento social, e isso de modo não muito diferente da produção material. O duplo caráter da técnica que aqui vigora, a saber, como algo que se move autonomamente segundo o cânone da ciência racional, // mas que surge outrossim como uma força social, também é o caráter da técnica musical. Algumas aquisições técnicas, como, por exemplo, a invenção da monodia acompanhada no final do século XVI, devem-se imediatamente, como muito já se disse em tom eufemístico, a um "novo sentimento de vida", quer dizer, a mudanças estruturais da sociedade, sem que se reportem nitidamente a problemas técnicos próprios à polifonia da Baixa Idade Média; cabe dizer que no *stile rappresentativo* veio à tona uma corrente subterrânea coletiva que suprimiu a música artística polifônica. Bach, em contrapartida, logrou suas inovações técnicas, que não foram recebidas amplamente e em toda sua obrigatoriedade nem mesmo pelo Classicismo vienense, apenas mediante a coação do ouvido em prol da pura e integral composição daquilo que pretende ser, por um lado, um tema de fuga, e, por outro, a condução harmonicamente significante do baixo cifrado. A congruência de tal desenvolvimento técnico com a progressiva socialização racional da sociedade só se tornou visível ao fim de uma fase em cujo despertar não se podia

Theodor W. Adorno

sonhar com nada disso. A técnica diferencia-se conforme o estado do material e da maneira de proceder. O primeiro poderia ser comparado, *grosso modo*, às relações de produção nas quais um compositor termina por se enredar; a segunda, por seu turno, poderia ser comparada à quintessência das forças produtivas plenamente formadas na qual lhe é dado controlar suas próprias forças. Ambos obedecem, porém, à interdependência; o material é, ele próprio, algo continuamente produzido pelos modos de proceder, entremesclado de momentos subjetivos; os tipos de procedimento devem estabelecer, necessariamente, uma certa proporção com seu material, caso queiram, em todo caso, fazer jus a ele. Todos esses estados de coisas possuem tanto o lado intramusical quanto o lado social, sendo que não podem, em função disto ou daquilo, dissolver-se em uma reles causalidade. Às vezes, os contextos genéticos são tão complexos que a tentativa de deslindá-los permanece frívola, abrindo espaço, ademais, a outras inúmeras interpretações. Mais essencial, porém, que compreender de onde algo vem é perguntar por seu conteúdo: como a sociedade aparece na música, como pode ser inferida a partir da tessitura desta última.

// Epílogo
Sociologia da Música

À diferença de uma introdução, cabe aqui levantar a questão sobre como deveria assemelhar-se uma Sociologia da Música plenamente executada. Sua concepção teria de distinguir-se de uma sistemática que quisesse desenvolver ou expor, com uma estrita continuidade, aquilo que em si mesmo é descontínuo e múltiplo. Tampouco se trataria de prescrever aos fenômenos, como um esquema ordenador externo, um método impaciente e de duvidosa completude. A Sociologia da Música aplicada deveria orientar-se, antes, pelas estruturas da sociedade, que se acham gravadas na música e naquilo que, segundo entendimento mais geral, significa a vida musical.

Pode-se, sem muita violência, aplicar à Sociologia da Música a indagação social pela relação entre as forças produtivas e as relações de produção. Da força produtiva faz parte não apenas a produção no estrito sentido musical, isto é, a atividade composicional, mas também o trabalho artístico vivo levado a cabo pelos reprodutores, bem como a inteira técnica complexa e não homogênea em si mesma: a técnica composicional intramusical, a faculdade interpretativa de seus reprodutores e os modos de proceder da reprodução mecânica, aos quais atualmente se confere uma eminente relevância. Em vista disso, as relações de produção constituem as condições econômicas e ideológicas às quais se restringe cada som, bem como cada reação a ele. Na era da indústria da consciência e da inconsciência, a mentalidade musical e o gosto dos ouvintes constituem igualmente aspectos das relações de produção, sendo que deveria ser uma das tarefas centrais da Sociologia da Música investigar em que medida isto ocorre.

423 As forças musicais produtivas e as relações de produção // não se contrapõem de modo simplesmente antagônico umas em relação às outras, mas são recíproca e variegadamente mediadas. As próprias forças produtivas podem alterar as relações de produção na esfera socialmente particular da música, e, até certo ponto, inclusive criá-las. As transformações do gosto do público mediante grandes produções — abruptamente ensejadas, por exemplo, com Wagner, ou, de forma imperceptivelmente lenta, com a música de entretenimento, na qual, apesar de tudo, as inovações composicionais deixam seus vestígios de modo diluído e neutralizado — formam o modelo condizente com isto tudo. Assim é que, até agora, mal se colocou o problema de saber se e até que ponto as transformações do gosto do público são efetivamente determinadas pelas transformações da produção, ou, então, se ambas dependem em igual medida de um terceiro elemento — denominado, com um clichê, transformação do espírito. Parece plausível que a plena emancipação burguesa por volta de 1800 produzisse tanto o gênio de Beethoven quanto o público ouvinte que lhe correspondia. Provavelmente, no que diz respeito a essa questão, não há alternativa totalmente pura; apenas as mais diferenciadas análises dos críticos contempo-

Introdução à sociologia da música

râneos poderiam fazer jus ao fenômeno. Às vezes, as forças musicais produtivas explodem as relações de produção sedimentadas no gosto: tal como no jazz, que afugentou da moda toda a música de dança não sincopada e a rebaixou à condição de artigo de recordação.

De modo inverso, as relações de produção podem acorrentar as forças produtivas; ao menos, esta tem sido a regra nos tempos atuais. O mercado musical recusou o que há de progressista e, com isso, retardou o progresso musical; não resta dúvida de que inúmeros compositores, e isso de maneira alguma apenas a partir de meados do século XIX, viram-se obrigados, em virtude da coação à adaptação, a reprimir em si mesmos aquilo que estavam efetivamente tentados a fazer. Aquilo que, com uma expressão praticamente insuportável, é chamado de alienação da produção avançada e do público ouvinte, teria de ser aplicado igualmente a proporções sociais: como um desdobramento das forças produtivas que recusa a tutela das relações de produção e que a elas se contrapõem, em última análise, nua e cruamente. Que isso acarreta, de novo, relevantes consequências à produção; que a especialização [Spezialistentum] que lhe coage também é capaz de diminuir a substância autônoma, // eis algo incontestável. A Sociologia da Música que põe o conflito entre as forças produtivas e as relações de produção no centro de seus interesses não teria apenas a ver com aquilo que se materializa e se consome, mas também com aquilo que não se materializou e foi denegado. A pressão social não deixou e, talvez, tampouco hoje deixa que os talentos significantes se desenvolvam. Até mesmo os maiores foram lesados por isto. Em quase todos os gêneros, Mozart escreveu algumas obras à sua própria maneira e como bem desejava. Apesar de toda unidade de estilo, elas

Theodor W. Adorno

contrastam de maneira gritante com a atividade servil. Não só as forças produtivas dos artistas individuais são acorrentadas, mas também as potencialmente incluídas nos materiais. Desde o século XVI, como expressão do sujeito padecedor, a um só tempo autônomo e aprisionado, fermenta-se um desejo pela dissonância, incessantemente represado até os dias de *Salomé*, de *Elektra* e do Schönberg atonal, sendo que, na maioria das vezes, tal como no assim chamado "divertimento musical" de Mozart, deveria saciar-se somente de forma mascarada como paródia e humor.

Vez ou outra, no entanto, as relações de produção também intensificaram as forças produtivas. Sem a ascensão da grande burguesia alemã e sua influência sobre as instituições e sobre o gosto, Richard Strauss seria inimaginável. Qualidades anti-tradicionalistas e, em especial, a diferenciação subjetiva, foram trazidas à tona por meio do mercado musical burguês do mesmo modo como, no decorrer da dialética histórica, terminaram por se subordinar à própria burguesia, achando-se socialmente limitadas e restituídas sob a égide de regimes totalitários. Até mesmo a autonomia da grande música, por meio da qual esta última se opõe com a mais elevada veemência ao imperativo do mercado, dificilmente poderia ter-se formado de outra maneira que sob o influxo do mercado. As formas musicais, bem como os modos constitutivos de reação musical, são interiorizações do social. Como toda arte, a música constitui tanto um fato social quanto algo realizado em si mesmo, liberto dos desideratos imediatamente sociais. Inclusive aquilo que, na música, não se integra socialmente é de essência social, fortalecendo aquela maturidade do sujeito cuja ideia o movimento burguês de emancipação tinha outrora diante dos olhos. A liberdade da arte, sua

Introdução à sociologia da música

425 independência daquilo // que se lhe exige, funda-se na ideia de uma sociedade livre e, em certo sentido, antecipa sua efetivação. Por esse motivo, a esfera da produção[1] não constitui, sem maiores ressalvas, a base da Sociologia da Música do mesmo modo como a esfera produtiva está à base do processo material de vida. Como algo espiritual, a produção musical é, já de si, socialmente mediada e de modo algum imediata. Em um sentido rigoroso, a força produtiva é, em si mesma, apenas a espontaneidade inseparável das mediações. Sob a ótica social, a força seria aquilo que vai além da mera repetição das relações de produção emergentes dos tipos e dos gêneros. Tal espontaneidade pode tanto estar em sintonia com a marcha social – como ocorre no jovem Beethoven, ou, então, na canção [Lied] de Schubert – como lhe fazer resistência: Bach, e, uma vez mais, a nova música, contra a submissão ao mercado. Seria então o caso de perguntar: "Como é socialmente possível, em todo caso, a espontaneidade musical?" Nela sempre se escondem forças produtivas sociais que ainda não foram absorvidas em suas formas reais pela sociedade. Mas, em termos sociais, aquilo que hoje significa reprodução musical, isto é, o canto e a execução de música, antecede a produção, a fabricação reificante de textos musicais.

---

1 O equívoco da dissertação *Sobre a situação social da música*, publicada pelo autor, em 1932, na *Zeitschrift für Sozialforschung*, estava no fato dela identificar claramente o conceito de produção musical com a precedência da esfera econômica de produção, mas sem considerar em que medida aquilo que designa a produção musical pressupõe, já, a produção social, desta dependendo e se isolando. Eis o que, por si só, levou o autor a não publicar uma vez mais a mencionada dissertação, mas tão só o esboço de uma Sociologia da Música plenamente desenvolvida. [N. E. A.]

Extremamente essencial para a Sociologia da Música é, hoje, a tarefa levada a cabo em vários locais de investigar e analisar a base econômica da música; o momento no qual se atualiza a relação entre sociedade e música. Isso diz respeito, de saída, às questões atinentes à vida musical: não só até que ponto e com qual efeito esta última é determinada por motivos econômicos, mas, o que é mais profundo e relevante, por meio de quais legalidades econômicas e mudanças estruturais isto se dá. // Assaz frutífera é, por exemplo, a pergunta que conta saber se a passagem rumo ao capitalismo monopolista teria atingido as formas de organização, o gosto e a atividade compositiva. Aquilo tudo que pode ser resumido sob o conceito de "fetichismo dos meios" poderia remontar, no monopolismo, à função de "véu tecnológico".

A interpretação e a reprodução musicais fazem a música chegar à sociedade e, por isso, são particularmente importantes do ponto de vista músico-sociológico. A análise econômica terá, antes de mais nada, de se ocupar com essa esfera; aqui, as componentes de um mercado sempre existente e consoantes à manipulação monopolista se deixam apreender de maneira ideal. As exigências objetivas, como as de adequação [Adäquanz] da reprodução à composição, colidem com as exigências do público de *glamour*, perfeição e belas vozes. Estas últimas se acham a tal ponto capturadas afetivamente que superam toda expectativa. Se, a partir do ponto de vista da coisa, proclama-se que também na ópera as belas vozes seriam um meio de representar a composição, e não um fim em si mesmo, tem-se como resposta a indignação, exterior a toda relação com o conteúdo racional da controvérsia. O estudo de tais erupções e sua psicogênese prometem uma compreensão acerca da função do sistema musical

Introdução à sociologia da música

na constituição espiritual da sociedade maior que o exame das preferências imediatas ou das aversões.

Mediante a reprodução das obras, que as ajustam ao mercado, elas têm sua função alterada; em princípio, à exceção das obras vanguardistas mais indomáveis, a inteira esfera da música elevada pode transformar-se em música de entretenimento. A consciência musicalmente falsa dos reprodutores, sua incapacidade objetivamente comprovada de expor a coisa de modo adequado – uma incapacidade da qual também comungam nomes bastante célebres –, é socialmente falsa, mas imposta do mesmo modo, a um só tempo, pelas relações sociais. A reprodução correta teria um peso equivalente ao da alienação social. Fundamentalmente, a música adquire seu conteúdo de verdade social tão só por meio da oposição, mediante a revogação de seu contrato social.

Cumpriria investigar energicamente de que modo a base econômica, // o *set-up* social, a produção e reprodução musicais acham-se especificamente interconectadas. A Sociologia da Música não deveria se contentar com a constatação de uma conformidade estrutural, mas teria de indicar como as relações sociais se expressam de maneira concreta nas músicas, de que forma são por elas determinadas. Isto exige nada menos que a decifração do conteúdo social da música artística, isenta de palavras e conceitos. O âmbito no qual isto pode ser alcançado da melhor maneira possível é a tecnologia. A sociedade adentra nas obras a partir do estado da técnica. Entre as técnicas da produção material e as da produção artística vigoram afinidades bem mais íntimas que as que reconhecem a divisão científica do trabalho. O desmantelamento dos processos de trabalho desde o período da manufatura e o trabalho motívico-temático empreendido desde Bach, um procedimento a um só tempo de dissociação e

Theodor W. Adorno

de síntese, confluem no que há de mais profundo; em rigor, só a partir de Beethoven é legítimo falar acerca de um trabalho social. A dinamização da sociedade por meio do princípio burguês e a dinamização da música possuem o sentido idêntico; todavia, o modo como essa unidade se realiza é, desde logo, algo totalmente obscuro. O apelo ao mesmo espírito, que seria adequado tanto aqui como acolá, pode ser acertado, mas parece antes delinear o problema que propriamente resolvê-lo. Não raro, as fórmulas elucidativas são meras máscaras daquilo que se conta elucidar.

A música resulta ideológica, lá onde as relações de produção nela presentes adquirem a precedência sobre as forças produtivas. Caberia deslindar a maneira pela qual a música pode ser ideologia: por intermédio da geração da falsa consciência, por meio da inflexão transfiguradora da existência banal, pela duplicação desta última, que inclusive a fortifica, e, antes de mais nada, por meio da afirmação abstrata. Poderia ser postulado que as ideologias intramusicais deveriam ser reconhecidas nas discrepâncias imanentes às obras; o *Ensaio sobre Wagner* tencionava unir o máximo possível a crítica da ideologia wagneriana a sua ideologia intrinsecamente estética. O interesse sociológico-musical pelas ideologias não se esgota, no entanto, em sua constatação e tampouco em sua análise. Dever-se-ia consagrar o mesmo tanto de atenção ao modo como as ideologias se impõem na práxis da vida musical; ou seja, também às ideologias **428** // sobre música. Hoje, a ideologia poderia estar misturada a uma ingenuidade convulsiva. Tal como ocorre na esfera cultural em geral, a música é irrefletidamente aceita como um bem de consumo posto em oferta; é afirmada, porque aí está, sem muita referência à sua constituição concreta. O controle de teses deste tipo caberia à pesquisa empírica. Tratar-se-ia de um aspecto

Introdução à sociologia da música

parcial de sua tarefa mais ampla sondar até que ponto o assim chamado gosto das massas acha-se manipulado e até que ponto ele concerne às massas mesmas, bem como investigar em que proporção, lá onde ele tem de ser atribuído às massas, o gosto reflete uma vez mais aquilo que lhes foi apregoado durante séculos, e, mais até, por que motivo a situação geral restringe as massas em termos sociopsicológicos.

Na medida em que a Sociologia da Música se atém ao conteúdo e ao efeito ideológicos da música, incorre em uma doutrina crítica da sociedade. Isso a incumbe o dever de perscrutar a verdade acerca da música. Sob a ótica sociológica, ela implica a pergunta pela música enquanto consciência socialmente adequada ou falsa. A Sociologia da Música teria de esclarecer no que consistiria perscrutar as manifestações e os critérios de tal consciência na música. Ainda estão por surgir análises suficientes daquilo que, com razão, denomina-se *kitsch*, o equivalente musical da desonestidade [Verlogenheit]; e não menos sobre o caráter de verdade das obras autênticas. Cumpre indagar ainda pelas condições históricas, sociais e intramusicais da consciência musical. Faz-se absolutamente necessário saber se, na música, a consciência socialmente adequada deve ser separada da ideologia mediante um corte profundo, ou, então, se ambas – o que parece ser mais elucidativo – interpenetram-se e por que razão isto ocorre. O momento afirmativo de toda arte, e, em especial, da música, é herança do antigo feitiço; o som mediante o qual toda música se eleva traz, de pronto, algo disto consigo, tanto de utopia quanto da mentira conforme a qual esta última seria, já, factualmente atuante. A Sociologia da Música só conquistaria sua dignidade teórica por meio da explicação da ideia de verdade.

Theodor W. Adorno

A pergunta pela verdade e inverdade da música acha-se intimamente vinculada à indagação pela relação entre suas duas esferas, a séria e a inferior, chamada injustamente de entretenimento leve [leichte Muse]. A separação veio à tona, muito provavelmente, // na divisão social do trabalho e nas mais antigas relações de classe, que reservavam o mais selecionado aos senhores e o menos refinado ao populacho [populace]; diferenças de culto decerto deixaram sua marca nas diferenças estéticas. Paulatinamente, a separação recrudesceu-se, foi reificada e, ao fim e ao cabo, administrada, encontrando eco com os ouvintes, que, ao que tudo indica, insistem numa e noutra. Desde o falecimento dos últimos rudimentos da cultura musical pré-burguesa, as esferas já não se tocam. A administração e o planejamento do que há de inferior constituem a nova qualidade na qual se converteu a avassaladora quantidade de música de entretenimento. Na dicotomia, a contradição entre as forças produtivas e as relações de produção torna-se flagrante: aquelas são isoladas e impelidas à esfera superior, quase privilegiada, constituindo igualmente, com isso, uma parcela de falsa consciência, lá onde corporificam uma consciência adequada. A esfera inferior submete-se à supremacia das relações de produção. A Sociologia Crítica da Música terá de descobrir detalhadamente por que motivo a música ligeira é, à diferença daquilo que era há cem anos, invariavelmente ruim, por que se vê obrigada a ser ruim. Nesse contexto, coloca-se a questão lançada por Erwin Ratz com vistas à discussão sobre como a música pode ser algo vulgar. Também a vulgaridade consiste em um *fait social*, inconciliável com a exigência imanente a todo som musicalmente vivificado. A música de entretenimento não faz outra coisa senão que confirmar, repetir e fortificar o rebaixamento psicológico que,

Introdução à sociologia da música

no fim das contas, é causado pelo estabelecimento da sociedade entre os seres humanos. Com ele as massas se comprazem, sendo, assim, inundadas, mas sem saber o quão rebaixadas estão. A proximidade com que a música de entretenimento as molesta termina por ferir, com distância estética, a dignidade humana. Caberia à pesquisa empírica desenvolver métodos que sejam suficientemente sutis para investigar tal gosto, assim como para descrever seus caminhos.

Problemas desse tipo pertencem à pesquisa acerca da recepção sociológico-musical. Como um todo, ela tem de se nortear pelas categorias e pelos teoremas orientados objetivamente a partir do assunto, para, aí então, de seu lado, voltar a corrigir e ampliar os teoremas. De saída, seria o caso de esclarecer questões referentes, por exemplo, à diferença entre recepção e consumo: em que consiste, pois, a equiparação // entre a escuta musical e a relação com os bens materiais de consumo, que categorias esteticamente adequadas caem por terra, quais outras novas se formam — tem-se em mente, aqui, categorias semelhantes às do esporte. Poder-se-ia mencionar, *en passant*, a dificuldade de discriminar as novas qualidades das antigas, porque não existem investigações confiáveis sobre estas últimas e porque não é certo se, para além do meio artístico, a arte teria uma recepção adequada, ou, então, se tal recepção é um ideal concebido tão somente como negação da presente situação.

As sugestões de investigações empíricas cuja problematização se depreende dos teoremas da *Introdução*, bem como do esboço aqui delineado, podem ser alinhadas com flexibilidade umas com as outras. Historicamente, as mudanças tecnológicas de típicas obras selecionadas poderiam ser comparadas com as mudanças da técnica material e também com aquelas que se referem às formas sociais de organização. Nesse complexo, os nexos causais são questionáveis; seria de se esperar, antes do mais, interdependência em vez de uma rígida dependência da parte de um ou de outro. Se fosse dado lograr algo como uma análise musical do conteúdo — que, porém, no caso da música, sendo destituída de qualquer conteúdo imediatamente objetivo, teria de consistir na decifração material da situação atual da "forma" —, poder-se-ia então interligá-la às investigações sobre aquilo que se percebe do conteúdo investigado e como este é percebido. Assim, a pesquisa acerca da recepção subjetiva poderia ser ligada, com sentido pleno, à análise objetivamente orientada.

As familiares investigações da *Radio Research* sobre *likes* e *dislikes*, isto é, sobre as predileções e aversões, teriam de ser relacionadas às qualidades preferidas ou recusadas da música em si. Isto ajudaria a obter um maior domínio empírico de seus efeitos ideológicos. Não é acidental o fato de que tudo isso tenha sido omitido, embora as problematizações já sejam conhecidas há quase trinta anos. A inconsciência das reações particulares a ser investigadas e os habituais modos de comportamento exercem resistência, bem como, novamente, a incapacidade culturalmente condicionada da maioria dos seres humanos de apreender, mediante palavras, suas experiências musicais de modo apropriado. A isto se somam ainda as idiossincrasias por parte dos pesquisadores. Não raro, a suposta inacessibilidade empírica **431** // da dimensão contida no discurso, do *deep stuff*, é apenas um subterfúgio para não colocar em risco o caráter de reserva natural próprio à música, assim como sua aliança com interesses bem consolidados. Em um primeiro momento, só será possível aproximar-se de maneira indireta das questões efetivamente relevantes acerca da recepção musical, isto é, estabelecendo cor-

Introdução à sociologia da música

relações entre as predileções e aversões musicais, as ideologias extramusicais dos entrevistados e sua constituição psicológica geral.[2] Seria mais simples deixar que as pessoas investigadas descrevessem a música para, aí então, comparar a descrição com os resultados da análise objetivamente dirigida, de sorte a tomar conhecimento dos momentos ideológicos da recepção. Valeria a pena, sem dúvida, investigar a linguagem de que se valem os seres humanos no que se refere à música. Cumpre responder à hipótese segundo a qual ela consiste, em grande medida, em clichês socialmente pré-fabricados que se intrometem em uma relação viva com o objeto. Ao mesmo tempo, tal linguagem encerra conteúdos ideológicos e racionalizações psicológicas que podem voltar a influir sobre a recepção. Seria instrutivo o ex-

---

2 Entrementes, surgem alguns outros tratamentos do tema. No Seminário de Psicologia de Marburg, Christian Rittelmeyer atestou empiricamente que a rejeição nua e crua da arte avançada, e, em especial, da arte musical, coincide com os complexos da estrutura autoritária de caráter, como, por exemplo, o rígido dogmatismo e a "intolerância à ambiguidade", traços mediante os quais se diz amiúde que, junto aos inimigos confessos da modernidade vigora o estereotipado modo preto-e-branco de pensar. Christian Rittelmeyer ainda "investigou, em grupos comparáveis entre si, os efeitos ulteriores dos cursos de 'formação musical' (obras e coisas afins) e de uma formação cultural específica (fotomontagens específicas) sobre a intolerância e a aversão à arte moderna", sendo que "chegou ao resultado provisório de que o primeiro método" – isto é, o da formação musical – "intensifica estes valores, ou, no mínimo, não os altera, ao passo que o segundo os restringe". Mas também aparecem, nesse ínterim, as análises concretas e mais próximas sobre os *hits* e os mecanismos de identificação de Gunnar Sønstevold e Kurt Blaukopf (ver Musik der "einsamen Masse". Ein Beitrag zur Analyse von Schlagerschallplatten. In: *Musik und Gesellschaft*. Kurt Blaukopf (org.) Karlsruhe, 1986, caderno 4). [N. E. A.]

perimento primitivo, independente da música enquanto tal, de analisar as intuições [Anschauungen] ideológicas dos ouvintes de música séria, de música de entretenimento e dos indiferentes. // Há, para cada um deles, modelos que teriam de ser repetidos representativamente e aplicados por princípio. Há de se ter em mente, por exemplo, as tentativas de Allport e Cantril de testar fatores manipulativo-autoritários e imediatos no efeito exercido tanto pela música séria quanto pela música ligeira. Do mesmo modo, seria preciso fornecer, tal como Malcolm McDougald, ainda que de modo menos personalizado, análises descritivas da técnica de criar, com o auxílio dos meios de comunicação de massa, *hits* musicais e determinar dentro de quais limites se conserva a manipulação e quais exigências mínimas precisam ser cumpridas para que o êxito possa ser manipulado. A pesquisa sobre o *build-up* tornar-se-ia, com isso, tanto mais instrutiva, haja vista que, provavelmente, as técnicas que propiciam fama a um cantor de sucesso e a um político não são de modo algum tão distintas entre si.

Sociólogos empíricos da música, como, por exemplo, Alphons Silbermann, consideram a vivência musical como ponto de partida de toda Sociologia da Música. Seu conceito não deveria ser aceito dogmaticamente, senão que teria de ser corroborado, de preferência, a partir de intensivos estudos de caso e tipos variegados: em que medida ocorre, de fato, uma vivência musical e até que ponto se empreende o ritual por meio do qual o supostamente sério é mediado. Aquilo que é primário bem que poderia revelar-se, aqui, algo extremamente derivado. Não se deveria mais utilizar, então, a suposta vivência musical como uma categoria sociológico-musical fundamental. Em vez disso, são decisivos, por um lado, as constituições antropológico-

Introdução à sociologia da música

-culturais atualmente dominantes e, por outro, as formas de organização e os mecanismos de efeito da vida musical, nos quais se mascaram os mecanismos sociais em geral.

Sob a ótica sociopsicológica, os teoremas que o autor desenvolveu em uma série de trabalhos sobre o jazz decerto forneceriam alguns tratamentos apropriados. Ter-se-ia de perscrutar empiricamente até onde o jazz desempenha, de fato, nos lares da massa, o papel que ele implica por sua própria estrutura — uma adequação que é tão pouco óbvia quanto aquela que vigora entre a obra e a recepção em geral. As interpretações de tal música teriam de ser verificadas ou falsificadas muito mais do que isto era possível quando nós a expusemos: por meio da inclusão de outros setores da indústria cultural, que, independentemente do jazz, revelam estruturas análogas, // como indica, por exemplo, a fórmula de Herta Herzog *"Getting into trouble and out again"* com vistas à chamada novela radiofônica [Seifenoper]; por intermédio da comparação com filmes grotescos, mediante a remissão ao abrangente esquema geral da dirigista cultura de massa.

Por fim, as resistências tão disseminadas à música séria e o significado sociopsicológico do ódio em relação à música em geral teriam de ser, mediante estudos clínicos, combinados com problematizações caracterológicas e críticas da ideologia; assim como a partir das doenças foi possível aprender muita coisa nova acerca do organismo saudável, o fenômeno da aversão e da estranheza à música poderia, a título de algo social, lançar uma luz sobre a atual função social da música, bem como sobre sua "disfuncionalidade" [Dysfunktionalität].

Estímulos desse tipo fornecem um conceito prévio tanto do contexto atinente aos âmbitos sociológico-musicais quanto das possibilidades de lidar cientificamente com algo desenvolvido

Theodor W. Adorno

a partir do pensamento e da experiência. Com efeito, isto não deve ser expresso de fio a pavio conforme as regras aprovadas e científicas do jogo, assim como a teoria crítica da sociedade tampouco deve ser expressa segundo as categorias da teoria tradicional.

Frankfurt, outubro de 1967

Índice onomástico

A

Alighieri, Dante, 317
Allport, Gordon W., 412
Amphion, 121
Aristóteles, 381

B

Bach, Johann Sebastian, 58, 69,
    87, 141, 207, 241-2, 244,
    304, 308, 379, 383, 387,
    403, 405
Bachofen, J. J., 354
Balzac, Honoré de, 235
Bartók, Béla, 315, 327, 350
Beckett, Samuel, 27n.16, 129
Beethoven, Ludwig van, 18n.6,
    41, 72, 86, 97, 128, 139, 141,
    148-9, 151, 159, 181, 195-
    206, 213, 215, 219, 228,
    230, 287-8, 291, 299-300,
    309-10, 324, 335, 363, 382,
    384-96, 400, 403, 406

Bekker, Paul, 199-200, 289
Benjamin, Walter, 172, 288, 380
Berg, Alban, 30n.20, 40-1, 167-
    72, 209, 266, 278, 280, 309,
    323, 327-8, 344, 350, 359
Bergson, Henri, 70, 126, 363
Berlioz, Hector, 364, 374
Bissell, Richard, 89n.4
Bizet, Georges, 180n.6
Blaukopf, Kurt, 50, 411n.2
Bloch, Ernst, 276
Borchardt, Rudolf, 317
Boulez, Pierre, 19-20, 37, 209,
    231, 323, 330-1
Brahms, Johannes, 141-2, 150-3,
    198, 203-4, 206, 284, 293,
    308-9, 317
Brecht, Bertolt, 157, 167, 295,
    347, 358
Bruckner, Anton, 198, 236, 299,
    322-3, 372
Büchner, Karl Georg, 169

Buddenbrook, Hanno, 233
Byron, lorde, 374

C

Cage, John, 221, 295, 339-40, 359
Canetti, Elias, 218
Cantril, Albert Hadley, 412
Caruso, Enrico, 313
Chamberlain, Houston Stewart, 239, 317
Chopin, Frédéric, 62, 146-7, 212, 312, 387
Cocteau, Jean, 323
Craft, Robert, 217n

D

Debussy, Achille-Claude, 193, 231, 293, 299-302, 322, 331, 363-4, 395
Delacroix, Eugène, 312
Dilthey, Wilhelm, 362
Doflein, Erich, 241-2
Donizetti, Gaetano, 165
Durkheim, Émile, 365
Dvořák, Antonín Leopold, 316

E

Eimert, Herbert, 243n.2, 331
Einstein, Carl, 315
Eisler, Hanns, 156
Elgar, Edward, 325
Engel, Hans, 50
Espinosa, Baruch de, 21, 353

F

Fall, Leo, 88
Fenichel, Otto, 352
Fichte, Johann Gottlieb, 139, 192
Franzos, Karl Emil, 169
Freud, Sigmund, 49, 74, 82, 221, 234, 352

G

Gainsborough, Thomas, 147
Geiger, Theodor, 367
Gershwin, George, 91, 316
Gesualdo da Venosa, 141
Gobineau, Joseph Arthur de, 317
Goethe, Johann Wolfgang von, 41, 87, 127, 159, 390
Goldberg, Johann Gottlieb, 86n.1
Goldberg, Oscar, 276
Grillparzer, Franz, 235, 311
Grosz, George, 157

H

Haas, Willy, 102
Habermas, Jürgen, 282
Hahn, Otto, 48n.1
Halm, August, 396
Händel, Georg Friedrich, 141
Hannenheim, Norbert Hann von, 350
Hanslick, Eduard, 289
Haydn, Franz Joseph, 58, 86, 159, 187, 189, 196, 201, 203, 290, 307, 309-10, 391

Introdução à sociologia da música

Hegel, G. W. F., 127, 139, 145, 192, 194, 250, 332, 380, 386, 391

Herzog, Herta, 413

Hindemith, Paul, 153-5, 327

Hitler, Adolf, 36, 239, 318, 321-4

Hofmannsthal, Hugo von, 86, 165, 172

Hölderlin, Friedrich, 192, 242, 256

Horkheimer, Max, 11, 48n.1, 226, 341

J

Janáček, Leoš, 315

Jaspers, Karl, 48n.1

K

Kafka, Franz, 235, 356

Kálmán, Emmerich, 89

Kandinsky, Wassily, 347

Kant, Immanuel, 139, 392

König, René, 48n.1

Korngolg, Julius, 289

Kraus, Karl, 87, 171

Krenek, Ernst, 109, 273, 327

L

Lecocq, Alexandre Charles, 87

Lehár, Franz, 87, 166

Lessing, Gotthold Ephraim, 293

Ligeti, György, 340

Liszt, Franz, 218, 279, 315

Locke, John, 282

Lortzing, Gustav Albert, 149

M

Mahler, Gustav, 149, 225, 236, 254, 266, 287, 308-9, 322-4, 326, 364

Mallarmé, Stéphane, 231

Mann, Thomas, 276

Mannheim, Karl, 198, 285, 307, 380

McDougald, Douglas, 106

McDougald, Malcolm, 412

Mendelssohn, Felix, 140

Michelangelo, 93

Montesquieu, 117

Montesquiou-Fézensac, Robert de, 62n.3

Mozart, Wolfgang Amadeus, 86, 100, 139, 141, 144, 159-60, 181, 189, 191, 196, 231, 236, 290, 306-8, 350-1, 389, 391, 401-2

N

Newman, Ernest, 142, 325-6

Nietzsche, Friedrich, 99, 123, 152, 225, 231, 240, 318, 320-1, 364

Nikisch, Arthur, 219

Nilson, Bo, 330

O

Offenbach, Jacques, 87

Orfeu, 121

P

Petrarca, Francesco, 93

Pfitzner, Hans Erich, 169, 311, 323

Picasso, Pablo, 315

Platão, 275, 381-2

Presley, Elvis, 74

Proust, Marcel, 62, 313, 354

Puccini, Giacomo, 87, 142, 184, 364

Purcell, Henry, 305

R

Rachmaninow, Sergei Wassiljewitsch, 91

Raimund, Ferdinand, 311

Ratz, Erwin, 205, 408

Ravel, Maurice, 139, 193

Reger, Max, 154, 323

Regius, Heinrich, 155

Riegl, Alois, 173, 241

Rittelmeyer, Christian, 411n.2

Rome, Harold, 89n.4

Rosé, Arnold, 197n.3

Rossini, Gioachino Antonio, 142, 393

Rousseau, Jean-Jacques, 139, 283

S

Sachs, Hans, 321, 336

Sargeant, Winthrop, 104

Scheler, Max, 301

Schering, Arnold, 149

Schmitz, Oscar A. H., 305

Schönberg, Arnold, 19, 30n.20, 32, 39n.28, 41, 156, 166-8, 171, 187, 193-4, 198, 200, 205-209, 238, 261, 265, 268, 274, 278, 280-1, 290, 306, 322-4, 327-8, 332, 336, 339, 344-8, 354-5, 357, 407

Schopenhauer, Arthur, 123

Schostakovich, Dmitri Dmitrievich, 338

Schreker, Franz, 164

Schubert, Franz, 119, 144, 150, 236, 293, 299, 310-2, 403

Schumman, Robert Alexander, 293

Schütz, Heinrich, 304

Shakespeare, William, 93, 305

Shaw, George Bernard, 356

Shelley, Keats, 306

Sibelius, Jean, 287, 325, 394

Silbermann, Alphons, 47, 50, 412

Skalkottas, Nikos, 350

Sønstevold, Gunnar, 411n.2

Spitzweg, Carl, 203

Steinecke, Wolfgang, 345

Steuermann, Eduard, 274

Stockhausen, Karlheinz, 210, 330, 347

Straus, Oscar, 88

Strauss, Johann, 87, 104

Strauss, Richard, 86, 139, 141-2, 164-6, 184, 208, 225, 236, 238, 279, 294, 322, 359, 364, 358, 402

Introdução à sociologia da música

Stravinsky, Igor, 14, 23, 30, 153-5, 167, 171, 217n, 236, 290, 327, 329, 335, 356
Suchman, E., 56
Swieten, Gottfried van, 308

T

Tarski, Alfred, 48n.1
Tchaikovsky, Piotr Ilich, 66, 91, 139, 316
Telemann, George Philipp, 58
Tolstoi, Liev, 193
Toscanini, Arturo, 220, 247, 291
Tudor, David, 348

U

Unger, Erich, 275

V

Van Dyck, Antoon, 147
Veblen, Thorstein Bunde, 237
Verdi, Giuseppe, 142, 181

W

Wagner, Cosima, 239
Wagner, Richard, 64, 97, 99, 123, 141-2, 149-50, 152, 164-5, 173-4, 180-1, 224-5, 228, 231-2, 238, 239-41, 279, 284, 289-90, 295, 300, 316-23, 335, 353-4, 366, 400, 406
Weber, Carl Maria von, 174n.3
Weber, Max, 299, 362-3, 365, 367, 381, 391
Webern, Anton von, 60, 156, 187, 191, 203, 207-9, 236, 249, 268, 309, 327-8, 344, 350
Wedekind, Benjamin Franklin, 170
Weill, Kurt, 157, 267, 358
Wolf, Hugo, 293, 350

Z

Zenk, Ludwig, 350

SOBRE O LIVRO

Formato: 14 x 21 cm
Mancha: 23 x 44 paicas
Tipologia: Venetian 301 12,5/16
Papel: Off-white 80 g/m² (miolo)
Cartão Supremo 250 g/m² (capa)
1ª *edição Editora Unesp*: 2011
2ª *edição Editora Unesp*: 2017

EQUIPE DE REALIZAÇÃO

Edição de texto
Raul Pereira (Copidesque)
Thaís Rimkus Devus (Preparação de original)
Aracelli Lima, Frederico Ventura e Gisela Carnicelli (Revisão)

Assistente editorial
Alberto Bononi
Richard Sanches

Capa
Andrea Yanaguita

Editoração Eletrônica
Eduardo Seiji Seki (Diagramação)

Rua Xavier Curado, 388 • Ipiranga - SP • 04210 100
Tel.: (11) 2063 7000
rettec@rettec.com.br • www.rettec.com.br